山西省财政支持重点专业建设项目社区矫正专业系列教材

社区矫正管理
理论与实务

赵秀伟　连春亮　编

山西出版传媒集团
山西经济出版社

图书在版编目（CIP）数据

社区矫正管理理论与实务 / 赵秀伟，连春亮编 . — 太原：山西经济出版社 ,2024.1

ISBN 978-7-5577-1182-5

Ⅰ.①社… Ⅱ.①赵…②连… Ⅲ.①社区—监督改造—研究—中国 Ⅳ.① D926.7

中国国家版本馆 CIP 数据核字（2023）第 155901 号

社区矫正管理理论与实务

SHEQU JIAOZHENG GUANLI LILUN YU SHIWU

编　　　者：赵秀伟　连春亮
出 版 人：张宝东
责任编辑：解荣慧
助理编辑：王　琦
装帧设计：赵　娜

出 版 者：山西出版传媒集团·山西经济出版社
地　　　址：太原市建设南路 21 号
邮　　　编：030012
电　　　话：0351-4922133（市场部）
0351-4922085（总编室）
E-mail：scb@sxjjcb.com（市场部）
zbs@sxjjcb.com（总编室）

经 销 者：山西出版传媒集团·山西经济出版社
承 印 者：山西出版传媒集团·山西新华印业有限公司
开　　　本：787mm×1092mm　1/16
印　　　张：15.5
字　　　数：244 千字
版　　　次：2024 年 1 月　第 1 版
印　　　次：2024 年 1 月　第 1 次印刷
书　　　号：ISBN 978-7-5577-1182-5
定　　　价：49.00 元

《社区矫正管理理论与实务》
编写组工作人员

李麦样　山西警官职业学院　副院长　副教授

赵秀伟　山西警官职业学院监所管理系　主任　副教授

芦麦芳　原山西警官职业学院监所管理系　副主任　副教授
　　　　社区矫正专业负责人

连春亮　河南司法警官职业学院　教授

陈书成　河南司法警官职业学院　副教授

陈　冲　湖南司法警官职业学院　讲师

高美娜　山西警官职业学院　教师

李翠娥　山西省太原市小店区司法局　副局长

闫素丽　山西省晋中市榆次区司法局　副局长

编写说明

2019年12月28日,《中华人民共和国社区矫正法》(以下简称《社区矫正法》)经十三届全国人大常委会第十五次会议表决通过,于2020年7月1日实施。这是立足我国国情,在总结长期刑事司法实践经验基础上诞生的,具有中国特色的社会主义法律制度。该法的颁布实施,标志着社区矫正制度正式走上法治轨道,有利于推进和规范社区矫正工作,保障刑事判决、刑事裁定和暂予监外执行决定的正确执行,提高教育矫正质量,促进社区矫正对象顺利融入社会,预防和减少犯罪。该法的颁布实施,标志着推进国家刑事治理体系和治理能力现代化方面迈出了坚实的一步,标志着坚持全面依法治国,推进法治中国建设方面又取得了新的成果。未来,随着社区矫正工作的深入开展和社区矫正制度的日益完善,社区矫正必将在贯彻落实党的二十大精神,全面建成社会主义现代化强国、实现第二个百年奋斗目标,以中国式现代化全面推进中华民族伟大复兴方面发挥更加积极的作用。

为了加强社区矫正队伍建设,做好人才储备工作,许多院校开设了社区矫正专业,培养了一批批社区矫正专业人才。但社区矫正专业教材开发严重滞后,既没有规划教材,也没有统编教材,更没有与现行《社区矫正法》相适应的社区矫正专业课教材,严重制约了社区矫正专业人才培养质量的提高。因此,我们以山西省财政支持社区矫正重点专业建设项目为契机,组织省内外一批学术水平高、治学作风严谨、教学经验丰富、实践能力较强的专家和教师,编写了《社区矫正基础理论》《社区矫正管理理论与实务》以及《社区矫正案例点评》校本教材，以求解决社区矫正专业教学的燃眉之急。

教材编写过程中，以党的二十大精神为统领，坚持以习近平法治思想为指导，以立德树人为根本任务，坚持政治性与学理性相统一，法律性与实践性相结合，力求实现教材内容与社区矫正岗位职业标准对接，做到理论阐释与实训并重，突出以学生为主体、强化能力培养的高等职教育特色。教材编写过程中，参考了现有社区矫正相关资料，得到了山西警官职业学院、河南司法警官职业学院、湖南司法警官职业学院、河北司法警官职业学院、山西政法管理干部学院等院校及教师的大力支持，得到了山西省社区矫正管理局、太原市小店区司法局、榆次区司法局等单位领导的指导和帮助，在此一并致谢！相信这套教材将会对提高社区矫正专业教育教学质量，培养高素质的社区矫正专门人才发挥积极作用。

由于水平有限，教材内容难免存在不足，敬请大家批评指正。

教材编写组
2022 年 12 月

前　言

党的二十大报告指出，到二〇三五年，我国发展的总体目标是，"基本实现国家治理体系和治理能力现代化，全过程人民民主制度更加健全，基本建成法治国家、法治政府、法治社会"，"人民生活更加幸福美好"，"到21世纪中叶，把我国建设成为综合国力和国际影响力领先的社会主义现代化强国。"

社区矫正作为我国现代刑罚文明和进步的标志，在中国的广泛开展，既是我国经济、政治和法治进步的体现，也是历史发展的必然选择。同时，也是推进我国国家治理体系和治理能力现代化的有机组成部分。社区矫正制度是具有中国特色的和监禁刑相对应的非监禁刑事执行制度。我国社区矫正工作先后经历了2003年开始试点、2005年扩大试点范围、2009年在全国试行、2012年在全国实行、2014年在全国推行的过程。2019年《社区矫正法》颁布和实施，使社区矫正制度以法律的形式固定下来，从而对中国社会的管理结构、法律制度、教育制度等发生了重大影响。

第一，社区矫正工作是我国社会治理改革创新的重要举措，从中央层面给予了高度重视。2013年12月，党的十八届三中全会通过《中共中央关于全面深化改革若干重大问题的决定》，明确提出要"健全社区矫正制度"；2014年10月，党的第十八届四中全会通过《中共中央关于全面推进依法治国若干重大问题的决定》，明确提出"制定社区矫正法"。可以看出，建立社区矫正制度是深化社会治理制度改革和全面推进依法治国的重大内容。

第二，随着社区矫正工作的快速发展，我国不仅对相关法律相继进行了修订和制定，而且制定了关于社区矫正的规范性指导文件。最具有代表意义的是《刑法修正案（八）》和修订后的《刑事诉讼法》《监狱法》，2019年12月28日全国人大常委会通过的《社区矫正法》，以法律的形式确立了社区矫正制度。特别是2012年最高人民法院、最高人民检察院、公安部、司法部联合发布的《社区矫正实施办法》，2016年联合发布的《关于进一步加强社区矫正工作衔接配合管理的意见》，以及近年来最高人民法院、最高人民检察院、公安部、司法部、国家卫生计生委关于《暂予监外执行规定》等规范性指导文件的贯彻执行，进一步促使《最高人民法院关于办理减刑、假释案件具体应用法律若干问题的规定》《最高人民法院关于减刑、假释案件审理程序的规定》《关于对判处管制、宣告缓刑的犯罪分子适用禁止令有关问题的规定（试行）》《人民检察院刑事诉讼规则》等一系列法律法规的修订、制定。这就使得社区矫正工作进一步规范化和法治化，社区矫正作为一项法律制度日臻完善起来。

第三，社区矫正制度的建立，丰富和完善了我国刑事执行制度，使原有的刑事法律体系发生了重大变化。在这种情况下，为了适应社区矫正专业人才培养工作的需要，部分高校开设了《社区矫正理论与实务》等课程，大多的司法警官类院校设立了社区矫正专业。按照教育部、司法部专业建设的要求，社区矫正专业应开设包括该课程在内的若干专业课程。与此同时，社区矫正实务部门也急需相应的指导性工作资料，这些因素促使相关高校在专业设置、课程设置、教材建设和教学内容上不断进行探索、调整和完善。

第四，2019年6月25日十三届全国人大常委会第十一次会议首次提请全国人大常委会审议《中华人民共和国社区矫正法（草案）》，标志着社区矫正法草案已正式进入最高立法机关审议阶段。2019年12月28日全国人大常委会通过了《社区矫正法》，在中国的社区矫正历史上，既具有里程碑的划时代意义，也是习近平新时代中国特色的刑事执行制度建设史上的重大事项，也是社区矫正法治化建设的逻辑起点和社区矫正对象人权保障的"大宪章"。根据社区矫正立法精神，结合社区矫正工作和专业教学的实际，编写新的教材已经成为必需。

为了适应社区矫正工作和高等院校专业教学的需要，2020年由山西警官职业学院牵头，由河南司法警官职业学院、湖南司法警官职业学院等院校的专业课教师共同参与，于2022年完成了本教材的编写，出版后能够作为高等院校教材或辅助教材使用。

编写过程中，我们对教材体系和教材内容进行了反复论证、规划和设计，同时对教材的整体结构进行了调整，确立了专业教材编写原则：一是坚持以习近平法治思想为指导的原则；二是必须围绕理论和实务的中心内容撰写的原则；三是以《社区矫正法》等法律法规和规范性文件为准则的原则；四是力求专业教材的通用性和规范性。

全书在编写过程中，由山西警官职业学院赵秀伟副教授、河南司法警官职业学院连春亮教授任主编，拟定了编写大纲、审查初稿内容、修订协调结构体系，对部分作者的撰写内容进行了技术调整。山西警官职业学院副院长李麦样、监所管理系主任赵秀伟、副主任芦麦芳作了大量组织、协调和指导工作。教材还聘请了山西省太原市小店区司法局副局长李翠娥、晋中市榆次区司法局副局长闫素丽等实务部门专家进行了审核。由山西经济出版社出版发行。在此，我们对支持教材编写的上述各位参编人员、审稿人员和工作人员，以及各有关单位，表示诚挚的谢意！

以撰写章节先后为序，各章撰稿人为：

河南司法警官职业学院副教授陈书成：第一章。

山西警官职业学院监所管理系主任、副教授赵秀伟：第二章，第四章第二节、第三节、第四节，第五章第二节，第六章。

湖南司法警官职业学院讲师陈冲：第三章。

山西警官职业学院教师高美娜：第四章第一节，第五章第一节。

河南司法警官职业学院教授连春亮：第五章第三节、第七章、第八章。

编者
2022 年 12 月 19 日

目录 CONTENTS

第一单元　绪　论……………………………………………………… 1
　学习任务一　社区矫正管理概述…………………………………… 2
　学习任务二　社区矫正管理的基本原则…………………………… 9
　学习任务三　社区矫正管理的职能、特征和任务………………… 18

第二单元　社区矫正管理机制………………………………………… 26
　学习任务一　社区矫正管理机制概述……………………………… 26
　学习任务二　我国社区矫正管理机制……………………………… 34

第三单元　社区矫正工作人员与社区矫正对象……………………… 44
　学习任务一　社区矫正工作人员及其职责………………………… 45
　学习任务二　社区矫正工作人员队伍建设………………………… 51
　学习任务三　社区矫正对象………………………………………… 58

第四单元　社区矫正监督管理基本流程……………………………… 71
　　学习任务一　入矫阶段的管理流程………………………………… 73
　　学习任务二　日常监督管理………………………………………… 86
　　学习任务三　社区矫正执法管理…………………………………… 97
　　学习任务四　解矫管理……………………………………………… 114

第五单元　社区矫正管理基本制度……………………………………… 122
　　学习任务一　社区矫正前调查评估制度…………………………… 123
　　学习任务二　社区矫正工作制度…………………………………… 132
　　学习任务三　社区矫正具体管理制度……………………………… 140
　　学习任务四　社区矫正救济制度…………………………………… 156

第六单元　社区矫正管理模式…………………………………………… 164
　　学习任务一　社区矫正管理模式的类型…………………………… 165
　　学习任务二　我国社区矫正管理模式……………………………… 173

第七单元　未成年社区矫正对象管理…………………………………… 188
　　学习任务一　有关未成年犯罪人的基本问题……………………… 189
　　学习任务二　我国未成年社区矫正对象的社区矫正管理制度…… 197
　　学习任务三　未成年社区矫正对象管理制度的完善……………… 203

第八单元　社区矫正管理现代化………………………………………… 221
　　学习任务一　社区矫正管理现代化的基本问题…………………… 222
　　学习任务二　社区矫正管理现代化的价值目标和建设路径……… 226

第一单元　绪　论

【本单元引例】

乔某居住在贵阳市开发区某大街 10 号，在本市某公司上班，因醉酒驾驶被本市 A 区人民法院判处有期徒刑一年，缓刑一年。判决生效后，乔某回到居住地，经常住在家里，另找了一份工作。

这引起了周围邻居的议论。你怎么看？

1. 有的说，判了刑不去监狱，反而在家里，这不知道是花了多少钱买来的。

2. 有的说，乔某原来不是什么好东西，我们天天伴着一个罪犯，没有安全感，大家要防着点。

3. 有的说，听说好像这是社区矫正，归居委会管的，不知道是什么新鲜事儿。

【教学目标】

1. 掌握社区矫正管理的概念和原则。
2. 掌握社区矫正管理的职能、特征和任务。

社区矫正管理是社区矫正工作的主要任务之一，存在和体现于社区矫正工作的全过程，其质量和水平决定着社区矫正的质量和效能。社区矫正管理必须严格依法进行。同时，社区矫正管理是对人的工作，是对社区矫正对象监督管理和教育帮扶的有机融合，不仅需要严格依法进行，而且需要科学理论的支撑。

学习任务一　社区矫正管理概述

一、社区矫正

关于社区矫正的概念，西方国家有多种描述。如麦卡锡等人认为，社区矫正是指"对犯罪人实行的不同类型的非机构性矫正计划"。博姆等人认为，社区矫正可以被广义地定义为"在看守所和监狱环境之外，监督犯罪人并向他们提供服务的一个矫正领域。由于这个原因，人们往往把社区矫正与非机构性矫正同等看待"。克利尔等人认为，社区矫正就是指"对犯罪人的非监禁性（矫正）计划"。[①]

与欧美国家相比，我国的社区矫正起步较晚，中国特色的社区矫正制度正在探索与完善过程中，如何科学界定社区矫正的概念并无定论。根据最高人民法院、最高人民检察院、公安部、司法部（以下简称"两院两部"）2003年7月联合下发的《关于开展社区矫正试点工作的通知》精神，可以将社区矫正的概念界定为："社区矫正是与监禁矫正相对的行刑方式，是指将符合社区矫正条件的社区矫正对象置于社区内，由专门的国家机关在相关社会团体和民间组织以及社会志愿者的协助下，在判决、裁定或决定确定的期限内，对其进行教育矫正，并促进其顺利回归社会的非监禁刑罚执行活动。"虽然该界定基本上确立了对社区矫正概念解读的方向，但是在涉及社区矫正性质及内涵上，并未得到理论界和实务界的一致认同。

2019年12月28日通过，2020年7月1日开始施行的《中华人民共和国社区矫正法》（以下简称《社区矫正法》），是我国第一次对社区矫正专门进行的立法。该法第一章对《社区矫正法》的立法目的、社区矫正对象范围、社区矫正工作内容、社区矫正工作原则作出了明确界定，这对于理解社区矫正的性

---

① 郭建安、郑霞泽主编《社区矫正通论》，法律出版社，2004，第93页。

质和概念至关重要。《社区矫正法》第一条规定："为了推进和规范社区矫正工作，保障刑事判决、刑事裁定和暂予监外执行决定的正确执行，提高教育矫正质量，促进社区矫正对象顺利融入社会，预防和减少犯罪，根据宪法，制定本法。"第二条规定："对被判处管制、宣告缓刑、假释和暂予监外执行的罪犯，依法实行社区矫正。对社区矫正对象的监督管理、教育帮扶等活动，适用本法。"总体上看，《社区矫正法》对社区矫正的性质和概念，仅仅作了原则性概括和理念指引，并没有作出明确详细的法律规定。

我国的社区矫正，是贯彻宽严相济刑事政策，推进国家治理体系和治理能力现代化的一项重要制度，是在我国国情和长期刑事司法实践经验基础上，借鉴吸收其他国家有益做法，逐步发展起来具有中国特色的非监禁的刑事执行制度。王顺安教授根据《社区矫正法》中社区矫正立法目的或立法宗旨的规定，将社区矫正定义为：法定机关依法对被判处管制、宣告缓刑、假释和暂予监外执行的罪犯，在社区并依托社区所进行的旨在提高教育矫正质量，促进其顺利融入社会，预防和减少犯罪的监督管理和教育帮扶工作，是一项非监禁的刑事执行活动和制度。[1]

综上，本书将社区矫正的概念界定为：社区矫正是指将符合条件的社区矫正对象置于社区内，由专门的国家机关在相关社会团体和民间组织以及社会志愿者的协助下，在判决、裁定或决定确定的期限内，矫正其犯罪心理和行为恶习，并促进其顺利回归社会的刑事执行活动。依据这一概念，我国的社区矫正具有以下内涵：①社区矫正是由专门国家机关主导进行的刑事执行活动；②被矫正的对象是依法被判处管制、宣告缓刑、裁定假释、暂予监外执行的罪犯；③社区矫正是以社区为依托，利用和整合社区的资源，在相关社会团体、民间组织和社会志愿者的协助下，对社区矫正对象进行矫正，在整个矫正过程中，社区矫正对象不与社会隔离；④社区矫正是在判决、裁定或者决定确定的期限内执行；⑤社区矫正的目的是对社区矫正对象的犯罪心理和行为恶习进行矫正，促进社区矫正对象顺利回归社会，最终预防和减少犯罪；⑥社区矫正本质上是一种非监禁刑事执行活动。

---

[1] 王顺安：《论〈社区矫正法〉的五大立法目的与十大引申意义》，《中国司法》2020年第5期，第66—72页。

二、管理

马克思认为，人的本质是一切社会关系的总和。人是社会性动物，人们总是生活在各种群体和组织之中，人们依赖组织。组织是人类存在和活动的基本形式。没有组织，仅凭人个体的力量，无法征服自然，也不可能有所成就；没有组织，也就没有人类社会今天的发展与繁荣。组织是人类征服自然的力量源泉，是人类获得一切成就的主要因素。然而，仅仅有组织还不够，因为人类社会中存在组织就必然有人群的活动，有人群的活动就有管理。作为人们进行实践活动的一种行为和方式，管理越来越成为现代人生活中不可缺少的组成部分。有了管理，组织才能进行正常有效的活动，充分发挥正常的功能；有了管理，人们才能真正贡献自己的潜能，进而实现某种理想和目标。

管理的英文表述是management，其英文源自拉丁词manus，意为"用手控制"。一种定义按照《朗文当代英语词典》解释，管理是指：①对公司或机构事务的控制和组织行为；②人们面对生活和工作中不同境况而采取的控制和组织方式。也有人将管理界定为："保证大量的活动得以进行，以完成预定任务的执行过程和活动，特别是创造和维持各种条件，以便通过一群人的共同努力来完成既定目标的执行过程和活动。"另一种定义是"一种履行某种功能，使人力、物力和资源得到有效配置，以达到目标的活动"。[①]

从过程看，管理是指通过计划、组织、领导、控制及创新等手段，结合人力、物力、财力、信息、环境、时间等要素，以达到组织目标的过程。据此，管理是由计划、组织、指挥、协调及控制等职能为要素组成的活动过程。

从广义上讲，管理是指应用科学的手段安排组织社会活动，使其有序进行。其对应的英文是administration或regulation。从狭义上讲，管理是指为保证一个单位全部业务活动而实施的一系列计划、组织、协调、控制和决策的活动，对应的英文是manage或run。

社区矫正作为一项有组织的活动，毫无疑问应将管理学的有关知识和理论应用贯穿于工作的始终。在社区矫正的理论和实践中，不难发现各学派的管理学理论和方法。

---

① 陈振明主编《公共管理学原理》，中国人民大学出版社，2003，第2—3页。

三、社区矫正管理

（一）社区矫正管理的概念

对社区矫正管理概念的界定必须以社区矫正的概念为基础，同时体现管理在社区矫正工作中的地位与作用。社区矫正管理，是指专门的国家机关在相关社会团体和民间组织以及社会志愿者的协助下，对社区矫正对象依法进行有组织、有计划的监督、教育、矫正、指导和服务的活动。社区矫正管理的目标是不断提高社区矫正的功能作用及效率效果。

（二）社区矫正管理的构成要素

1. 社区矫正管理主体

从实践看，社区矫正的管理主体包括机关主体和人员主体两个层次。机关主体是依法承担社区矫正工作职责的各级司法行政机关和社区矫正机构。从根本上讲，社区矫正的管理是依照国家的法律法规实施的行政执法和行政管理行为，行使管理权的只能是法律法规授权的机关。按照目前的相关法律法规，机关主体首先是司法行政机关和社区矫正机构；其次是人民法院、人民检察院、公安机关、监狱管理机关和其他相关部门，在社区矫正工作中依法承担法定范围内的管理职责。人员主体是指参与社区矫正工作的所有工作者。社区矫正管理的人员主体包括社区矫正工作机构中从事该项工作的国家工作人员，他们是直接从事社区矫正管理的工作者，是社区矫正工作中的中坚力量，还包括参与社区矫正工作的社会工作者、志愿者和其他社区矫正协助力量，他们是社区矫正工作的重要参与者。

我国《社区矫正法》从立法的视角对社区矫正机构、人员和职责作出了明确的规定。从社区矫正管理的视角看，这些条款同时也是对社区矫正管理主体的规范。例如，关于社区矫正机构，我国《社区矫正法》第八条规定："国务院司法行政部门主管全国的社区矫正工作。县级以上地方人民政府司法行政部门主管本行政区域内的社区矫正工作。人民法院、人民检察院、公安机关和其他有关部门依照各自职责，依法做好社区矫正工作。人民检察院依法对社区矫正工作实行法律监督。地方人民政府根据需要设立社区矫正委员会，负责统筹协调和指导本行政区域内的社区矫正工作。"该条表明社区矫正是一个多主体参与的综合性工作，人民法院、人民检察院、公安机关和其他有关部门均是参与主体，均要按照各自职责履行好社区矫正工作。第九条规定:"县级以上地方人民政府根据需要设置社区矫正机构,负责社区矫正工作的具体实施。社区矫正机构的设置和撤销,由县级以上地方人民政府司法行政部门提出意见,按照规定的权限和程序审批。司法所根据社区矫正机构的委托,承担社区矫正相关工作。"社区矫正机构是社区矫正工作的执行主体,该规定已经在《中华人民共和国刑事诉讼法》(以下简称《刑事诉讼法》)第二百六十九条中得以明确。

关于社区矫正人员,《社区矫正法》对社区矫正工作人员、社会工作者、社会力量参与人员均作出了明确规定,还对其工作要求、权利保障和队伍建设作了规范。例如,《社区矫正法》第十条规定:"社区矫正机构应当配备具有法律等专业知识的专门国家工作人员(以下称社区矫正机构工作人员),履行监督管理、教育帮扶等执法职责。"

2. 社区矫正管理客体

社区矫正管理客体是社区矫正工作的全程事务和其他相关活动。主要包括:社区矫正调查,矫正对象的接收、监督、教育、危险处置、考核与奖惩、质量评估等活动。我国《社区矫正法》对社区矫正工作中的全程事务和其他相关活动均专章作出了明确规定,包括决定和接收、监督管理、教育帮扶、解除和终止,以及未成年人社区矫正等。这为研究社区矫正管理客体提供了基本依据。

3. 社区矫正管理对象

社区矫正管理的对象主要是在社区中接受矫正的矫正对象。我国《社区矫正法》第二条规定:"对被判处管制、宣告缓刑、假释和暂予监外执行的罪犯,依法实行社区矫正。"为明确社区矫正管理对象提供了法律依据。

(三)社区矫正管理的特点

人们总是想把事物的性质限定在某一个"非此即彼"的单一或绝对范围内,但是事与愿违,很多事物具有"跨界"复合型和多元化特点。社区矫正管理的性质也具有这样的特点。

1. 社区矫正管理是依托社区进行的管理活动

社区是一个社会学概念,社会性、组织性和互动性是社区的重要特征。社区指聚集于特定区域、人口同质性较强、具有相同或者相似价值取向的社会关系和社会利益共同体。特定地域的一群人,适应特定的环境,在共同劳动和相互交往中产生了文化,产生了各种组织,产生了相似或相近的生活习惯和生活方式，进而产生相同或者相近的价值观念及意识形态。社区也是一种守望相助、疾困相扶、有共同信仰和共同风俗习惯的人际关系群。自从德国社会学家滕尼斯于1887年最早提出"社区"概念以来，人们已经越来越重视社区在人们生活中的重要作用。社区既是一个人的物质家园，也是其精神家园。

每一个社区矫正对象都是成长并生活于特定的社区。因而，要充分利用社区中的有利因素促进社区矫正对象自我改善和发展，同时要避免不利因素对社区矫正对象的负面影响。人是有情感的社会性动物，社区矫正对象的感情是寄托于所在社区的，对社区有较强的归属感，在社区中进行矫正更有利于其顺利回归社会。因此，培育社会力量参与社区矫正工作才是社区矫正的应有之义，才能够真正实现社区矫正的目的。

2. 社区矫正管理具有社会管理的明显特点

人们一般将社会管理分为两大类型，即公共管理和企业管理（私人管理）。公共管理从产生意义上讲是公共组织的一种职能，包括以广义政府为主导的公共组织和以公共利益为指向的非政府组织（NGO），为实现公共利益，为社会提供公共产品和服务的活动。社区矫正管理具有公共管理的性质，属于公共管理。这主要表现在以下两个方面：

一方面，从管理的目的看，社区矫正管理具有明显的公益性，为社会提供公共产品和服务，而不是以营利为目的。社区矫正管理是为了保证社会秩序保持良好状态，不至于因社区矫正对象的存在，而使社会陷入不安和失序的局面。同时，社区矫正的管理，也有利于社区矫正对象及其家人，而这种福利的取得看似属于个体性的扶助，实则依然是社会公益的体现。

另一方面，从管理的依据看，社区矫正管理的依据主要是国家法律法规，包括《中华人民共和国刑法》（以下简称《刑法》）《刑事诉讼法》和《社区矫正法》。例如，《刑法》第三十八条至第四十一条关于管制的规定；第五十四条至第五十八条关于剥夺政治权利的规定；第七十二条至第七十七条关于缓刑的规定；第七十八条至第七十九条关于减刑的规定；第八十一条至第八十六条关于假释的规定，都是社区矫正工作者从事社区矫正管理的具体法律依据。其中第三十九条第一款规定："被判处管制的犯罪分子，在执行期间，应当遵守下列规定：①遵守法律、行政法规，服从监督；②未经执行机关批准，不得行使言论、出版、集会、结社、游行、示威自由的权利；③按照执行机关规定报告自己的活动情况；④遵守执行机关关于会客的规定；⑤离开所居住的市、县或者迁居，应当报经执行机关批准。"同时,《刑事诉讼法》中也有大量社区矫正管理工作的依据。

《社区矫正法》充分体现了贯彻落实党的十九届四中全会提出的系统治理、依法治理、综合治理、源头治理的精神,也是对社区矫正工作实践经验的总结,解决了实践当中出现的一些突出管理问题,巩固了改革成果,促进了社区矫正管理工作的规范发展。

3. 社区矫正管理属于刑事执行管理活动的一部分

社区矫正是与监禁矫正相对的刑事执行方式,因而社区矫正管理属于非监禁刑事执行和管理活动。社区矫正管理与狱政管理相比较,既有相似之处,又有明显差异。其相似处主要表现在以下三点:一是从性质上讲,都属于刑事执行活动;二是管理对象相近,都是严格经过刑事司法程序,依法被判决、裁定或者决定承担刑事司法后果的罪犯;三是管理目标相同,二者都是为了提高教育矫正质量,矫正罪犯的犯罪心理和行为恶习,使之回归社会,成为守法公民,最终减少和预防犯罪。

社区矫正管理与狱政管理之间的差异又是巨大的,主要表现在四个方面。第一,从管理对象看,社区矫正管理的对象主要是被判处管制、宣告缓刑、裁定假释、决定暂予监外执行的罪犯,他们所犯的罪行相对较轻,社会危害性相对较小;而狱政管理的对象是被依法判处有期徒刑、无期徒刑或者死刑缓期执行的罪犯,他们所犯的罪行较重,社会危害性较大。第二,从管理场所看,社区矫正管理在社区矫正对象生活的社区中实施,场所相对开放,只是最低限度限制社区矫正对象的人身自由或剥夺其政治权利,并不阻断社区矫正对象与社会之间的多数联系;狱政管理在监狱内进行,场所封闭,以短期或长期剥夺罪犯的人身自由为形式。第三,从管理主体看,在矫正过程中,社区矫正管理的人员主体既包括基层司法行政机关的工作人员,又包括社会工作者和志愿者、家庭成员或监护人、保证人等;狱政管理的人员主体主要是监狱人民警察。第四,从管理内容及模式看,尽管二者都包含监督管理、行为管理等内容,但侧重点有所差异:社区矫正管理扎根于社区,依托并充分利用社会资源,通过监督和服务社区矫正对象在社区的工作和生活,帮助社区矫正对象解决实际困难,保证社区矫正对象能有效进行自我改善;狱政管理是通过监禁,使罪犯与社区相隔离,以保证其不再危害社会,同时施以狱内管理、三课教育、生产劳动等主要手段来改造罪犯。

学习任务二　社区矫正管理的基本原则

社区矫正管理的基本原则，是指体现于社区矫正管理的法律规范，贯穿于社区矫正管理的全过程，能够指导和制约全部社区矫正管理活动的基本准则。我国社区矫正管理的基本原则，反映和体现了我国社区矫正实践的特色和精神。

从实践上讲，我国社区矫正管理的基本原则体现于社区矫正管理实务活动中。但是，从依据上讲，社区矫正管理的基本原则应当体现和遵照国家法律法规的基本要求。例如，《社区矫正法》总则第一条规定："为了推进和规范社区矫正工作，保障刑事判决、刑事裁定和暂予监外执行决定的正确执行，提高教育矫正质量，促进社区矫正对象顺利融入社会，预防和减少犯罪，根据宪法，制定本法。"社区矫正管理的基本原则应当严格体现和遵循《社区矫正法》的这一立法目的。第三条规定："社区矫正工作坚持监督管理与教育帮扶相结合，专门机关与社会力量相结合，采取分类管理、个别化矫正，有针对性地消除社区矫正对象可能重新犯罪的因素，帮助其成为守法公民。"该条实际上体现了立法者对社区矫正工作原则和工作方法的要求，即"监督管理与教育帮扶相结合，专门机关与社会力量相结合，采取分类管理、个别化矫正"。本书主要介绍依法管理原则、社会参与原则、科学管理原则和协调配合原则等。

一、依法管理原则

（一）依法管理原则的含义

依法管理原则是指社区矫正管理主体在社区矫正管理过程中，必须严格依照国家法律法规、行为规范和相关政策，从事社区矫正管理活动的准则。

依法治国是我国最基本的国策，是实现国家长治久安的根本保障。社区矫正管理必须以法律规定为依据，严格依照法律规定办事。这样才能保证社区矫正管理活动目标的实现。为了指导和规范社区矫正试点试行工作，"两院两部"自 2003 年以来先后印发了《关于开展社区矫正试点工作的通知》《关于扩大社区矫正试点范围的通知》《关于在全国试行社区矫正工作的意见》等指导文件，陆续出台了一批规章制度，有力保障了试点试行工作的顺利进行。2011年施行的《中华人民共和国刑法修正案（八）》、2015年施行的《中华人民共和国刑法修正案（九）》、2018年修订后的《刑事诉讼法》，对社区矫正给予了法律上的肯定。2019年12月通过的《社区矫正法》，2020年最高人民法院、最高人民检察院、公安部、司法部制定出台的《中华人民共和国社区矫正法实施办法》（以下简称《社区矫正法实施办法》）是社区矫正依法管理的纲领性法律规范，使得我国社区矫正制度更规范。

（二）依法管理原则的基本内容

1. 管理主体合法

对于所有国家机构和公职人员来讲，法无授权不可为。社区矫正管理也是如此，只有获得法律授权和许可的组织和个人才有权从事社区矫正管理活动。《社区矫正法》第二章"机构、人员和职责"，专章规定了社区矫正工作各主体的设置（第八、第九条）、人员类别（第十条至第十三条）、工作要求（第十四条）、权利保障及队伍建设（第十五、十六条）。只有这些法定的管理主体，才能依法对社区矫正的监督管理、矫正教育、社会帮扶、心理矫治等活动进行管理。

2. 管理内容合法

我国《刑法》《刑事诉讼法》《社区矫正法》，以及"两院两部"的相关通知、意见及实施办法中，都对社区矫正管理的具体内容进行了严格的规范。管理内容合法的基本要求有以下两点。第一，尊重和保护社区矫正对象合法权益。既不能随意减损社区矫正对象的权益，也不能无故增加其义务，对于社区矫正对象未被剥夺或限制的权利要进行充分的保护。例如，凡是未被剥夺政治权利者的选举权和被选举权都应得到保障。在法律规定方面，《社区矫正法》第四条规定："社区矫正工作应当依法进行，尊重和保障人权。社区矫正对象依法享有的人身权利、财产权利和其他权利不受侵犯，在就业、就学和享受社会保障等方面不受歧视。"第六十一条规定："社区矫正机构工作人员和其他国家工作人员有下列行为之一的，应当给予处分；构成犯罪的，依法追究刑事责任：①利用职务或者工作便利索取、收受贿赂的；②不履行法定职责的；③体罚、虐待社区矫正对象，或者违反法律规定限制或者变相限制社区矫正对象的人身自由的；④泄露社区矫正工作秘密或者其他依法应当保密的信息的；⑤对依法申诉、控告或者检举的社区矫正对象进行打击报复的；⑥有其他违纪违法行为的。"第二，管理主体的管理行为要合法。管理者在管理过程中要做到言行文明，切忌粗暴无礼，严禁打骂体罚社区矫正对象。行为合法还表现在管理者要保持廉洁公正，不得以权谋私。《社区矫正法》第十五条明确规定，社区矫正机构工作人员和其他参与社区矫正工作的人员依法开展社区矫正工作，受法律保护。

3. 管理程序和方式合法

程序是指先后次序或按时间先后依次安排的工作步骤。从主体的角度看，程序可以视为人们行为所遵循的时间或空间上的步骤和方式。从行为结果看，程序主要体现为按照一定的顺序、方式和手续来作出决定的逻辑关系。社区矫正管理是一项具有刑事法律属性的社会管理活动，因此必须遵循法定的程序，不能随心所欲。在对社区矫正对象执行地认定、调查评估、文书送达、报到移送、接收宣告、考核奖惩、减刑、撤缓撤假、先行拘留、收监执行、追逃、变更、电子监管、脱管处理、禁止令执行、矫正教育、就业帮助、教育帮扶、社会救助、解除矫正、矫正终止、死亡处理等众多环节中，都要按程序办事，绝不能任意简化或增设程序，以维护法律的权威性。

在管理方式合法方面，法律法规也有明确的规定。例如，《社区矫正法》第二十九条是关于电子定位的规定，该条第二款规定："前款规定的使用电子定位装置的期限不得超过三个月。对于不需要继续使用的，应当及时解除；对于期限届满后，经评估仍有必要继续使用的，经过批准，期限可以延长，每次不得超过三个月。"第三款规定："社区矫正机构对通过电子定位装置获得的信息应当严格保密，有关信息只能用于社区矫正工作，不得用于其他用途。"

4. 禁止违法行为

在社区矫正管理活动中，无论是社区矫正对象的违法行为，还是管理者自身的违法行为，都将严重影响社区矫正目标的实现，造成不良的社会影响。当发现社区矫正对象有违法行为时，要及时按规定进行处理，而不能姑息迁就，视而不见。英国学者奥古斯丁曾指出："惩罚是对正义的伸张。"因此，只有对违法行为大胆地指出并纠正，对违法行为者依法惩处，才能保障社区矫正管理始终沿着法治的轨道发展。

《社区矫正法》第五十九条规定："社区矫正对象在社区矫正期间有违反监督管理规定行为的，由公安机关依照《中华人民共和国治安管理处罚法》的规定给予处罚；具有撤销缓刑、假释或者暂予监外执行收监情形的，应当依法作出处理。"第六十条规定："社区矫正对象殴打、威胁、侮辱、骚扰、报复社区矫正机构工作人员和其他依法参与社区矫正工作的人员及其近亲属，构成犯罪的，依法追究刑事责任；尚不构成犯罪的，由公安机关依法给予治安管理处罚。"第六十二条规定："人民检察院发现社区矫正工作违反法律规定的，应当依法提出纠正意见、检察建议。有关单位应当将采纳纠正意见、检察建议的情况书面回复人民检察院，没有采纳的应当说明理由。"这些都是对社区矫正管理活动违法行为的禁止性规定。

二、社会参与原则

（一）社会参与原则的含义

社区矫正有别于监禁矫正的最大特点是矫正的社会参与。社会参与原则是指社区矫正管理中，要广泛培育和充分发挥社会力量，包括社会工作者、社会志愿者、居民委员会、村民委员会、监护人、家庭成员、所在单位、就读学校，以及企事业单位、社会组织等参与社区矫正管理工作。

社区矫正针对在监狱中行刑的改造目的与手段相背离的弊端，在开放的社区环境，把罪犯当正常人看待，充分尊重与相信其改过自新的愿望，激发内心向善、自我矫正、自我革命的潜能，充分发挥家庭、学校、单位和社区等社会帮教力量，购买专业社工的教育帮扶资源，采取更加人性化的监督管理和教育帮扶的方法，有利于罪犯再社会化，并重返社会。

我国社区矫正从试点阶段开始，一直高度重视社会参与。2003年《关于开展社区矫正试点工作的通知》指出，社区矫正工作应当"积极利用各种社会资源、整合社会各方面力量"。2004年《司法行政机关社区矫正工作暂行办法》规定，司法行政机关开展社区矫正工作，遵循"社会力量广泛参与原则"，充分发挥社会各方面的作用，提高社区矫正对象的教育改造质量。2009年《关于在全国试行社区矫正工作的意见》，在"全面试行社区矫正工作的基本原则"中指出，要"坚持专群结合，充分调动社会资源和有关方面的积极性"。2014年12月，两部两院的《关于全面推进社区矫正工作的意见》提出，社区矫正必须坚持统筹协调，充分发挥各部门的职能作用，广泛动员企事业单位、社会团体、志愿者等各方面力量，发挥社会帮扶的综合优势，努力形成社会合力，提高帮扶效果，为社区矫正对象顺利回归社会创造条件。2014年，司法部等六部门联合出台《关于组织社会力量参与社区矫正工作的意见》，首次明确了鼓励引导社会力量参与社区矫正工作的主要途径，即"鼓励引导社会组织参与社区矫正工作，发挥基层群众性自治组织的作用，鼓励企事业单位参与社区矫正工作，切实加强社区矫正志愿者队伍建设以及进一步加强矫正小组建设。"

当前，社区矫正对象有90%以上都是缓刑犯[1]，这部分人一般都属于初犯、偶犯、过失犯，犯罪情节较轻，也有悔罪表现。因此，在适度监管和矫正前提下，充分发动社会各方面的力量来进行矫治教育，有利于社区矫正对象顺利回归社会。

《社区矫正法》对社会力量参与社区矫正进行了详细规定：一是国家鼓励和支持企业事业单位、社会组织、志愿者等社会力量参与社区矫正；二是规定居委会、村委会可以引导志愿者和社区群众利用社区资源，通过多种形式来进行必要的教育帮扶；三是社区矫正机构可以通过公开择优购买服务、项目委托的方式，来委托一些社会组织提供心理辅导、社会关系改善，用这些专业化的帮扶，以不断提高矫治质量；四是共产主义青年团、妇女联合会、未成年人保护组织应当依法协助社区矫正机构做好未成年人社区矫正工作。

（二）社会参与原则的基本内容

1. 依法培育社会力量，共同承担社会治理的责任

从现行法律的有关规定看，社区组织和社会公众都有支持社区矫正的义务和责任。《民政部关于在全国推进城市社区建设的意见》指出："建立社会治安综合治理网络，有条件的地方，要根据社区规模的调整，按照'一区（社区）一警'的模式调整民警责任区，设立社区警务室，健全社会治安防范体系，实行群防群治；组织开展经常性、群众性的法制教育和法律咨询、民事调解工作，加强对刑满释放、解除劳教人员的安置帮教工作和流动人口的管理，消除各种社会不稳定因素。"

《社区矫正法》第三条专门对社区矫正的工作原则作了规定，其中明确提出"社区矫正工作坚持专门机关与社会力量相结合"的原则。该法第十一条规定："社区矫正机构根据需要，组织具有法律、教育、心理、社会工作等专业知

---

[1] 《监管为回归：社区矫正以法律刚性彰显柔性治理》，http://www.npc.gov.cn/nc/c30834/201912/fc5fe736dfbf432d82791f700617d44a.shtml，访问日期：2023年5月26日。

识或者实践经验的社会工作者开展社区矫正相关工作。"第十二条规定："居民委员会、村民委员会依法协助社区矫正机构做好社区矫正工作。社区矫正对象的监护人、家庭成员，所在单位或者就读学校应当协助社区矫正机构做好社区矫正工作。"第十三条规定："国家鼓励、支持企业事业单位、社会组织、志愿者等社会力量依法参与社区矫正工作。"

不仅如此，《社区矫正法》还对社会力量参与社区矫正工作的经费保障作出了规定。例如，该法第六条规定："各级人民政府应当将社区矫正经费列入本级政府预算。居民委员会、村民委员会和其他社会组织依法协助社区矫正机构开展工作所需的经费应当按照规定列入社区矫正机构本级政府预算。"

只有依法培育社会力量，社区公众真正担负起社会治理的责任，热心于社区公共事业，以宽容的心态接纳和帮助社区矫正对象，才能使社区矫正工作真正成为促进社会和谐发展的润滑剂。

2. 相关部门协调统一，共同管理

社区矫正是一项综合性强、涉及面广的工作。除了司法行政机关、人民法院、人民检察院、公安机关、监狱管理机关等要各司其职、相互配合、协调统一外，其他部门也要配合支持。例如，民政部门要将社区矫正工作纳入社区建设和社区管理之中，指导基层组织参与矫正工作，将家庭符合低保条件的社区矫正对象纳入低保范围。人力资源与社会保障部门要积极为生活困难或有就业需要的社区矫正对象提供职业培训和就业机会。财政部门要将社区矫正工作经费纳入财政预算。工会、团委、妇联要发挥职能优势，协助社区矫正工作机构对社区矫正对象进行政治、法制、文化、技术辅导，为社区矫正对象提供学习、生活、工作上的帮助。

（三）社会参与原则的具体情形和要求

1. 依法参与

依照法律的规定，社会力量参与社区矫正工作是其法定职责和义务。如《社区矫正法》第十二条规定："居民委员会、村民委员会依法协助社区矫正机构做好社区矫正工作。社区矫正对象的监护人、家庭成员，所在单位或者就读学校应当协助社区矫正机构做好社区矫正工作。"据此，对于居民委员会、村民委员会而言，参与社区矫正工作是法定职责。而社区矫正对象的监护人、家庭成员，所在单位或者就读学校应当协助社区矫正机构做好社区矫正工作，则是"必须"

的法律"强制行为"。

2. 自愿参与

社区矫正管理中，对有些参与主体，国家和法律法规只能鼓励和支持，激励和保持其参与的热情和积极性，而不能有丝毫的强制。《社区矫正法》第十三条规定："国家鼓励、支持企业事业单位、社会组织、志愿者等社会力量依法参与社区矫正工作。"实务中，不能为了应付检查而下达硬性的指标，更不能为了凑足志愿者的数量而弄虚作假。只有通过细致的宣传发动工作，促使社区组织及公众在思想上认识到社区矫正的重要性与必要性，才能激发广大公众参与社区矫正工作的热情。

3. 可持续参与

在一些地方的社区矫正管理实务中，"运动式参与"较为常见。这一参与方式存在的弊端在于会使社区矫正的法定性和严肃性受到人为的破坏，反而不利于社区矫正工作的可持续开展。对于那些热心于社区矫正工作的参与者，要加强管理，积极引导，使其"持续参与"，培育可持续参与的社会力量，并使其参与能力得到不断提高。

三、科学管理原则

（一）科学管理原则的含义

科学管理原则是指在社区矫正管理的过程中，在严格遵守法律法规的同时，要遵循社会治理规律，用科学的理论和科学的手段进行管理。

社会治理是一门科学，基于刑事执行的社区矫正管理同样是一门科学。科学管理是法律法规、管理策略、管理知识、管理艺术、管理技术手段等系统性规范和知识的综合运用。科学管理是提高管理效率的基础。没有科学的态度和方法，社区矫正管理很可能会陷入效率低下，甚至事与愿违的境地。

（二）科学管理原则的主要内容

任何管理活动都应当符合客观规律，与社会发展的进程相适应，与社会发展的水平和趋势保持协调一致。社区矫正科学管理原则体现在社区矫正管理的方方面面，其内容主要包括以下几个方面：树立和遵循科学管理的理念，制定和实施科学的管理方案，建构和执行科学的管理流程，科学应用信息化管理技术，通过科学评估提升管理绩效等。

1. 树立和遵循科学的管理理念

社区矫正工作应当以中国特色社会主义理论为指导，站在建设法治国家和人类命运共同体的高度，以提升社会治理能力为目标，遵守法律法规，尊重管理学、社会学、统计学、教育学、心理学等科学规律，聚焦对社区矫正对象的监督管理与教育帮扶，用科学理念指导管理模式和工作方法的创新，不断提高管理实效。

2. 制订和实施科学的管理方案

在制订和实施科学的管理方案方面，一个重要内容是坚持因人施教，循证矫正。具体说，就是落实社区矫正法律法规所规定的分类管理和个别化矫正。在社区矫正管理过程中强调分类管理、个别化矫正原则，一方面能够有针对性地开展个案矫正工作，依法对社区矫正对象进行更加科学化、人性化的教育管理，另一方面能够合理利用有限的社区矫正资源，提高社区矫正工作的效益。

《社区矫正法》在第二十四、第二十五和第三十六条中分别明确规定了对矫正对象实施分类管理、个别化矫正的内容和办法。其中，明确矫正方案应当根据社区矫正对象的表现等情况适时调整。"两院两部"联合制定的《中华人民共和国社区矫正法实施办法》（以下简称《社区矫正法实施办法》）第二十一条对《社区矫正法》上述规定进一步明确了细化措施和要求。

3. 建构和执行科学的管理流程

要严格落实法定的法律文书转运时限，不同部门密切配合，使社区矫正工作机构和司法资源科学高效配置，各个方面的工作运行协调，以较小的矫正成本投入获得较大的矫正绩效。作为社区矫正的主体，社区矫正工作机构应当不断优化监督管理、信息管理、风险管理等各个方面的流程。例如，监督管理环节，应当细化从入矫管理、日常监督管理到解除矫正管理的全流程、全链条管理。

4. 科学应用信息化管理技术

国家支持社区矫正机构提高信息化建设水平。司法部和地方各级司法行政部门鼓励社区矫正管理智能化、信息化工作，包括信息化平台建设、信息中心建设、远程视频督察系统建设、微信互动应用、定位技术及手段应用、社区矫正的大数据和智能化等。在社区矫正管理过程中，特别是法律文书的传输和交换、相关部门之间的信息共享、对社区矫正对象的监督管理和教育帮扶，都离不开现代信息技术，这也是科学管理的重要技术支撑。

5.通过科学评估提升管理绩效

没有科学评估就没有提升。评估的具体种类有多种：从评估的目的和导向看，包括可行性评估、风险评估和绩效评估等；从评估发生的阶段看，包括入矫前评估、矫正中评估和解矫后评估等，也包括对整个或者某一段工作流程的评估。不断对社区矫正管理绩效进行科学的评估，然后将评估结果应用于整改与提升，持续提高社区矫正管理的质量和效能。

四、协调配合原则

社区矫正的开放性决定了社区矫正必然是一项综合性系统工程。在这个工程内，司法行政机关、人民法院、人民检察院、公安部门、监狱部门等，只有在明确各自职权范围的基础上通力合作，既相互制约，又相互配合，才能保证社区矫正管理工作顺利开展。

从试点时期开始，社区矫正工作中相关国家机关分工负责、相互配合取得了明显的实证效果。人民法院要严格准确地适用刑事法律和刑事司法解释，依法充分使用非监禁刑罚措施，如缓刑、假释等鼓励罪犯改造、自新的刑罚执行措施。人民检察院要加强法律监督，完善监督程序，保证社区矫正工作依法、公正地进行。司法行政机关要牵头组织有关单位和社区机构开展社区矫正工作，会同公安机关搞好对社区服刑人员的监督考察，组织协调对矫正对象的监督管理和教育帮助工作。街道、乡镇司法所受县、区司法行政部门委托，要具体做社区矫正的日常管理工作。监狱管理机关要依法准确适用暂予监外执行措施，对符合假释条件的人员要及时报请人民法院裁定假释，并积极协助社区矫正组织的工作。公安机关要配合司法行政机关依法加强对社区矫正对象的监督管理，依法履行有关法律程序。对违反规定的社区矫正对象，根据具体情况依法采取必要的措施；对重新犯罪的社区矫正对象，及时依法处理。

学习任务三　社区矫正管理的职能、特征和任务

一、社区矫正管理的职能

职能是指人和事物以及机构所能发挥的作用与功能。人的职能，是指一定职位的人完成其职务的能力；事物的职能，一般等同于事物的功能；机构的职能一般包括机构所承担的职权、作用等内容。在管理学领域有不同的职能分类方法，如法国管理学家法约尔将其分为计划、组织、指挥、协调、控制五大职能；美国学者古利克和英国学者厄威克就管理职能提出了著名的计划、组织、人事、指挥、协调、报告、预算七项职能；美国学者米和希克斯在总结前人对管理职能分类的基础上，提出了创新职能；我国何道谊在《论管理的职能》中依据业务过程把管理分为目标、计划、实行、检馈、控制、调整六项基本职能。

社区矫正管理的职能，是指社区矫正管理过程中各项行为内容的概括，是社区矫正管理原则、管理方法的具体体现，是人们对社区矫正管理工作应有的一般过程和基本内容所作的抽象概括。本书主要从计划、组织、控制、协调、创新五个方面，分析社区矫正管理的职能。

（一）计划职能

计划是为实现既定目标而对未来的行动进行规划和安排的工作过程。在具体内容上，它包括目标的选择和确立，实现目标方法的确定和抉择，计划原则的确立，计划的编制，以及计划的实施。计划是全部管理职能中最基本的职能，也是实施其他管理职能的条件。计划是一项科学性极强的管理活动。计划包括宏观、中观和微观三个层面。

社区矫正管理工作是落实宽严相济刑事政策、实现惩罚与教育相结合刑罚目的的实践过程。《社区矫正法》不仅制定了社区矫正的工作原则、工作机制，而且在机构、人员和职责、管理工作内容和任务、工作流程等方面提供了详细的计划依据。社区矫正法律法规为社区矫正管理提供了计划职能上的宏观和整体依据。科学制定和严格落实社区矫正法律法规是提高社区矫正管理水平的必

经之路，是提升社会治理能力和治理水平的法治实践，也是不断完善社会主义法治体系要求的体现。

实现国家长治久安是社区矫正管理的终极目标。在社区矫正管理中，有效发挥计划职能，将有利于社区矫正总目标和阶段性目标的实现；有利于保持社区矫正管理朝着既定方向发展；有利于调动各方工作的主动性；有利于选择最优的资源配置方案、提高工作效率；有利于解决新问题、创造并把握新机遇。

（二）组织职能

为实现管理计划和目标，就必须设计和维持一种组织结构。在这一结构里，把为达到目标所必需的各种业务活动进行组合分类，把管理每一类业务活动所必需的职权授予主管这类工作的人员，并规定上下左右的关系，这一过程即为组织。组织为管理工作提供了结构保证，是进行人员管理、指导和领导、控制、协调、创新的前提。

由于参与部门较多，加之社区矫正工作的社会化特点，在我国全面落实社区矫正工作是一项庞大的系统工程，这就需要全面加强社区矫正管理的组织工作。为了提高教育矫正质量，促进社区矫正对象顺利融入社会，就应当整合刑事司法资源，充分依托社区并组织社会力量参与社区矫正工作，充分发挥社区的资源优势。在地方人民政府设立社区矫正委员会，负责统筹协调和指导本行政区域内的社区矫正工作。在社区矫正对象的居住地成立矫正小组，要求居民委员会、村民委员会依法协助社区矫正机构做好社区矫正工作。社区矫正对象的监护人、家庭成员、所在单位或者就读学校应当协助社区矫正机构做好社区矫正工作。国家鼓励、支持企业事业单位、社会组织、志愿者等社会力量依法参与社区矫正工作。人民法院、人民检察院、公安机关和其他有关部门依照各自职责，依法做好社区矫正工作。由此建立起独具中国特色的党委和政府统一领导、司法行政部门组织实施、相关部门协调配合、社会力量广泛参与的社区矫正领导体制和工作机制。

（三）控制职能

所谓控制，就是要不断地检查各项工作是否与计划相符。只有加强控制，管理活动才不会过多地受到来自各方面因素的影响，才会实现当初制定的目标。

社区矫正管理的控制职能，一方面表现为对人的控制，这里的人包括自然人和有关机关（机构）、组织。首先是对社区矫正对象的行为控制。社区矫正对象走上犯罪的外在表现往往是行为失范。社区矫正管理中的控制，就是要将社区矫正对象的失范行为通过一定的矫正手段进行约束和改变。其次是对社区矫正工作者和志愿者的行为进行控制。社区矫正工作者和志愿者是社区矫正管理得以健康运作的主体力量，对他们的行为进行必要的控制与指导，将有利于保障社区矫正工作健康有序地开展。最后是对相关机关（机构）组织的控制，以便使它们都能在社区矫正工作中发挥各自的职能和作用。

社区矫正管理的控制职能的另一方面则表现为对社区环境资源的有效控制。如果说第一方面重在控制人，那么这里则重在控制财、物、信息等。只有有效控制，才能使社区群众接纳社区矫正对象，社区配套设施满足社区矫正对象基本生活需求，其家庭成员愿意对其进行帮教，各种社会资源得到有效整合，各种信息及时准确地进行传递。

（四）协调职能

协调，就是指管理主体合作配合，各方面因素和谐相辅。社区矫正管理的协调职能旨在协调改善人与人、部门与部门、个人与部门之间的关系。首先，要加强社区矫正管理者与被管理者之间的沟通协调。只有两者进行充分的互动，才能减少诸多负面因素的影响，才能有力地促进社区矫正的各项目标最终实现。其次，要加强管理者本身的协调配合。上下级之间做到信息畅通、令行禁止，平级间相互支持、取长补短、共同进步。最后，要协调社区矫正职能部门与其他社会管理资源的关系。离开了公安、检察、法院、监狱、教育、劳动、财政等部门的大力支持配合，想实现社区矫正的目标是相当困难的。要始终把社区矫正工作作为一项涉及全社会各个领域的系统性工程来进行管理。

（五）创新职能

所谓创新，就是使组织的业务工作和管理工作不断革新、变化。创新贯穿于所有现代管理的活动之中。创新是组织的活力之源，创新关系着组织的兴衰成败。同样，创新也是社区矫正工作得以发展的重要动力。倘若社区矫正管理只安于现状，而没有任何创新，那么社区矫正工作就无法与时代发展同步，就无法解决许多新矛盾、新问题。

《社区矫正法》的颁布既为体制机制创新奠定了法理基础，也为社区矫正管理预留了开放性发展空间。我国《社区矫正法》在诸多问题上都做的是原则性规定和理念指引，显然，立法者期待着社区矫正发展成熟之后再作定论，同时也给理论与实践部门的同志在管理方法、方式等细节上留下了大量创新空间。

二、社区矫正管理的特征

社区矫正管理主要有法定性、社会性、控制性、过程性和动态性等五个方面的特征。

（一）社区矫正管理的法定性

社区矫正管理工作，必须在法律框架下依法进行。如果没有《刑法》《刑事诉讼法》《中华人民共和国监狱法》（以下简称《监狱法》）和《社区矫正法》，以及两院两部《社区矫正法实施办法》等相关规范性文件的相关规定，社区矫正必然丧失其合法性。因而，必须严格地依照法律法规开展社区矫正管理工作。

（二）社区矫正管理的社会性

社区矫正管理作为社会工作的一个方面，是通过为社区矫正对象服务，实现服务社会整体和社会成员的目标，进而促进社会稳定和发展，促进物质文明、精神文明和政治文明建设的健康发展。无论是社区矫正管理的内容、理论，还是方法手段，都具有明显的社会性。社区矫正管理的内容几乎涵盖了社会工作的所有领域，社区矫正管理理论从根本上说属于社会学研究的范畴，社区矫正管理的方法要采取社会工作的方法。

（三）社区矫正管理的控制性

就管理的实质而言，社区矫正管理是一种控制活动。从系统的角度看，社区矫正管理的过程实际上就是一个控制过程。在进行社区矫正管理的过程中，往往主要通过反馈来进行控制。这一过程可分为信息输出、作用结果的信息返回、再输出三个阶段。这三个阶段不断循环往复，使社区矫正管理始终处于一个良性的、高效的控制状态中。正是通过一轮又一轮连续不断的调整和控制，社区矫正管理机构和管理者才能正确地、真实地、灵敏地感受并把握各种变化，才能最终使社区矫正的实际结果逼近计划目标。

（四）社区矫正管理的过程性

从社区矫正管理的启动，到个案矫正方案的实施，再到监督考核，直至解除矫正，都处于一个不间断的动态过程中。社区矫正管理一般可分为四个阶段，即调查评估阶段、矫正方案制订阶段、执行阶段、监督反馈阶段。当然也可以认为管理的过程分为决策分析和决策执行两个阶段。这种过程性决定了社区矫正管理是一个循序渐进的过程，一个从无到有、有始有终的过程。

（五）社区矫正管理的动态性

任何事物都是不断发展变化的，社区矫正管理也不例外。社区矫正管理具有一定的规律性，静中有动，动中有静。从辩证的角度看，世间万物静止是相对的，运动是绝对的。社区矫正管理要善于把握组织环境、管理主体、管理客体的运动变化，适时调整管理目标，不断更新管理观念，创新管理方法，随机应变，勇于革新。

正是由于社区矫正的这一特性，《社区矫正法》第二十四条规定了动态管理的理念："矫正方案应当根据社区矫正对象的表现等情况相应调整。"《社区矫正法实施办法》第二十二条第三款规定："矫正方案应当根据分类管理的要求、实施效果以及社区矫正对象的表现等情况，相应调整。"

三、社区矫正管理的任务

根据《刑法》和《刑事诉讼法》的规定，社区矫正适用于被判处管制、宣告缓刑、裁定假释和决定暂予监外执行的四类罪犯。这四类罪犯在进入社区矫正之前，都要经过评估，没有再犯罪的危险，对所居住的社区也没有重大的不良影响。所以，通过适度监管和有一些针对性的矫正措施，充分发挥社会各方面的力量来进行矫治教育，有利于社区矫正对象顺利回归社会。

依据《社区矫正法》以及《社区矫正法实施办法》对社区矫正管理任务的规定，社区矫正管理的任务主要包括以下三方面：

（一）正确执行刑事判决、刑事裁定和暂予监外执行决定

社区矫正是刑事执行活动的具体体现。社区矫正管理应当为依法正确开展刑事执行活动服务。因此，依法正确执行刑事判决、刑事裁定和暂予监外执行决定是社区矫正管理的首要任务。

刑事执行不仅是社区矫正存在的依据和保证，而且是社区矫正管理工作的首要任务。这是因为，目前我国社区矫正对象的范围还很有限，仅限于《社区矫正法》规定的四种罪犯，而这四种罪犯均以需要依法承担刑事责任为起点，是法律意义上的刑事执行对象。因此，对社区矫正对象而言，刑罚的关联性仍然是其最主要的特性，社区矫正对象必须承受法定的罪犯身份，必须履行社区矫正期间的法定义务。社区矫正管理的目的只有一个，服务于对社区矫正对象的刑事执行，保证刑事执行的完整性、严肃性和有效性。由此看来，刑事执行是社区矫正管理的首要任务，这一权限只能由国家机关和机构工作人员来行使。

（二）监督管理

根据《社区矫正法》的规定，对社区矫正对象的监督管理是社区矫正管理的重要任务。监督管理体现了社区矫正管理的刑事执行属性。对社区矫正对象的监督管理是基于社区矫正对象的法律身份和地位，即社区矫正对象依法承担的法定义务。《社区矫正法》对社区矫正对象的法定义务的内容和范围有明确的规定。如第二十三条规定："社区矫正对象在社区矫正期间应当遵守法律、行政法规，履行判决、裁定、暂予监外执行决定等法律文书确定的义务，遵守国务院司法行政部门关于报告、会客、外出、迁居、保外就医等监督管理规定，服从社区矫正机构的管理。"《社区矫正法实施办法》对社区矫正执行地县级社区矫正机构及受委托的司法所，在监督管理方面的任务作出了进一步规范。例如，第二十三条规定："执行地县级社区矫正机构、受委托的司法所，应当根据社区矫正对象的个人生活、工作及所处社区的实际情况，有针对性地采取通信联络、信息化核查、实地查访等措施，了解掌握社区矫正对象的活动情况和行为表现。"

监督管理包括两个层面：一是刑事执行的监督管理，是对社区矫正对象作为刑事执行对象在履行法定义务方面的监督管理，严格来说，属于刑事执行活动的一部分；二是对社区矫正对象的监督管理，是依照社区矫正的有关规定，所有社区矫正工作参与者所共同承担的一项权能。监督管理的工作规范分为三

个层次：第一层次是《刑法》《刑事诉讼法》《监狱法》《社区矫正法》的相关规定；第二层次是司法部制定及司法部与相关国家机关联合制定的规范性文件，如最高人民法院、最高人民检察院、公安部、司法部联合制定的《社区矫正法实施办法》；第三层次是各省、自治区、直辖市以社区矫正工作实施细则与实施办法为特征的规范性文件。监督管理的具体任务，就是按照相关规范的要求，对社区矫正对象进行监督、指导、检查、规范、纠正、落实、考核、评价、奖惩等。这一任务是社区矫正的主要任务之一，也是社区矫正工作的主要体现形式。

（三）矫正教育管理

按照《社区矫正法》的要求，完成对社区矫正对象的法治教育和道德教育，增强其法治观念，提高其道德素质和悔罪意识，这是《社区矫正法》及《社区矫正法实施办法》具体规定的有关社区矫正对象的教育内容。在实务中，主要通过文化知识教育、就业教育、心理健康教育、社会适应教育等来实现。

矫正教育的组织和实施也是一个管理过程。不论根据社区矫正对象的个体特征、日常表现等实际教育的组织，还是充分考虑其工作和生活情况，因人施教，都是具体的管理活动。同时，《社区矫正法》第四十条规定："社区矫正机构可以通过公开择优购买社区矫正社会工作服务或者其他社会服务，为社区矫正对象在教育、心理辅导、职业技能培训、社会关系改善等方面提供必要的帮扶。社区矫正机构也可以通过项目委托社会组织等方式开展上述帮扶活动。国家鼓励有经验和资源的社会组织跨地区开展帮扶交流和示范活动。"第四十二条规定："社区矫正机构可以根据社区矫正对象的个人特长，组织其参加公益活动，修复社会关系，培养社会责任感。"所有这些矫正教育活动的开展，都是一个管理的过程。

【本单元小结】

通过学习，明确社区矫正管理的概念、基本原则、职能、特征和任务，对社区矫正管理有一个全面、正确、科学的认识。

【引例分析】

周围邻居的议论，主要是不知道社区矫正的概念或者含义，没有听说过社区矫正这个新生事物。我国从2003年开始社区矫正试点，2009年在全国全面推进社区矫正，2011年通过的《刑法修正案（八）》、2015年的《刑法修正案（九）》、

2018年修订后的《刑事诉讼法》对社区矫正给予了法律上的肯定。2012年《社区矫正法实施办法》的颁布实施，使得我国社区矫正制度更加规范，更加完善。2019年12月通过的《社区矫正法》，是一个从无到有，逐步完善的过程，也是中国特色社会主义法治建设的组成部分。

【思考题】

1. 什么是社区矫正管理？其基本任务有哪些？
2. 社区矫正管理的基本原则有哪些？
3. 社区矫正管理有哪些职能和特征？

第二单元　社区矫正管理机制

【本单元引例】

张某居住在开封市开发区第一大街15号,在郑州市某公司上班,因酒后驾驶被郑州市金水区人民法院判处有期徒刑一年,缓刑二年。判决生效后,张某应到何地的社区矫正机构报到?

【教学目标】

1. 掌握社区矫正的决定机构、执行机构和协作机构,以及各自的法定职责。
2. 掌握社区矫正管理的机制及其运行特点。

社区矫正工作作为对社区矫正对象进行的一种有目的、系统的刑事执行活动,必须科学地、严密地进行组织实施。尤其是目前状态下,依照《社区矫正法》的规定,设置和完善科学的社区矫正管理机制,就显得尤为重要。只有建立起科学的社区矫正管理机制,才能有效地发挥机制的功能,才能使社区矫正工作达到理想的结果。

学习任务一　社区矫正管理机制概述

一、我国司法行政机关的机构设置和管理体制

(一)司法行政机关的机构设置

就我国的司法行政机关而言,新中国成立初期仅设立中央和各大区司法部。

1979年恢复重建司法行政机关后，根据中共中央、国务院《关于迅速建立地方司法行政机关的通知》，全国县以上人民政府层层设立司法行政机关，逐步形成了一个具有中国特色的较为完善的司法行政系统。

1. 中央司法行政机关——司法部

司法部是国务院主管司法行政工作的职能部门，是全国司法行政工作的最高管理机关。司法部的机构随着工作职能的调整曾有过较大的变动。

根据党的十九届三中全会审议通过的《中共中央关于深化党和国家机构改革的决定》《深化党和国家机构改革方案》和第十三届全国人民代表大会第一次会议批准的《国务院机构改革方案》，司法部机构职能：

①司法部是国务院组成部门，为正部级。②中央全面依法治国委员会办公室设在司法部。③司法部负责贯彻落实党中央关于全面依法治国的方针政策和决策部署，在履行职责过程中坚持和加强党对全面依法治国的集中统一领导。

主要职责是：

第一，承担全面依法治国重大问题的政策研究，协调有关方面提出全面依法治国中长期规划建议，负责有关重大决策部署督察工作。

第二，承担统筹规划立法工作的责任。负责面向社会征集法律法规，制定项目建议。

第三，负责起草或者组织起草有关法律、行政法规草案。负责立法协调。

第四，承办行政法规的解释、立法后评估工作。负责地方性法规、规章的备案审查工作。组织开展规章清理工作。

第五，承担统筹推进法治政府建设的责任。承办申请国务院裁决的行政复议案件工作。指导、监督全国行政复议和行政应诉工作，负责行政复议和应诉案件办理工作。

第六，承担统筹规划法治社会建设的责任。负责拟订法治宣传教育规划，组织实施普法宣传工作，组织对外法治宣传。推动人民参与和促进法治建设。指导依法治理和法治创建工作。指导调解工作和人民陪审员、人民监督员选任管理工作，推进司法所建设。

第七，负责全国监狱管理工作，监督管理刑罚执行、罪犯改造的工作。指导、管理社区矫正工作。指导刑满释放人员帮教安置工作。

第八，负责司法行政戒毒场所管理工作。

第九，负责拟订公共法律服务体系建设规划并指导实施，统筹和布局城乡、区域法律服务资源。指导和监督律师、法律援助、司法鉴定、公证、仲裁和基层法律服务管理工作。负责我国香港、澳门的律师担任委托公证人的委托和管理工作。

第十，负责国家统一法律职业资格考试的组织实施工作。

第十一，负责国家法治对外合作工作。履行国际司法协助条约确定的对外联系机关（中央机关）职责，参与有关国际司法协助条约谈判。承担报送国务院审核的我国缔结或者参加的国际条约法律审查工作。组织开展法治对外合作交流。承办涉港澳台的法律事务。

第十二，负责本系统枪支、弹药、服装和警车管理工作，指导、监督本系统财务、装备、设施、场所等保障工作。

第十三，规划、协调、指导法治人才队伍建设相关工作，指导、监督本系统队伍建设。负责本系统警务管理和警务督察工作。协助省、自治区、直辖市管理司法厅（局）领导干部。

第十四，完成党中央、国务院交办的其他任务。

2. 省级司法行政机关——省、自治区、直辖市司法厅（局）

省、自治区、直辖市司法厅（局）为本级人民政府主管司法行政工作的职能部门。中华人民共和国成立初期，地方司法行政机关仅设到大行政区一级。1954年各大行政区被撤销后，地方司法行政机关才设到省一级。目前，我国各省、自治区、直辖市人民政府普遍设立了司法厅（局）。新疆生产建设兵团作为一种特殊情况，也设立了相当于省一级的司法局。至于各省、自治区、直辖市司法厅（局）的内设机构，随着工作职能的调整在各个时期也有相应的变化。特别是2019年重新组建的省级司法厅（局），内设机构变化较大。

3. 基层司法行政机关——市（地）、县（区）司法局和乡镇司法所（办）

市（地）、县（区）司法局为本级人民政府主管司法行政工作的职能部门，是我国司法行政工作的基层管理机关。将司法行政机关延伸到基层政权组织，是我国司法行政制度1979年恢复重建后的重大发展。但从省（直辖市、自治区）至省辖市到县（县级市、市辖区）到乡镇（街道），由于司法行政机关越往基层，其管理职能越薄弱，其内设机构也越少。

县（县级市、市辖区）人民政府设立了司法局。由于县级司法行政机关处于第一线，虽然其司法行政管理职能更为单纯，但其承担的具体工作任务较为繁重，因此是我国司法行政体系的重要基础。

乡镇人民政府和街道办事处，部分设立了司法所（司法办公室），普遍配备了司法助理员。司法所（办）既是同级政府具体承办司法行政事务的职能机构，也是上级司法行政机关派出机构。司法所（办）和司法助理员的主要任务是：参与社会治安综合治理，开展法制宣传和普及法律常识，组织管理辖区内的人民调解工作，代表基层政府处理重大疑难的民间纠纷。在越来越多的建有乡镇法律服务所的地方，乡镇（街道）司法所（办）与法律服务所基本上是两块牌子、一套人马，同时担负着面向农村、面向群众提供法律服务的具体事务。自2003年7月开展社区矫正试点工作以来，司法所还承担社区矫正工作。

（二）司法行政机关的管理体制

1. 司法行政机关的业务管理体制

国务院1988年10月批准的《司法部"三定"方案》明确规定，司法部是国务院管理全国司法行政工作的职能部门，在党中央、国务院的领导下，指导地方各级司法行政工作。此后国务院又于1994年、1998年在批准司法部职能配置、内设机构和人员编制方案中，先后重申了司法部的各种业务管理职能。根据国务院对司法部业务管理职能的规定，地方各级人民政府也相应规定：地方各级司法行政机关作为同级政府管理司法行政工作的职能部门，既受本级党委和政府的领导，同时在业务上又受上级司法行政机关的指导和监督。这就在全国上下形成了一套适合中国国情的司法行政业务管理体制。这种管理体制，既有利于加强各级党委和政府对司法行政工作的组织领导，又有利于上级司法行政机关的业务管理，两者的有机结合，更有利于全国司法行政工作的统一组织和统一实施。

2. 司法行政机关的干部管理体制

我国司法行政机关曾长期处于业务管理与干部管理相脱离的状况，上级对下级司法行政机关只管业务，不管干部。1989年3月22日，中共中央组织部和司法部联合下发《关于加强司法行政机关领导干部考核管理工作的通知》中明确规定："对司法行政机关领导干部的管理，实行双重领导、以地方党委为主的管理体制。司法部和地方各级司法行政机关要积极协助地方党委把协管范围内的干部管好。对这些干部，要全面深入地考核了解，经常向党委反映情况，主动提出任免、调动、奖惩的建议。党委在任免、调动、奖惩这些干部时，应事先征求上一级司法行政机关的意见。"实行这种管理体制，提高了司法行政队伍的战斗力，为不断强化司法行政业务的管理与监督，提供了有力的组织保证。

二、社区矫正管理机制的概念

机制一词，在许多学科中广泛地使用着。机制有时也叫机理，大体有三种含义：一是指机器的构造和工作原理，如计算机的机制。二是用来表述有机体的构造、功能和相互关系，如动脉硬化的机制。三是泛指一个复杂的工作系统和某些自然现象的物理、化学规律，如优选法中优化对象的机制。

从系统论的观点分析，所谓机制，泛指一个工作系统或各个部分之间相互作用的过程和方式，也指其自身工作系统的组成，各个组成部分之间的关系机能、运作的过程和具体运作方式，比如市场机制、竞争机制等。

社区矫正管理机制，是指司法行政机关在社区矫正战略思想指导下，适应国际刑罚发展的趋势和社区矫正对象社会化及社会适应的需要，在社区矫正中建立的一种监督管理和矫正教育工作系统。建立的目的是，使社区矫正工作机构和司法资源配置合理，各个方面的工作运行协调，以较小的矫正成本投入获得较大的矫正绩效[1]。社区矫正管理机制是实施社区矫正战略的重要保障。对社区矫正管理机制的理解，应从以下几个方面着手：[2]

（一）社区矫正管理机制是一个系统工程

对矫正对象实施社区矫正战略，并不是一般意义上的工作方式、方法的转变，而是要以系统论作为指导思想和方法论基础，从系统的观点出发，从客观的总体工作指导思想到工作格局的建立，一并考虑具体工作操作的微观层面，并作为一项系统工程来完成。因此，社区矫正管理机制的建立，涉及社区矫正机构的设立、社区矫正的监督管理、社区矫正工作者的调配、社区矫正工作的组织与协调、社会各方力量的参与等。从总体上看是一个大系统，其下又包括若干个子系统。同时，社区矫正管理机制又是社会治安综合治理系统的一个子系统。系统内各个子系统之间必须是协调、一致并有机结合的，形成良性运

---

[1] 张峰：《论社区矫正机制的模式选择》，《河南司法警官职业学院学报》2006年第1期，第39页。

[2] 张峰：《论社区矫正机制的模式选择》，《河南司法警官职业学院学报》2006年第1期，第39—40页。

行，具有科学性、实用性、可操作性，切实符合社区矫正的实际，而不仅是教育改造工作名称和形式的改变，更重要的是增强矫正对象的适应能力，最终实现社会治安的稳定和良性循环。

（二）社区矫正管理机制是一种新型管理理念的体现

实施社区矫正是司法机关在新的社会条件下，适应社会发展、进步的要求，对原有教育转化管理工作的升华，也是针对过去封闭监禁所存在的弊端而寻求的替代措施，是矫正教育管理工作文明化、人性化、人文化、科学化的体现。把解决社会治安问题，作为全社会的共同任务，并从战略的高度形成一种理念，即让社会公众共同参与对社区矫正对象的社区矫正工作，依靠社会力量教育转化矫正对象。在这一战略思想的指导下，在具体矫正工作管理方法、措施、手段的运用上，要摒弃那种"独家经营"、高墙电网、与社会隔离、神秘莫测的教育转化管理思路，让社区矫正管理工作走向社会，让社会公众了解社区矫正管理工作，参与社区矫正管理工作，让社区矫正对象走出高墙电网，直入社会现实，同社会公众面对面，提高社区矫正对象的社会适应能力和竞争能力，增强社区矫正对象的免疫力，正视社会现实，勇敢地面对社会生活。

（三）社区矫正管理机制是对司法资源的科学整合

建立社区矫正管理机制必须服从服务于社区矫正总体战略，要逐步改变以封闭监禁为主的刑罚模式，立足于社区矫正对象的社会化和社会适应能力，立足于发挥社会力量的积极作用。要以社区矫正管理机构为核心，公安机关、检察机关、审判机关、司法行政机关、社区矫正机构、监狱管理机关等部门之间通力合作，形成一个合力，共同做好社区矫正对象的管理工作，实现社区矫正对象高质量的社会回归。

三、建立社区矫正管理机制的意义

社区矫正管理机制作为一个系统、一个体系，无论是对整个刑罚理念，还是对我国社区矫正传统，都是一个变革、一个冲击。它的设置对我国法治建设和发展具有重要意义。

（一）社区矫正管理机制是社区矫正管理理论的具体化

社区矫正作为一种矫正教育管理理论，最终要体现在对社区矫正实践的指导上，先进的、科学的管理理论，必须要得到实践的检验。在我国社会条件下，社区矫正管理理论的形成，经历了一个十分曲折的过程：在我国矫正教育管理工作几十年实践的基础上，对国内外正反两方面经验进行认真总结和深刻反思之后，才逐步接受了国外比较完整的管理理论，并逐步探索适合我国国情的社区矫正管理理论。随着我国社区矫正管理工作逐步开展和实践经验的归纳总结，社区矫正管理工作必将得到全社会的认同。同时，我们也应看到，任何一种先进的、科学的管理理论或成功的经验，都不能束之高阁，最终都要付诸实践，在实践中取得社会效益。何况社区矫正管理工作在发达的资本主义国家，已经得到验证，取得了良好的社会效益。在我国，主要是借鉴国外的理论和经验，同时探索适合我国国情和具有中国特色的社区矫正管理机制，并在具体社区矫正管理实践中总结、提高和发展，再对实践进行指导。从这个意义上讲，社区矫正管理的实施，不仅是一个管理理论问题，更重要的是一个管理实践问题。如何把国内外的社区矫正的管理理论应用到我国社区矫正管理实践中，是摆在社区矫正机构面前的迫切任务。要建立起一整套科学、规范的社区矫正管理机制，必须从矫正机构设置、人员配置、岗位职责到公、检、法、司及社会各部门、各环节的运行机制都要具体化。而社区矫正管理机制的建立和运作，又使社区矫正管理理论更加具体化，更加体现管理理论对实践的指导作用和实践对管理理论的检验作用。二者相辅相成，使社区矫正管理活动规范、有序、良性运作，取得更大的社会效益，才是建立社区矫正管理机制的目的。

（二）社区矫正管理机制是实施社区矫正战略的重要保障

社区矫正战略从最初的提出，到在北京、上海、天津、江苏、浙江、山东等六省（直辖市）的试点，直到今天在全国施行，是一个总结、探索的过程，更是一个具体的实践过程。实现社区矫正战略目标的过程，并不是短时间内就能完成的简单操作过程，而是一个学习国外管理理论，借鉴国外管理经验，从本国实际出发，为实现目标精心设计、勇于探索，科学、规范、有序的管理和运作过程。这一过程涉及社会团体、社会组织、社区、社会公众及公安机关、检察机关、审判机关、司法行政机关、社区矫正机构、监狱管理机关等方方面面，其中的组织、管理、协调是至关重要的，需要建立科学的社区矫正管理机制，以确保矫正教育和转化活动的科学性、有效性和矫正效益最大化。社区矫正管理机制直接体现了现代管理理念，是实现社区矫正战略的重要条件。从这个意义上说，社区矫正管理机制是实施社区矫正战略的重要保障。实践证明，良好的管理工作机制，对实现工作目标能起到事半功倍的效果；反之，如果管理工作机制不能适应社区矫正工作的要求，将会制约、影响和阻碍社区矫正管理工作的正常运行。良好的管理机制能起到激活作用，不良的管理机制能起到抑制作用。因此，建立科学的社区矫正管理机制，是实施社区矫正战略的前提条件。

（三）社区矫正管理机制是依法规范矫正行为的根本措施

社区矫正管理机制围绕着社区矫正战略目标，对社区矫正管理工作和各部分的运作过程、方式应作出明确规定。这种管理机制一旦形成，对社区矫正机构、社区矫正对象的矫正行为将起到规范作用。这种规范作用也将与社区矫正相关的法律、法规、规章制度相配套，使社区矫正工作者在开展对社区矫正对象的日常管理、安全防范、矫正活动等方面的业务活动中，指导思想明确，职责权限清晰，自我定位准确，内部分工具体，工作关系协调。大家都清楚自己的责任和义务，知道该干什么、怎么干，该管什么、怎么管，哪些是职责范围内的行为，哪些是非职责范围内的行为等。每一个社区矫正工作者都将自己的社区矫正管理活动规范于社区矫正管理机制这个大系统中，与整个社区矫正管理机制协调运作，在各自的岗位上发挥作用，形成协同联动的合力，克服和避免越权操作、违规操作，甚至违法操作。

（四）社区矫正管理机制是促进司法工作改革的重要动力

社区矫正战略是一种以治本为主、治标为辅的矫正教育发展战略，其核心是矫正教育社区矫正对象的犯罪心理和行为恶习，并促进其再社会化，提高社会适应性。通过对社区矫正对象的主动矫治和教育，可以使其在回归社会后，最大限度地减少重新犯罪。在形式上采用充分调动社会力量，广泛参与矫正活动。在这种战略思想指导下建立的社区矫正管理机制，必然会对公安机关、社区矫正机构、检察机关、审判机关等部门在工作机构设置、人员配置、组织管理、业务分工、工作方式、职权划分、义务设定等诸多方面产生影响。社区矫正战略的实施，社区矫正管理机制的完善，将会带动我国司法改革进一步深化。同时，随着新的管理理念、矫正理论的确立，各级社区矫正管理机构的职能部门，都会逐步转变组织、管理工作方式，善于从实际出发，摒弃陈旧落后的观念和做法。在工作侧重点，财力、物力的使用，对社区矫正队伍的管理与教育训练，机构设置等诸多方面适应社区矫正战略的需要。另外，随着社区矫正管理机制中对社区矫正工作者的考核、监督、激励机制的完善，将会形成一种优胜劣汰的局面，极大地调动社区矫正工作者的工作、学习积极性，增强遵纪守法、严格自律、无私奉献的自觉性，提高社区矫正工作者的整体素质，提高工作效率，使社区矫正工作者得到社会公众广泛的支持，变得更加主动。从这个意义上来说，社区矫正机构在搞好社区矫正管理机制建设的同时，应当使社区矫正管理机制建设与深化司法工作改革同步进行，使我国司法工作与时俱进，适应社会变革的需要，不断持续发展。

学习任务二　我国社区矫正管理机制

一、我国社区矫正管理机制的演变

我国的社区矫正管理工作是在试点基础上开展起来的，因此，社区矫正的管理机制从组建之初就带有明显的"组合"特色。首先，从中央层面来看，2003年7月10日《关于开展社区矫正试点工作的通知》，就是以最高人民法院、最高人民检察院、公安部、司法部的名义联合下发的，要求由所属相关部门具体实施。在试点省份，都是以政法委员会牵头成立社区矫正工作办公室，主要目的就是便于协调各个部门的工作。在通知中，明确规定了公安机关的执法主体和司法行政部门的工作主体地位。同时，规定了人民法院、人民检察院、监狱、人力资源和社会保障部门、医疗卫生部门等是社区矫正的协作机构。

在机构设置上，中央执行机构是司法部，社区矫正工作办公室设在基层工作指导司。在各个试行社区矫正工作的省、自治区、直辖市，以政法委员会牵头成立的社区矫正工作办公室一般设在司法厅（局）的基层工作处，个别省份是作为司法厅（局）的独立机构。在地市司法局和县级司法局，社区矫正工作分别隶属于基层工作处和基层工作科，有些隶属于安置帮教科。

这种机构设计，虽然在社区矫正由试点到试行的整个过程中，起到了积极的作用，但不可否认的是，正是社区矫正管理机构设置的不合理性，影响甚至阻碍了社区矫正功能的发挥。为了克服这一弊端，司法部已于2010年11月设立了社区矫正管理局，主管全国的社区矫正工作。

目前，在我国的法律框架下，依照《刑法》《刑事诉讼法》《监狱法》《社区矫正法》等法律规定，社区矫正管理机制包括社区矫正的决定机构、行政管理机构、直接管理机构和协作管理机构。对社区矫正对象实施社区矫正的决定机构包括人民法院、公安机关和监狱管理部门，通过判决、决定、裁定的形式，对宣告缓刑的罪犯、判处管制的罪犯、裁定假释的罪犯、决定暂予监外执行的罪犯，实行社区矫正，同时以上单位在社区矫正中又是协作管理机构；各级司法行政机关是社区矫正的行政管理机关；社区矫正机构是社区矫正的直接管理机构。

二、社区矫正管理机构

《社区矫正法》第八条规定："国务院司法行政部门主管全国的社区矫正工作。县级以上地方人民政府司法行政部门主管本行政区域内的社区矫正工作。人民法院、人民检察院、公安机关和其他有关部门依照各自职责，依法做好社区矫正工作。人民检察院依法对社区矫正工作实行法律监督。地方人民政府根据需要设立社区矫正委员会，负责统筹协调和指导本行政区域内的社区矫正工作。"这就意味着社区矫正管理机构分为管理部门、协作部门和监督部门。管理部门是国务院司法行政部门和县级以上地方人民政府司法行政部门；分工负责部门是人民法院、人民检察院、公安机关和其他有关部门；监督部门是人民检察院。2020年"两院两部"的《社区矫正法实施办法》第二条规定："社区矫正工作坚持党的绝对领导，实行党委政府统一领导、司法行政机关组织实施、相关部门密切配合、社会力量广泛参与、检察机关法律监督的领导体制和工作机制。"在这里，主要介绍司法行政机关的社区矫正管理机构。

1. 中央管理机构

修订后的《刑事诉讼法》第二百六十九条规定："对被判处管制、宣告缓刑、假释或者暂予监外执行的罪犯，依法实行社区矫正，由社区矫正机构负责执行。"

从法理上明确了社区矫正机构是社区矫正的执行机构。《社区矫正法》第八条规定国务院司法行政部门主管全国的社区矫正工作，正式确立了中央管理机构是司法部，是全国社区矫正工作的最高管理机关。司法部2010年11月设立了社区矫正管理局，但和基层工作司是"两块牌子，一套人马"，并未真正成为司法部的内设机构。据2019年1月司法部网站公示"社区矫正管理局"已经成为内设机构。因此，司法部的社区矫正管理局是中央一级的管理机构，负责监督检查社区矫正法律法规和政策的执行工作，指导、监督对社区矫正对象的刑事执行、管理教育和帮扶工作，指导社会力量和志愿者参与社区矫正工作等。2020年"两院两部"的《社区矫正法实施办法》第二条规定"司法行政机关组织实施"社区矫正工作，确立了司法行政机关在社区矫正工作中的行政管理主体地位。

2. 各省、自治区、直辖市司法厅（局）社区矫正管理部门

这一部门直接设在各省、自治区、直辖市的司法厅（局）内，是省级司法厅（局）的内设机构，称作社区矫正管理局，作为省级社区矫正管理机构的职能部门，统管全省（自治区、直辖市）的社区矫正工作。其主要负责指导监督全省、自治区、直辖市社区矫正对象的刑事执行工作，组织开展社区矫正对象管理、教育和社会适应性帮扶工作，指导社会力量和志愿者参与社区矫正工作等。

3. 各地级市司法局、处的社区矫正管理部门

社区矫正管理部门设在各地级市司法局、处内，具体职责是起承上启下的中介作用，是基层的社区矫正管理机构。同时，对辖区内各区县的社区矫正工作进行管理和指导。按照《社区矫正法》第八条规定，地方人民政府根据需要设立社区矫正委员会，负责统筹协调和指导本行政区域内的社区矫正工作。2020年"两院两部"的《社区矫正法实施办法》第四条规定："司法行政机关依法履行以下职责：①主管本行政区域内社区矫正工作；②对本行政区域内设置和撤销社区矫正机构提出意见；③拟定社区矫正工作发展规划和管理制度，监督检查社区矫正法律法规和政策的执行情况；④推动社会力量参与社区矫正工作；⑤指导支持社区矫正机构提高信息化水平；⑥对在社区矫正工作中作出突出贡献的组织、个人，按照国家有关规定给予表彰、奖励；⑦协调推进高素质社区矫正工作队伍建设；⑧其他依法应当履行的职责。"这是明确规定了社区矫正行政管理机关的职责。

这样，从中央到地方，社区矫正机构就形成了一个网络体系，构成了一个

有机整体，形成了完善的社区矫正管理机制。[①]

三、社区矫正直接管理机构

社区矫正直接管理机构，以各县（市、区）司法局为依托，根据各地的实际情况而设立。依照《社区矫正法》第八条规定："县级以上地方人民政府司法行政部门主管本行政区域内的社区矫正工作。"第九条规定："县级以上地方人民政府根据需要设置社区矫正机构，负责社区矫正工作的具体实施。"因此，县级司法行政机关的社区矫正机构是社区矫正的直接管理机构。"两院两部"的《社区矫正法实施办法》第九条规定，社区矫正机构是县级以上地方人民政府根据需要设置的，负责社区矫正工作具体实施的执行机关。社区矫正机构依法履行以下职责：①接受委托进行调查评估，提出评估意见；②接收社区矫正对象，核对法律文书、核实身份、办理接收登记，建立档案；③组织入矫和解矫宣告，办理入矫和解矫手续；④建立矫正小组、组织矫正小组开展工作，制订和落实矫正方案；⑤对社区矫正对象进行监督管理，实施考核奖惩；审批会客、外出、变更执行地等事项；了解掌握社区矫正对象的活动情况和行为表现；组织查找失去联系的社区矫正对象，查找后依情形作出处理；⑥提出治安管理处罚建议，提出减刑、撤销缓刑、撤销假释、收监执行等变更刑事执行建议，依法提请逮捕；⑦对社区矫正对象进行教育帮扶，开展法治道德等教育，协调有关方面开展职业技能培训、就业指导，组织公益活动等事项；⑧向有关机关通报社区矫正对象情况，送达法律文书；⑨对社区矫正工作人员开展管理、监督、培训，落实职业保障；⑩其他依法应当履行的职责。设置和撤销社区矫正机构，由县级以上地方人民政府司法行政部门提出意见，按照规定的权限和程序审批。社区矫正日常工作由县级社区矫正机构具体承担；未设置县级社区矫正机构的，由上一级社区矫正机构具体承担。省、市两级社区矫正机构主要负责监督指导、跨区域执法的组织协调以及与同级社区矫正决定机关对接的案件办理工作。"这一规定中也说明，县级司法行政机关社区矫正机构是社区矫正工作的直接管理机构。《社区矫正法实施办法》第十条规定："司法所根据社区矫正机构的委托，承担社区矫正相关工作。"司法所只是接受委托承担社区矫正日常管理工作。

[①] 张峰：《论社区矫正机制的模式选择》，《河南司法警官职业学院学报》2006年第1期，第41页。

总之，社区矫正直接管理机构是司法行政机关的基层基础机构，是植根于社区，直接面对社区公众，开展矫正对象的监督管理、教育矫正、社会帮扶等工作，是社区矫正机关的"终端"组织。

四、社区矫正的监督管理机制

社区矫正的监督管理机制，是指法律授权的机关、公民、社会组织及社区矫正机构内部，对社区矫正机构依法履行职责及行使职权的活动，遵守纪律的情况和实施监督的管理过程和方式。对社区矫正活动实施监督是实现社区矫正机构职能的重要条件，是保障社区矫正工作者依法履行职责，行使职权的重要手段，也是维护矫正对象合法权益的重要保障。对于加强社区矫正工作的执法监督，强化对权力的制约，更好地实施社区矫正，都具有十分重要的意义。

按照社区矫正监督管理机制的表现形式，可将其分为检察监督管理、国家权力机关的监督管理、监察监督管理和社会监督管理。

（一）检察监督管理

检察监督管理是指人民检察院通过行使检察权，依法对社区矫正机构及其社区矫正工作者遵守和执行法律的情况进行的监督。从法律法规和规范性文件的规定看，检察机关的监督管理主要有：

第一，《社区矫正法》的规定。《社区矫正法》第六十二条规定："人民检察院发现社区矫正工作违反法律规定的，应当依法提出纠正意见、检察建议。有关单位应当将采纳纠正意见、检察建议的情况书面回复人民检察院，没有采纳的应当说明理由。"

第二，2019年12月2日最高人民检察院修订的《人民检察院刑事诉讼规则》。《人民检察院刑事诉讼规则》在第十四章《刑罚执行和监管执法监督》中，单列了第四节《社区矫正监督》。

第三，2020年"两院两部"修订的《社区矫正法实施办法》。《社区矫正法实施办法》第六条规定，人民检察院监督职责有：①对社区矫正决定机关、社区矫正机构或者有关社会组织的调查评估活动实行法律监督；②对社区矫正决定机关判处管制、宣告缓刑、裁定假释、决定或者批准暂予监外执行活动实行法律监督；③对社区矫正法律文书及社区矫正对象交付执行活动实行法律监督；④对监督管理、教育帮扶社区矫正对象的活动实行法律监督；⑤对变更刑事执行、解除矫正和终止矫正的活动实行法律监督；⑥受理申诉、控告和举报，维护社区矫正对象的合法权益；⑦按照刑事诉讼法的规定，在对社区矫正实行法律监督中发现司法工作人员相关职务犯罪，可以立案侦查直接受理的案件；⑧其他依法应当履行的职责等。

人民检察院实施法律监督管理，主要是对社区矫正机构和矫正工作者监督管理活动的合法性、社区矫正对象行为合法性、刑罚变更及惩罚活动的监督管理。明确检察机关监督管理的介入程序和实施程序，特别是在监禁刑改变成非监禁刑时，将其作为检察机关监督的重点。[①]人民检察院实施法律监督管理，其内容和形式主要有：人民检察院发现社区矫正监督管理活动违反法律和《社区矫正法实施办法》规定的，可以区别情况提出口头纠正意见、制发纠正违法通知书或者检察建议书。

（二）国家权力机关的监督管理

国家权力机关的监督管理，是指各级人民代表大会及其常务委员会对社区矫正机构监督管理活动的监督管理。人民代表大会是我国立法机关和国家权力机关对社区矫正工作的监督管理，以宪法和法律为依据，代表人民的意志，能得到广大人民群众和社会舆论的广泛支持，并具有撤销法规、规章等规范性文件和人事罢免的权力，具有极大的权威性。这种监督管理主要通过以下途径来实现：一是通过立法对社区矫正机构及其矫正工作者行使职权的活动进行制约；二是对各级政府制定的有关社区矫正工作的经费预决算进行审查，作出批准与否的决定；三是各级人民代表大会通过听取司法行政机关和社区矫正机构的报告，对法律实施情况进行检查。[②]

（三）监察监督管理

《中华人民共和国监察法》第十一条规定："监察委员会依照本法和有关法律规定履行监督、调查、处置职责：①对公职人员开展廉政教育，对其依法履职、

---

① 韩东升：《社区矫正监督工作中存在的问题及建议》，《中国检察官》2010年第4期，第76页。

② 张峰：《论社区矫正机制的模式选择》，《河南司法警官职业学院学报》2006年第1期，第39—43页。

秉公用权、廉洁从政从业以及道德操守情况进行监督检查；②对涉嫌贪污贿赂、滥用职权、玩忽职守、权力寻租、利益输送、徇私舞弊以及浪费国家资财等职务违法和职务犯罪进行调查；③对违法的公职人员依法作出政务处分决定；对履行职责不力、失职失责的领导人员进行问责；对涉嫌职务犯罪的，将调查结果移送人民检察院依法审查、提起公诉；向监察对象所在单位提出监察建议。"社区矫正工作人员属于公职人员，属于《监察法》的监督对象，应当对其依法行使社区矫正刑事执行权力，进行监督管理。

（四）社会监督管理

社会监督管理是指来自国家机关以外的社会组织和公民个人对社区矫正机关的执法活动所进行的监督管理。社会监督管理是一种非国家性质的监督管理，监督管理的方式主要是对社区矫正机构所采取的社区矫正措施提出批评建议，对社区矫正活动中的违法违纪行为控告检举等，不直接产生法律后果，不具有法律上的强制性。但是，这种监督管理是国家机关监督管理的重要来源和重要补充，是社区矫正监督管理机制中十分重要的监督形式。它主要包括以下几个方面：

（1）人民政协对社区矫正机关监督管理活动的监督，主要是通过提出批评、建议等方式进行。

（2）人民团体、企事业单位等社会组织对社区矫正机关监督管理活动的监督。主要是通过批评、建议、控告、检举等方式进行。

（3）公民个人对社区矫正机关矫正活动的监督。主要是通过检举、控告、申诉等方式进行。

（4）舆论的监督管理。主要是新闻机构通过新闻媒介发挥监督作用，以及广大网民通过网络媒介，反映广大人民群众的意志和要求，揭露社区矫正机关及工作人员可能存在的违法违纪行为。

五、社区矫正的协作管理机制

依照《社区矫正法》第八条的规定："人民法院、人民检察院、公安机关和其他有关部门依照各自职责，依法做好社区矫正工作。人民检察院依法对社区矫正工作实行法律监督。"同时，依照《刑法》《刑事诉讼法》《监狱法》等法律规定，在社区矫正管理过程中，人民法院、人民检察院、公安机关和其他有关部门对于矫正对象调查评估、居住地认定、法律文书的送达、治安管理处罚、逮捕、禁止令的执行、矫正对象的收监执行、矫正对象脱逃的追捕，以及其他相关事项要相互配合和衔接。因而，公安机关、人民法院、监狱管理机关既是社区矫正的决定机关，又是社区矫正的协作管理机关。

（一）公安机关的协作管理

公安机关是社区矫正工作的主体之一，不仅是社区矫正的决定机关，而且是社区矫正的刑罚执行机关，还是社区矫正的行政处罚机关。因此，公安机关在社区矫正管理工作中，行使社区矫正决定权、调查评估权、行刑权、行政管理处罚权等。依照2020年"两院两部"的《社区矫正法实施办法》第七条规定，公安机关依法履行以下职责。①对看守所留所服刑罪犯拟暂予监外执行的，可以委托开展调查评估。②对看守所留所服刑罪犯拟暂予监外执行的，核实并确定社区矫正执行地；对符合暂予监外执行条件的，批准暂予监外执行；对符合收监执行条件的，作出收监执行的决定。③对看守所留所服刑罪犯批准暂予监外执行的，进行教育，及时通知并送达法律文书；依法将社区矫正对象交付执行。④对社区矫正对象予以治安管理处罚；到场处置经社区矫正机构制止无效，正在实施违反监督管理规定或者违反人民法院禁止令等违法行为的社区矫正对象；协助社区矫正机构处置突发事件。⑤协助社区矫正机构查找失去联系的社区矫正对象；执行人民法院作出的逮捕决定；被裁定撤销缓刑、撤销假释和被决定收监执行的社区矫正对象逃跑的，予以追捕。⑥对裁定撤销缓刑、撤销假释，或者对人民法院、公安机关决定暂予监外执行收监的社区矫正对象，送交看守所或者监狱执行。⑦执行限制社区矫正对象出境的措施。⑧其他依法应当履行的职责等。

（二）人民法院的协作管理

人民法院是社区矫正管理工作的又一重要参与主体，在社区矫正中具有社区矫正决定权、调查评估权、撤销缓刑、假释收监执行权、减刑权、逮捕权等。依照2020年"两院两部"的《社区矫正法实施办法》第五条规定，人民法院依法履行以下职责：①拟判处管制、宣告缓刑、决定暂予监外执行的，可以委托社区矫正机构或者有关社会组织，对被告人或者罪犯的社会危险性和对所居住社区的影响，进行调查评估，提出意见，供决定社区矫正时参考。②对执行机关报请假释的，审查执行机关移送的罪犯假释后对所居住社区影响的调查评估意见。③核实并确定社区矫正执行地。④对被告人或者罪犯依法判处管制、宣告缓刑、裁定假释、决定暂予监外执行。⑤对社区矫正对象进行教育，及时通知并送达法律文书。⑥对符合撤销缓刑、撤销假释或者暂予监外执行收监执行条件的社区矫正对象，作出判决、裁定和决定。⑦对社区矫正机构提请逮捕的，及时作出是否逮捕的决定。⑧根据社区矫正机构提出的减刑建议作出裁定。⑨其他依法应当履行的职责。

（三）监狱管理机关的协作管理

依照2020年"两院两部"的《社区矫正法实施办法》第八条规定："监狱管理机关以及监狱依法履行以下职责。①对监狱关押罪犯拟提请假释的，应当委托进行调查评估；对监狱关押罪犯拟暂予监外执行的，可以委托开展调查评估。②对监狱关押罪犯拟暂予监外执行的，依法核实并确定社区矫正执行地；对符合暂予监外执行条件的，监狱管理机关作出暂予监外执行决定。③对监狱关押罪犯批准暂予监外执行的，进行教育，及时通知并送达法律文书；监狱依法将社区矫正对象交付执行。④监狱管理机关对暂予监外执行罪犯决定收监执行的，原服刑或者接收其档案的监狱应当立即将罪犯收监执行。⑤其他依法应当履行的职责。"

【本单元小结】

通过学习，重点掌握社区矫正的基本管理机制，社区矫正的决定机构、执行机构和协作机构，以及各个机构的法定职责；掌握目前我国社区矫正的管理机制及其运行特点。

【引例分析】

依照《社区矫正法》第十七条的规定，社区矫正执行地为社区矫正对象的居住地。张某居住在开封市开发区第一大街，因此应到开封市开发区社区矫正机构报到。

【思考题】

1. 什么是社区矫正管理机构？其基本职责有哪些？
2. 在社区矫正工作中，公安机关的基本职责有哪些？
3. 在社区矫正工作中，人民法院的基本职责有哪些？

【案例分析】

某县司法局设立了社区矫正中心，是专司社区矫正工作的内设机构。根据《社区矫正法》第十八条规定，社区矫正决定机关根据需要，可以委托社区矫正机构或者有关社会组织，对被告人或者罪犯的社会危险性和对所居住社区的影响，进行调查评估，提出意见，供决定社区矫正时参考。

该县社区矫正中心经过调查评估，写出了调查报告。在加盖公章时，有人提出一个问题：是加盖某县司法局的公章，还是加盖某县社区矫正中心的公章。请根据所学知识解决这个问题。

第三单元　社区矫正工作人员与社区矫正对象

【本单元引例】

2012 年 8 月 20 日，陈某因犯故意伤害罪被临猗县人民法院判处有期徒刑三年，缓刑三年，于 2012 年 8 月 31 日按规定到临猗县庙上乡司法所报到，接受社区矫正。

在社区矫正期间，陈某在盐湖区车盘村承包了 80 亩（约 5.4 公顷）枣树地，长期违规越界到盐湖区往返作业。王某作为庙上乡司法所所长，在发现陈某有越界行为之后，要求陈某去盐湖区办理移居手续，但因陈某不愿意而王某未再坚持，致使其长期越界。2015 年 1 月 14 日陈某在盐湖辖区因涉嫌故意杀人罪被立案侦查。运城市中级人民法院于 2016 年 8 月 20 日以故意杀人罪判处陈某死刑，剥夺政治权利终身。

你认为王某作为庙上乡司法所所长，是否尽到管理职责？对陈某重新实施犯罪是否应该承担刑事责任？

【教学目标】

1. 明确社区矫正工作人员及其职责范围。
2. 明确社区矫正工作人员的素质，努力提高自身素质。
3. 明确社区矫正对象，正确认识社区矫正对象的法律地位。

社区矫正工作人员与社区矫正对象涉及社区矫正工作的主体与工作对象的问题。社区矫正工作人员队伍的建设直接关系到社区矫正工作质量，是影响社区矫正对象能否完成矫正顺利回归社会的一个重要因素。社区矫正对象在矫正期间的法律地位、矫正期限、权利义务是正确执行社区矫正，实现社区矫正目标任务的关键。本单元主要就社区矫正工作人员及其职责、社区矫正工作人员队伍建设、社区矫正对象范围及法律地位等相关问题进行详细探讨。

学习任务一　社区矫正工作人员及其职责

在我国社区矫正开展的十几年时间里，对于社区矫正工作人员的称谓一直没有统一，主要的名称有"社区矫正工作者""社区矫正工作人员""社区矫正官""社区矫正人员""司法所工作人员"等，根据《社区矫正法》第十条的规定"社区矫正机构应当配备具有法律等专业知识的专门国家工作人员（以下称社区矫正机构工作人员），履行监督管理、教育帮扶等执法职责"，因此，将社区矫正管理者称为"社区矫正工作人员"比较合适。

一、关于社区矫正工作人员的范围

关于社区矫正工作人员的范围，学界一直有不同的看法，有的学者认为我国社区矫正工作人员应由专业人员、社会团体以及社会志愿者三部分人员构成。[1] 有的学者认为，我国社区矫正工作人员应当包括两个方面的人员：刑罚执行人员和专业矫正工作者。[2] 还有的学者认为社区矫正工作人员就是指社区矫正机关的政府工作人员——国家公务员，这种界定实际上就是仅仅将具有执法权的官方矫正机构的一部分工作人员视为矫正工作人员，而把其他一切社区参与者、民间志愿者排除在社区矫正工作人员这个范畴之外。[3]

社区矫正工作具有明显的专门性与浓厚的社会性，《社区矫正法》明确规定，社区矫正工作实行党委政府统一领导、司法行政机关组织实施、相关部门密切配合、社会力量广泛参与、检察机关法律监督的领导体制和工作机制。坚持专门机关为主体与社会力量广泛参与相统一，是社区矫正工作区别于其他刑事执行工作的重要特征。社区矫正的专门性体现在社区矫正是一项刑事执行工作，其对社区矫正对象的监督管理具有严厉性，需要国家专门机关依照法定的职权

---

[1] 刘强主编：《社区矫正制度研究》，法律出版社，2007，第390页。
[2] 周国强：《社区矫正制度研究》，中国检察出版社，2006，第122页。
[3] 袁理政、连春亮、陈书成：《社区矫正管理实务》，群众出版社，2019，第33页。

来行使。社会性体现在社区矫正的教育帮扶工作任务需要社会力量的共同参与，具有开放性。社区矫正社会性的特征决定了社区矫正必然是一项综合性的社会系统工程，参与社区矫正管理的人员不应只局限于国家专门工作人员，更应当包括承担了社区矫正管理职能的其他人员。因此，社区矫正的工作人员应当包括两类人员：一是社区矫正机构的国家工作人员，二是社区矫正辅助管理人员。

二、社区矫正工作人员的基本构成

社区矫正工作人员是指在社区矫正工作中依法承担社区矫正管理职能的工作人员，既包括社区矫正管理机构中具有法定身份的专门国家工作人员，也包括接受社区矫正机构的委托从事社区矫正工作管理的其他人员。

（一）社区矫正机构的工作人员

社区矫正机构的国家工作人员是指在社区矫正机构从事社区矫正的国家工作人员。要明确社区矫正机构的国家工作人员范围，首先要对社区矫正机构范围作一个界定。社区矫正机构有广义和狭义之分，广义的社区矫正机构是指所有承担社区矫正工作的国家机关，而狭义的社区矫正机构专指司法行政机关中承担社区矫正工作的机构。为了对社区矫正工作人员作全面的分析和了解，本节采用广义的社区矫正机构的含义。根据《社区矫正法》第二章的规定，社区矫正机构主要包括以下几类：社区矫正主管机构、社区矫正决定机构、社区矫正执行机构、社区矫正监督机构、社区矫正议事协调机构。社区矫正机构的国家工作人员即这几类机构的国家工作人员。

1. 社区矫正主管机构工作人员

《社区矫正法》第八条第一款规定"国务院司法行政部门主管全国的社区矫正工作。县级以上地方人民政府司法行政部门主管本行政区域内的社区矫正工作。"这里所说的"国务院司法行政部门"是指司法部，根据司法部的机构设置，内设社区矫正管理局，具体负责指导管理全国的社区矫正工作。"县级以上地方人民政府司法行政部门"，主要是指省、市、县三级地方人民政府的司法厅、司法局等部门。实践中，有的地方在省、市、县三级司法厅、司法局设社区矫正局或社区矫正处、科、股等，具体负责指导管理本地区的社区矫正工作。社区矫正主管机构的工作人员属于社区矫正工作人员。

2. 社区矫正决定机构工作人员

《社区矫正法》第十七条第四款规定："本法所称的社区矫正决定机关，是指依法判处管制、宣告缓刑、裁定假释、决定暂予监外执行的人民法院和依法批准暂予监外执行的监狱管理机关、公安机关。"因此，社区矫正的决定机构主要包括法院、监狱管理机关和公安机关。这些社区矫正决定机构的工作人员属于社区矫正工作人员。

3. 社区矫正执行机构工作人员

《社区矫正法》第九条规定："县级以上地方人民政府根据需要设置社区矫正机构，负责社区矫正工作的具体实施。社区矫正机构的设置和撤销，由县级以上人民政府司法行政部门提出意见，按照规定的权限和程序审批。司法所根据社区矫正机构的委托，承担社区矫正相关工作。"因此，社区矫正执行机构具体包含两个：一是县级以上地方人民政府设置的社区矫正机构，即负责对被判处管制、宣告缓刑、假释和暂予监外执行的社区矫正对象具体实施社区矫正的机构；二是司法所，根据社区矫正机构的委托承担部分社区矫正工作。因此，这里所说的社区矫正执行机构工作人员属于典型的、狭义的社区矫正工作人员，是专门从事社区矫正工作的管理人员。

4. 社区矫正监督机构工作人员

《社区矫正法》第八条第二款规定："人民检察院依法对社区矫正工作实行法律监督。因此，人民检察院依照职责，依法做好社区矫正工作并对社区矫正工作实行法律监督，是社区矫正的监督机构。"人民检察院从事社区矫正监督工作的人员也属于社区矫正工作人员。

5. 社区矫正议事协调机构工作人员

《社区矫正法》第八条第三款规定："地方人民政府根据需要设立社区矫正委员会，负责统筹协调和指导本行政区域内的矫正工作。"社区矫正是一个系统工程，需要在各级党委、政府的统一领导下开展工作，需要人民法院、人民检察院、公安机关和司法行政机关通力协作配合，需要财政、教育、卫生、民政、人力资源和社会保障等相关部门的积极支持，需要社会力量的广泛参与。为了能够协调各方面的力量共同做好社区矫正工作，地方人民政府根据需要设立社区矫正委员会。实践中，社区矫正委员会可以由以下部门和人员组成：本级人民政府或者党委有关负责人；人民法院、人民检察院、公安机关、司法行政机关和财政、教育、卫生、民政、人力资源和社会保障等部门。社区矫正委员会可以根据需要，要求工会、共青团、妇联等单位代表，还可以邀请县、乡镇两级村民委员会、居民委员会或者有关社会组织代表、社会工作者等人员参加。上述社区矫正议事协调机构工作人员也属于社区矫正工作人员。

（二）社区矫正辅助管理人员

社区矫正辅助管理人员是指接受社区矫正机构的委托从事社区矫正工作管理的其他人员。根据《社区矫正法》第十至十三条的规定，这类人员主要包括社区矫正社会工作者、基层组织、相关亲属和单位、企业事业单位、社会组织、志愿者等社会力量。

1. 社区矫正社会工作者

《社区矫正法》第十一条规定："社区矫正机构根据需要，组织具有法律、教育、心理、社会工作等专业知识或者实践经验的社会工作者开展社区矫正相关工作。"社区矫正社会工作者是指社区矫正机构通过招聘、公开购买服务或者项目委托等方式，开展社区矫正工作社会工作服务的人员。社会工作者是社区矫正工作的一支重要力量，一方面在一定程度上解决了司法行政机关人员力量不足的问题，另一方面社会工作者以平等身份与社区矫正对象沟通交流，更容易获得其信任，能够很好地发挥其教育、心理等专业技能，从而更好地帮扶矫正对象，有着政府工作人员不可替代的优势。

2. 基层组织

《社区矫正法》第十二条第一款规定："居民委员会、村民委员会依法协助社区矫正机构做好社区矫正工作。"2014年，司法部、中央综治办、教育部、民政部、财政部、人力资源社会保障部联合印发的《关于组织社会力量参与社区矫正工作的意见》提出，发挥基层群众性自治组织的作用，村（居）民委员会是协助开展社区矫正工作的重要力量；村（居）民委员会应发挥其贴近社区矫正对象日常工作、生活的优势，及时掌握社区矫正对象的思想动向和行为表现，积极协助社区矫正机构做好社区矫正对象的困难帮扶、社区服务等工作，及时向社区矫正机构反映社区矫正对象情况，发动引导社会组织、志愿者和居民群众广泛参与社区矫正工作，扩大交往融合，促进社区矫正对象融入社区、回归社会。实践中，居民委员会、村民委员会在社区矫正工作中具有十分重要的作用，尤其在农村实行社区矫正的，主要依靠村民委员会对社区矫正对象进行监督管理和教育帮扶。

3.相关亲属和单位

《社区矫正法》第十二条第二款规定:"社区矫正对象的监护人、家庭成员、所在单位或者就读学校应当协助社区矫正机构做好社区矫正工作。"社区矫正对象的相关亲属主要是指社区矫正对象的监护人和家庭成员,社区矫正对象被判刑后更加需要相关亲属的关爱,与其共同生活的家庭成员有义务也有责任协助社区矫正机构帮助其消除可能再犯罪的因素,使其成为守法公民。社区矫正对象的相关单位主要是指社区矫正对象工作的单位或者就读的学校,为了促进社区矫正对象顺利融入社会,社区矫正对象的工作单位或就读学校有责任和义务协助社区矫正机构做好监督管理和教育帮扶工作。

4.企业事业单位、社会组织、志愿者等社会力量

《社区矫正法》第十三条规定:"国家鼓励、支持企业事业单位、社会组织、志愿者等社会力量依法参与社区矫正工作。"社区矫正区别于传统监禁刑罚最大的特点是将社区矫正对象置于社区之内,让社会力量参与到对社区矫正对象的矫正教育帮扶之中。社会力量的介入改变了传统的刑罚执行方式的格局,使社会的人力资本、组织资源、物质资源、环境资源、文化资源、技术资源等成为社区矫正的有力支撑。社会力量参与社区矫正工作是社区矫正工作自试点以来就一直遵循的原则,也是实现社区矫正目标和任务的实际需要。

三、社区矫正工作人员的职责

社区矫正工作人员的职责是与其工作的机构和岗位的职责紧密相关的,社区矫正工作人员做好本职工作,完成社区矫正管理机构所应当承担的职责也就完成好了社区矫正工作人员的职责。

(一)社区矫正机构工作人员的职责

社区矫正机构工作人员负责辖区内所有的社区矫正事务,主要依法履行下列职责:①接受委托进行调查评估,提出评估意见;②接收社区矫正对象,办理登记;③组织入矫和解矫宣告,办理入矫和解矫手续;④对社区矫正对象进行监督管理;⑤审批考核奖惩有关事项;⑥提出刑罚执行变更等建议;⑦组织实施对社区矫正对象的教育帮扶;⑧法律、法规规定的其他职责。

总之,不仅要负责社区刑罚的协助执行,组织、协调社区参与监狱假释、

暂予监外执行的调查评估、登记接受、监督管理、矫正教育、考核奖惩等事务，而且要组织政府资源和社区资源开展社区矫正工作。不仅要负责宏观的、微观的社区矫正事务，还要充分重视对社区志愿者组织及个人的培育，以及这些组织活动的协调。其工作任务是对社区矫正对象的协助执行刑罚、监督管理、矫正教育、危机干预、社会救助等。

（二）社会工作者的职责

社会工作者在社区矫正机构、司法所的组织下，协助开展社区矫正工作。社会工作者依法履行下列职责：①参加社区矫正小组，协助制定社区矫正方案；②协助做好对社区矫正对象的日常管理工作；③参与组织社区矫正对象学习、社区服务和技能培训；④运用社会工作方法，提供专业化服务，帮助解决社区矫正对象在就学就业、工作生活和心理健康等方面的困难和问题。

很明显，社会工作者要协助制定个性化矫正方案，运用社会工作理念和方法开展矫治教育工作；参与组织社区矫正对象学习、公益活动和技能培训；掌握和记载社区矫正对象现实表现，为社区矫正对象的日常管理、司法奖惩及期满鉴定提供基本依据；帮助社区矫正对象解决心理、生活、就业等方面的实际问题和困难等。

（三）社会志愿者的职责

志愿者在社区矫正机构、司法所的组织下，协助开展社区矫正工作。志愿者可以向执行地县级社区矫正机构或司法所申请，经县级社区矫正机构审核，符合条件的，向其颁发聘书或资格证书，与其签订协议，组织其开展工作。志愿者依法履行下列职责：①协助对社区矫正对象进行走访谈话、实施心理测评和个案矫正；②协助开展对社区矫正对象的教育学习和公益活动；③记载社区矫正对象的心理测评、个案矫正、走访谈话、公益活动、教育学习等活动情况；④及时向社区矫正机构或司法所反馈社区矫正对象的表现情况。

社区矫正志愿者通过开展各种专业辅导、咨询，"一帮一""多助一"结对帮教等形式，参与监督、管理和教育工作，促进对社区矫正对象的矫正教育。

（四）其他参与者的职责

根据《社区矫正法》和司法部的相关规定，有关部门、村（居）民委员会、社区矫正对象所在单位、就读学校、家庭成员或者监护人、保证人等协助社区矫正机构进行社区矫正。社会团体对社区矫正对象开展经常性的帮教活动,并通过社区矫正对象的亲属加强对社区矫正对象的矫正教育。

学习任务二　社区矫正工作人员队伍建设

一、社区矫正工作人员的素质

社区矫正工作人员的素质是指社区矫正工作人员从事社区矫正工作应当具备的基本素养和个人特质。社区矫正工作人员从事的工作涉及对社区矫正对象的监督管理和教育帮扶等,这类工作的重要性和特殊性要求社区矫正工作人员必须具备一定的素质,否则就难以胜任和顺利开展此项工作。

《社区矫正法》第十条规定:"社区矫正机构应当配备具有法律等专业知识的专门国家工作人员,履行监督管理、教育帮扶等执法职责。"第十一条规定:"社区矫正机构根据需要,组织具有法律、教育、心理、社会工作等专业知识或者实践经验的社会工作者开展社区矫正相关工作。"第十四条规定:"社区矫正机构工作人员应当严格遵守宪法和法律,忠于职守,严守纪律,清正廉洁。"根据法律的规定及实践需要,社区矫正工作人员应当具备以下素质:

(一)思想政治素质

在我国,思想政治素质主要指世界观、人生观、价值观及政治立场等。社区矫正作为一项刑事执行工作,其工作人员要有坚定的政治信念,要有敏锐的政治眼光,要站在维护大局、维护稳定的政治高度,坚决贯彻党的社区矫正工作方针、政策。社区矫正工作人员在思想上要真正认识法律的最高权威性,在工作过程中必须牢固树立法律至上的观念,遵守法律法规及各项规章制度,认真按法律规则和程序来履行职责,确保社区矫正工作全面、顺利开展。

(二)职业道德素质

职业道德就是某一特定的职业活动范围内特殊的道德要求。社区矫正工作人员肩负着保障相关判决、裁定、决定正确执行的重要职责，其工作人员的职业道德素质、工作态度在一定程度上决定着社区矫正工作的质量。社区矫正工作人员要有爱岗敬业的职业奉献精神，忠诚地对待自己的职业和岗位，遵守职业要求，并且对履职过程中知晓的国家秘密和个人隐私予以保密。在从事社区矫正工作的过程中还要做到品行正派、廉洁奉公、不以权谋私、不徇私枉法、严格自律，以高度的责任感和使命感完成好社区矫正的各个环节工作，保障社区矫正工作的顺利进行。

（三）业务工作素质

社区矫正是一项专业性、业务性很强的工作，对工作人员提出了较高的专业水平要求。社区矫正工作人员要不断提高自身业务能力和业务素质，不断学习并掌握社区矫正工作所要求的职业技能。在专业知识上要熟悉相关法律知识并能运用到实践中处理相关问题，要具备一定的教育学、心理学、社会学知识。在工作能力上要具备较强的口才和写作能力、纠纷处理能力、沟通协调能力等，掌握一定的个案矫正技术、电子监控技术、风险测评技术、心理咨询矫治技术等，要善于把握矫正对象的特点和规律，做好社区矫正对象的思想工作。

（四）心理素质

社区矫正工作的对象是罪犯，很多罪犯存在着各种各样的心理问题、生存问题、家庭问题等。对社区矫正对象进行监管、改造、矫正教育和帮扶的任务非常艰巨，难度很大，社区矫正工作人员的工作压力是非常大的。这就要求社区矫正工作人员必须有充沛的精力、必胜的信心、充分的耐心；要保持乐观的心情，避免各种负面情绪的消极影响，要具有较强的心理抗压能力，保持心理健康，遇到各种紧急或意外情况能够沉着冷静、头脑清醒、反应敏捷、处置果断。[①]

二、社区矫正工作人员的选拔

（一）社区矫正工作人员的选拔原则

社区矫正工作人员的选拔直接关系到社区矫正工作人员队伍的组建及队伍

[①] 马辉、张文彪主编《社区矫正实务》，中国政法大学出版社，2015，第57页。

质量。《社区矫正法》明确了社区矫正的主要任务和目标有两个——监督管理和教育帮扶。依法监督管理，目的是保障刑事判决、裁定或决定得以正确执行，这是做好社区矫正工作的基础和前提。有针对性地开展教育帮扶，目的是挖掘和消除社区矫正对象的犯罪根源，预防和减少犯罪，这是做好社区矫正工作的核心内容。社区矫正工作必须将监督管理和教育帮扶有机结合，做到监督管理与教育帮扶相统一，才能有效促使社区矫正对象顺利回归社会，维护社会和谐稳定，实现国家长治久安。社区矫正工作这两个工作任务和目标是刑事执法和社会参与的结合体，在管理人员组建上应紧紧围绕这两个目标进行，遵循专门人员和相关社会力量相结合的原则，选拔适合完成此两项任务的人员开展社区矫正工作。

（二）社区矫正工作人员任职资格

根据《社区矫正法》对工作人员工作内容和职责的规定来看，社区矫正是一项法律性、专业性和社会性很强的工作，应配备专门的刑事执法人员，也应整合各种社会力量协助社区矫正工作的开展。社区矫正工作人员的任职资格目前没有统一的标准。为了更好地探讨社区矫正工作人员的任职资格问题，可以将社区矫正工作人员分为三类人员，即社区矫正机构国家工作人员、社区矫正社会工作者、社区矫正社会志愿者。

1. 社区矫正机构国家工作人员

社区矫正机构国家工作人员在社区矫正工作中主要承担执法职能，代表国家的公权力，其任职资格首先应当符合《公务员法》的规定，根据《公务员法》第十三条的规定，公务员应当具备下列条件：

①具有中华人民共和国国籍；②年满十八周岁；③拥护中华人民共和国宪法，拥护中国共产党领导和社会主义制度；④具有良好的政治素质和道德品行；⑤具有正常履行职责的身体条件和心理素质；⑥具有符合职位要求的文化程度和工作能力；⑦法律规定的其他条件。

社区矫正国家工作人员的招录属于公务员招录，采取公开考试、严格考察、平等竞争、择优录取的办法，确保录取优秀、合适的人员担任社区矫正工作的国家工作人员。

除了要符合我国公务员的选拔条件以外，我国学者提出了社区矫正机构工作人员任职资格的建议，如大部分学者认为，社区矫正机构工作人员应当具有社会学、教育学、心理学、法学等专业知识，具有大学本科学历和学士学位；有一定的社会个案工作经验，操行良好等。为此，社区矫正机构工作人员应具备如下资格方能任命：①

①学历及专业要求：需具备大学本科学历和学士学位，并具有在大学社会科学领域，如社会学、心理学、法学、教育学、精神病学等专业的学习经历。②工作经历要求：有一年以上在社会机构从事工作的经历。③培训要求：社区矫正机构工作人员上岗之前应接受过矫正机关一定期限的培训。④品行要求：社区矫正机构工作人员须无违法犯罪记录，品行良好。

2. 社区矫正社会工作者

社区矫正社会工作者是社区矫正工作的重要辅助人员。从社区矫正实践来看，社区矫正社会工作者对有效落实社区矫正工作任务，尤其是教育矫正起着十分重要的作用，是社区矫正工作队伍不可或缺的力量。

社区矫正社会工作者属于社工的一种，原则上来说应当通过国家统一的社工资格考试，取得社工资格证书。在具备一般社会工作者基本素质的同时，社区矫正社工还应当具备一定的社区矫正工作专业素质。首先，要树立有关社区矫正的基本理念，例如，科学管理理念、教育刑理念、社会化理念、人性化管理理念、管理法治化理念等。其次，要掌握满足社区矫正人员需要、解决社区矫正人员问题的相关方法和技巧。再次，具备社区矫正法律知识和其他相关知识，包括犯罪学、心理学、社会学等学科的知识。最后，具有仁慈之心和奉献精神。②

要成为社区矫正社会工作者，必须具备相关的专业知识，经过严格的考试和专业培训。面向社会公开招聘，对符合条件的予以聘用。参加应聘的社工原则上应当具备以下条件：

（1）拥护党的领导。

（2）遵守法律，品行端正，没有违法犯罪记录。

（3）热爱社区矫正工作，工作责任心强。

（4）具有大专以上学历，法学、社会学、心理学等专业优先录取。

（5）具有一定的文字写作能力，并可熟练操作和使用计算机。

---

① 刘红霞：《关于社区矫正工作者队伍建设的思考》，http://www.docin.com/p-447956630.html，访问日期：2023年3月12日。

② 张昱主编《矫正社会工作》，高等教育出版社，2008，第185—187页。

（6）身体健康。在同等条件下，可以优先选拔通过国家统一法律职业资格考试的高校毕业生作为矫正社工，这样既可以在一定程度上缓解日趋突出的高校毕业生就业难问题，也能够为社工队伍注入新鲜血液。[1]

3. 社区矫正社会志愿者

社区矫正社会志愿者是指无偿地参与到社区矫正工作中，为社区矫正工作提供一定帮助或服务的人员。作为一支重要的社会力量，它有着重要的角色优势。志愿者不仅可以在一定程度上弥补社区矫正人员力量的不足，改善社区矫正工作队伍的专业知识结构，更有利于彰显社会关怀，帮助社区矫正对象顺利回归社会。

根据司法部《司法行政机关社区矫正工作暂行办法》第十三条的规定，社区矫正社会志愿者的任职资格主要包括四个方面：①拥护宪法，遵守法律，品行端正；②热心社区矫正工作；③有一定的法律政策水平、文化素质和专业知识；④自愿参与社区矫正工作。

三、社区矫正工作人员的培训

对于社区矫正对象的矫正教育涉及的知识面非常广泛，涉及的学科较多。因此，社区矫正工作要获得成功，必须对社区矫正工作人员进行科学规范的培训。

（一）社区矫正机构工作人员的培训

在我国台湾地区，社区矫正公职人员的培训已经走上专门化的轨道。它设有培训矫正人员的专门机构，即"台湾法务部矫正人员训练所"。该机构在行政架构、培训的安排、课程设置以及规章制度等方面，都很有特色。台湾矫正人员的培训分为职前培训、在职培训、升职培训。职前培训是矫正人员正式参加工作前的培训，通常在任职后的第一年内实施；在职培训由矫正人员训练所负责，基层管理人员两年至少接受一周的在职训练，以达到"训用合一"的目的；较有特色的是升职培训，即后备干部的培训，其培训课程包括一般法律课程、辅导与咨询课程、通识课程、矫正理论课程、矫正法规课程、监所实务课程和技能课程。[2]可见台湾矫正人员的培训制度已经相当完备，值得我们借鉴。

---

[1] 马辉、张文彪主编《社区矫正实务》，中国政法大学出版社，2015，第59页。
[2] 孙平：《台湾的矫正人员培训工作》，《中国监狱学刊》2004年第4期，第115—117页。

当前，我国社区矫正工作中社区矫正机构工作人员上岗前大多要经过一定时间的培训，但社区矫正机构工作人员素质的提高，不是"扫盲班""速成班"所能解决的。而且，随着社区矫正工作的深化，不断有新的规章制度出台，新挑战、新问题也会层出不穷，因此培训工作应当制度化、专门化。我们可借鉴我国台湾地区的做法。

（1）在矫正机构内设立专门的培训组织，负责培训的各项事宜，包括制订具体的培训计划，如组织培训教师，设定培训内容，安排培训的时间、地点以及对培训的效果进行评估，进而改进培训计划等工作。

（2）依据培训对象和培训目的的不同，分为岗前培训和在职培训。岗前培训即社区矫正机构工作人员在正式工作前，必须接受至少三个月的培训，必须通过培训内容的测试，测试合格再经过至少六个月的工作实习，实习期满，通过对实际完成工作能力的测验，方可正式上岗。由于社区矫正具有很强的挑战性，仅仅岗前培训难以适应日新月异的社区矫正工作，因而还要进行在职培训。我们应根据需要确定在职培训的周期，形成制度。同时也可依突发状况进行临时的在职培训，以适应我国不断发展变化的实际情况。此外，从基层社区矫正机构工作人员开始，社区矫正机构工作人员每晋升一个级别，都要进行培训。

（3）设置科学的培训课程。因培训对象的不同，课程的设置也应有所不同。但一些基本的课程是固定的，具体我们可根据需要设置以下类别的课程：一般法律课程、矫正法规课程、矫正理论与实务课程、社会工作课程、管理学课程、人际关系课程、一般技能课程等。[①]

授课教师的来源可以是大学相关专业教师、实务部门的工作人员以及社区矫正管理机构的人员。

（二）社区矫正辅助管理人员的培训

对社区矫正辅助管理人员的培训在程序和形式上可参照对社区矫正机构工作人员的培训，建立健全教育培训制度。具体而言，要建立专职社区工作者的岗前培训和执业培训制度，要坚持系统培训与重点培训相结合、业务培训与实地考察相结合，定期对专职社区工作者进行政策理论、法律法规、业务技能的

---

① 刘红霞：《关于社区矫正工作者队伍建设的思考》，http://www.docin.com/p—447956630.html，访问日期2023年3月12日。

培训。对于此类专职工作人员的培训，有学者指出，应注意下列问题：[①]

（1）通过任务分析证实对准专业人员进行培训的必要性。

（2）进行培训工作的人员本身必须是合格的人员，只有这样，他们才能对社会团体、民间组织成员进行正确有效的培训。

（3）应当用书面形式规定必要的培训内容和恰当的培训方式。

（4）培训的内容应当是新颖的、先进的。

（5）应当书面规定熟练掌握培训内容的具体措施。

（6）那些不满足于仅从培训课程中学习的人员，应当有机会得到额外的培训。

（7）在培训过程中，应当对培训活动进行密切的监督，以便准确了解他们在培训中的进步情况。

此外，当前我国社区矫正工作尽管大都组建了社会志愿者队伍，但对志愿人员的培训几乎处于空白状态。社区矫正是一项严肃的事业，不仅需要人们的奉献精神和对社区矫正事业的巨大热忱，而且需要良好的专业工作能力和知识。因此，社区矫正要充分利用兼职的志愿人员开展矫正工作，就必须对其进行培训。

【参考案例】

2014年12月2日，田某因犯故意伤害罪被某县人民法院判处有期徒刑六个月，缓刑一年，缓刑考验期自2014年12月14日至2015年12月13日。许某因犯故意伤害罪被某县人民法院判处有期徒刑十个月，缓刑一年六个月，缓刑考验期自2014年12月14日至2016年6月13日。

2014年12月26日，田某和许某均到某司法所接受社区矫正。

张某任该司法所所长。在审前调查评估过程中，对田某有打架斗殴前科却在笔录中不予登记。在监管教育期间，发现田某和许某有多次越界行为，都仅给予提醒，未进行处理也未向上级汇报。每月进行的个别教育、心理辅导，没有针对性，流于形式，表格由田某和许某自行填写。

社区矫正期间田某又犯故意杀人罪，许某又犯窝藏罪。

你认为，作为司法所所长张某在本案中是否严格履行了职责？为什么？

---

① 郭建安、郑霞泽主编《社区矫正通论》，法律出版社，2004，第119页。

学习任务三　社区矫正对象

社区矫正对象即社区矫正的对象。关于社区矫正对象的称谓在《社区矫正法》颁布前一直尚未统一，实践中采用比较多的是"社区矫正人员""社区矫正罪犯""社区服刑人员""社区矫正对象"等名称。我们认为，"社区矫正人员"的提法容易混淆社区矫正对象与社区矫正工作人员的区别，"社区矫正罪犯""社区服刑人员"的称谓歧视色彩较浓，与立法倡导的人道主义、文明、进步的宗旨不太协调，不利于社区矫正对象重新回归社会。《社区矫正法》在立法过程中最终采用"社区矫正对象"这一不具有褒贬色彩的中性称谓，突破了封闭的惩罚理念而走向了开放性，彰显了对社区矫正对象的人文关怀和对其复归社会的期待，更加符合促进社区矫正对象顺利融入社会的目的。因此，将社区矫正管理对象统一称为"社区矫正对象"比较合适。

社区矫正的适用对象范围经历了一个变化过程。2003年最高人民法院、最高人民检察院、公安部、司法部联合发布的《关于开展社区矫正试点工作的通知》，最先确定了实行社区矫正的五种类型罪犯，即被判处管制的罪犯、被宣告缓刑的罪犯、被裁定假释的罪犯、被暂予监外执行的罪犯以及被剥夺政治权利并且在社会上服刑的罪犯。2011年《刑法修正案（八）》规定，被判管制罪犯、被宣告缓刑的罪犯、被裁定假释的罪犯，依法实行社区矫正。2012年《刑事诉讼法》规定："对被判处管制、宣告缓刑、假释或者暂予监外执行的罪犯，依法实行社区矫正，由社区矫正机构负责执行。"《刑法修正案（八）》没有将暂予监外执行的罪犯列入社区矫正范围，是因为暂予监外执行制度主要属于刑事诉讼领域的问题，历来都是在刑事诉讼法中加以规定的。2020年颁布的《社区矫正法》第二条规定："对被判处管制、宣告缓刑、假释和暂予监外执行的罪犯，依法实行社区矫正。"至此，我国社区矫正对象最终确定为四类罪犯，即被判处管制的罪犯、宣告缓刑的罪犯、裁定假释的罪犯和暂予监外执行的罪犯。

一、判处管制的罪犯

（一）概念

管制是指由人民法院判决，对犯罪分子不实行关押，但限制其一定自由的刑罚方法。管制是我国刑罚种类之一，属于主刑的一种，是最轻的主刑，也是我国独创的一种刑罚。判处管制的罪犯，又称"管制犯"，是指被人民法院依法判处管制而实行社区矫正的罪犯。

管制刑适用于那些行为已经构成犯罪，但所犯罪行较轻、人身危险性较小，尚不需要判处徒刑收监改造的罪犯。管制刑的存在，顺应了刑罚轻缓化、非监禁化、行刑社会化的潮流和趋势，满足了罪责刑相适应原则及对与部分罪犯刑罚个别化的需要，在一定程度上是对短期监禁刑的替代。《刑法修正案（八）》明确规定："对判处管制的犯罪分子，依法实行社区矫正。"将管制犯纳入社区矫正，系统化的监督管理和教育帮扶能够使管制刑的执行落实到位，提高其执行效果。

（二）管制犯的社区矫正期限

管制犯的矫正期限与其被判处的管制刑期一致。根据《刑法》的规定，管制的期限为三个月以上二年以下，数罪并罚不得超过三年。判决执行以前先行羁押的，羁押一日折抵刑期二日。

（三）管制犯应遵守的义务

根据我国《刑法》及《社区矫正法》等的相关规定，管制犯在社区矫正期间应遵守的义务有：

（1）遵守法律、行政法规和社区矫正的有关规定，服从监督管理。

（2）未经执行机关批准，不得行使言论、出版、集会、结社、游行、示威自由的权利。

（3）按照执行机关规定报告自己的活动情况。

（4）遵守执行机关关于会客的规定。

（5）离开所居住的市、县或者迁居，应当报经执行机关批准。

（6）被人民法院适用禁止令的，应当遵守禁止令，不得从事特定活动，不得进入特定区域、场所，不得接触特定的人。

（7）参加社区矫正机构组织的教育、公益活动。

（8）遵守社区矫正机构其他的监督管理和考核等制度。

二、宣告缓刑的罪犯

（一）概念

缓刑，是指被判处拘役或三年以下有期徒刑的犯罪分子，在其具备法定条件的情况下，在一定期间附条件地不执行原判刑罚的制度。宣告缓刑的罪犯，又称"缓刑犯"，是指被人民法院依法宣告缓刑，在缓刑考验期内接收社区矫正的罪犯。

我国的缓刑不是刑罚的种类，是附条件不执行原判刑罚的一种刑罚执行制度。缓刑制度充分体现了刑罚教育化、刑罚个别化和刑罚社会化的思想，有利于改造罪犯和社会的稳定，为世界大多数国家所采用。目前，在我国四类适用社区矫正的对象中，缓刑犯的数量最多，所占比例最大。

（二）宣告缓刑的条件

根据《刑法》第七十二条的规定，同时具备下列条件，可以宣告缓刑：

（1）犯罪分子被判处拘役、三年以下有期徒刑。一般来说，处刑超过三年有期徒刑的，其罪行相对来说较重，人身危险性也较大，不宜放在社会上改造，不适用缓刑，也不适用社区矫正。这里需要特别注意的是，"三年以下有期徒刑"是指判决确定的刑期而不是指法定刑。犯罪分子所犯之罪的法定刑虽然是三年以上有期徒刑，但他具有减轻处罚的情节，判决确定的刑期为三年以下有期徒刑，也可以适用缓刑。

（2）犯罪情节较轻，有悔罪表现，没有再犯罪的危险，这是适用缓刑的根本条件。"犯罪情节较轻"是指犯罪分子的行为性质不严重、犯罪情节不恶劣；"有悔罪表现"是指犯罪分子对于其犯罪行为能够认识到错误，真诚悔悟并有悔改的意愿和行为，比如积极向被害人道歉、赔偿被害人的损失、获取被害人的谅解等；"没有再犯罪危险"是指犯罪分子适用缓刑，其不会再次犯罪，如果犯罪分子有可能再次侵害被害人，或者是由于生活条件、环境的影响而有可能再次犯罪，则不能对其适用缓刑。罪犯是否再危害社会，除刑法自身的威慑教育作用外，更主要的是要取决于犯罪分子自身对所犯罪行的认罪、悔罪表现和犯罪情节而定。如果犯罪分子对自身的犯罪没有认识、没有悔罪表现，有再次危害社会的危险，即使被判拘役以上、三年有期徒刑以下，也不能适用缓刑。

（3）宣告缓刑对所居住社区没有重大不良影响。这是指犯罪分子适用缓刑不会对所居住社区的安全、秩序和稳定带来重大不良影响，如果犯罪分子适用缓刑会威胁到社区的安全稳定，产生重大现实危险，就不能适用缓刑，进行社区矫正。

另外，《刑法》第七十二条还规定，对不满十八周岁的人、怀孕的妇女和已满七十五周岁的人，应当宣告缓刑。对于这三类犯罪分子，只要符合上述法定条件，就应当宣告缓刑。《刑法》第七十四条规定："对于累犯和犯罪集团的首要分子，不适用缓刑。"从"可以"到"应当"到"不适用缓刑"表述的不同，体现了刑罚人道主义精神，符合我国宽严相济的刑事政策。

（三）缓刑犯的社区矫正期限

缓刑犯的社区矫正期限与缓刑的考验期限一致。缓刑的考验期限，是指对被宣告缓刑的犯罪分子进行考察的一定期间内，对所判处的刑罚有条件地不执行。缓刑的考验期是缓刑制度的重要组成部分，设立考验期的目的，在于考察被判缓刑的人是否接受改造、弃旧图新，以使缓刑制度发挥积极的效用。法院在宣告缓刑的同时，应当依法确定适当的考验期。

根据《刑法》第七十三条的规定，拘役的缓刑考验期限为原判刑期以上一年以下，但是不能少于二个月；有期徒刑的缓刑考验期限为原判刑期以上五年以下，但是不能少于一年。缓刑的考验期限，从判决确定之日起计算。判决确定以前先行羁押的，不能折抵考验期限。

（四）缓刑犯应遵守的义务

根据我国《刑法》及《社区矫正法》等的相关规定，缓刑犯在社区矫正期间应遵循的义务有：

（1）遵守法律、行政法规和社区矫正的有关规定，服从监督管理。

（2）按照规定定期报告自己的活动情况。

（3）遵守关于会客的规定。

（4）离开所居住的市、县或者迁居，应当报经社区矫正机构批准。

（5）被人民法院适用禁止令的，应当遵守禁止令，不得从事特定活动，不得进入特定区域、场所，不得接触特定的人。

（6）参加社区矫正机构组织的教育、公益活动。

（7）遵守社区矫正机构其他的监督管理和考核等制度。

（五）缓刑的法律后果

根据《刑法》第七十六条、第七十七条的规定，缓刑的法律后果一般有以下三种：

（1）被宣告缓刑的犯罪分子，在缓刑考验期限内，没有《刑法》第七十七条规定的情形，缓刑考验期满，原判的刑罚就不再执行，并公开予以宣告。

（2）被宣告缓刑的犯罪分子，在缓刑考验期限内犯新罪或者发现判决宣告以前还有其他罪没有判决的，应当撤销缓刑，对新犯的罪或者新发现的罪作出判决，把前罪和后罪所判处的刑罚，依照《刑法》第六十九条的规定，决定执行的刑罚。新犯之罪和漏判之罪，不受犯罪性质、种类、轻重以及应当判处的刑种、刑期的限制。

（3）被宣告缓刑的犯罪分子，在缓刑考验期限内，违反法律、行政法规或者国务院公安部门有关缓刑的监督管理规定，情节严重的，应当撤销缓刑，执行原判刑罚。

此外，根据《刑法》第七十二条第二款的规定，缓刑的效力不及于附加刑，即被宣告缓刑的犯罪分子，如果被判处附加刑，附加刑仍须执行。因而，无论缓刑是否撤销，所判处的附加刑均须执行。

三、裁定假释的罪犯

（一）概念

假释，是对被判处有期徒刑、无期徒刑的犯罪分子，在执行一定刑期之后，确有悔改表现，不致再危害社会，而附条件地将其予以提前释放的制度。裁定假释的罪犯又称"假释犯"，是指被人民法院依法裁定假释，并在假释考验期内接受社区矫正的罪犯。

假释不同于刑满释放。刑满释放是服刑者刑期已满，刑罚执行完毕而被无条件的释放，假释是附条件的提前释放。假释制度体现了我国宽严相济的刑事政策，有利于对罪犯的改造和管理。

（二）假释的适用条件

根据《刑法》第八十一条的规定，对罪犯适用假释必须具备下列条件：

（1）法定的对象条件。假释只适用于被判处有期徒刑、无期徒刑的犯罪分子。对于被判处死刑缓期二年执行的罪犯，二年期满减为无期徒刑或有期徒刑的，也属于可适用假释的对象。同时《刑法》第八十一条第二款对假释的对象还进行了限制性的规定，即对累犯以及因故意杀人、强奸、抢劫、绑架、放火、爆炸、投放危险物质或者有组织的暴力性犯罪被判处十年以上有期徒刑、无期徒刑的犯罪分子，不得假释。限制这些罪犯的原因主要在于这些罪犯犯罪的性质比较严重，人身危险性大，对社会安全威胁较大。

（2）法定的实质条件。犯罪分子认真遵守监规，接受教育改造。确有悔改表现，假释后不致再危害社会，这是适用假释的实质条件或者关键条件。犯罪分子同时具备以下四个方面情形的，应当认为"确有悔改表现"：认罪伏法；遵守罪犯改造行为规范和监狱纪律；积极参加政治、文化、技术学习；积极参加劳动，爱护公物，完成劳动任务。"不致再危害社会"，是指罪犯在改造期间一贯表现好，确有悔改表现不致重新犯罪的，或者老弱病残并丧失作案能力的。此外，根据有关司法解释，把握适用假释的实质条件，还须特别注意以下问题：第一，为了贯彻对未成年犯教育、感化、挽救的方针，对未成年犯的假释在掌握标准上可以比照成年犯依法适度放宽；第二，对罪行严重的危害国家安全的罪犯和犯罪集团的首要分子、主犯、惯犯的假释，主要是根据他们的改造表现，同时也要考虑原判的情况，应当特别慎重，严格掌握。

罪犯假释后将居住在社区。因此，是否假释，有必要考虑社区各方意见。《刑法修正案（八）》补充规定，对犯罪分子决定假释时，应当考虑其假释后对所居住社区的影响。2012年《最高人民法院关于办理减刑、假释案件具体应用法律若干问题的规定》第二十四条规定，提请假释的，应当附有社区矫正机构关于罪犯假释后对所居住社区影响的调查评估报告。

（3）法定的刑罚执行时间条件。假释只适用于已经执行一部分刑罚的犯罪分子。根据我国《刑法》第八十一条及有关司法解释的规定，被判处有期徒刑的犯罪分子，执行原判刑期二分之一以上，被判处无期徒刑的犯罪分子，实际执行十三年以上，如果认真遵守监规，接受教育改造，确有悔改表现，没有再犯罪的危险的，可以假释。为了使假释制度的运用有必要的灵活性，我国《刑法》第八十一条同时规定：如果有特殊情况，经最高人民法院核准，可以不受上述

执行刑期的限制。根据有关司法解释,"特殊情况"应包括如下情形:

（1）罪犯在服刑期间有重大发明创造或突出的立功表现的。

（2）罪犯已经基本丧失活动能力，并有悔改表现，假释后不会再危害社会的。

（3）罪犯有专门技能，有关单位急需使用的。

（4）罪犯家庭有特殊困难，需本人照顾，请求假释的，在司法实践中，须由县级以上公安机关或者人民政府有关部门提供证明。但对犯罪集团的首犯、惯犯和罪行特别严重的罪犯除外。

（5）为了进一步贯彻未成年人保护法，执行对未成年罪犯实行教育、感化、挽救的方针，对犯罪时未成年，在刑罚执行期间确有悔改表现，不致再危害社会的。

（6）为了政治斗争的需要，对某些具有外国国籍或不属于大陆籍的罪犯而适用假释的。

（7）其他特殊情况。

（三）假释犯的社区矫正期限

假释犯的社区矫正期限与其假释考验期限一致。《刑法》第八十三条规定，被判处有期徒刑的假释考验期限，为没有执行完毕的刑期；无期徒刑的假释考验期限为十年。假释考验期限，从假释之日起计算。

（四）假释犯应遵守的义务

根据我国《刑法》及《社区矫正法》等的相关规定，假释犯在社区矫正期间应遵守的义务有：

（1）遵守法律、行政法规和社区矫正的有关规定，服从监督管理。

（2）按照规定定期报告自己的活动情况。

（3）遵守关于会客的规定。

（4）离开所居住的市、县或者迁居，应当报经社区矫正机构批准。

（5）参加社区矫正机构组织的教育、公益活动。

（6）遵守社区矫正机构其他的监督管理和考核等制度。

（五）假释的法律后果

根据《刑法》第八十五条、第八十六条的规定，假释的后果有以下四种：

（1）被假释的犯罪分子，在假释考验期限内犯新罪的，应当撤销假释，按照本法第七十一条的规定实行数罪并罚。

（2）在假释考验期限内，发现被假释的犯罪人在判决宣告以前还有其他罪没有判决的，应当撤销假释，按照本法第七十条的规定实行数罪并罚。

（3）被假释的犯罪人，在假释考验期限内，有违反法律、行政法规或者国务院有关部门关于假释的监督管理规定的行为，尚未构成新的犯罪的，应当依照法定程序撤销假释，收监执行未执行完毕的刑罚。（重新执行，原来假释期间不计入刑罚）

（4）对被假释的犯罪分子，在假释考验期间，依法实行社区矫正，如果没有上述情形，假释考验期满，就认为原判刑罚已经执行完毕，并公开予以宣告。

四、暂予监外执行的罪犯

（一）概念

暂予监外执行是对被判处剥夺自由刑罚，因有某种法定情况的罪犯暂不关押，而委托一定机关监管的刑罚执行制度。暂予监外执行的罪犯又称"监狱监外执行犯"，是指被依法决定暂予监外执行并在监外执行期间接受社区矫正的罪犯。

暂予监外执行制度是一项重要的刑罚执行制度，这一制度的设立体现了惩罚罪犯与改造罪犯相结合的人道主义刑事政策，有利于对罪犯的教育、感化、挽救。

（二）暂予监外执行的适用条件

对被判处有期徒刑或者拘役的罪犯暂予监外执行的适用条件，《刑事诉讼法》第二百六十五条作了明确规定，即必须具备下列情形之一：

（1）有严重疾病需保外就医的。

（2）怀孕或者正在哺乳自己的婴儿的妇女。哺乳期限按婴儿出生后一年计算。

（3）生活不能自理，适用暂予监外执行不致危害社会的。

（三）暂予监外执行的决定程序

暂予监外执行的决定程序包括两种情形：

（1）由人民法院决定。对具备暂予监外执行条件的罪犯，在交付执行前，由交付执行的人民法院直接决定。人民法院决定暂予监外执行的，应当制作《暂予监外执行决定书》，载明罪犯基本情况、判决确定的罪名和刑罚，以及决定暂予监外执行的原因、依据等内容。

（2）监狱管理机关或公安机关决定。在交付执行后，对具备监外执行条件的罪犯，由监狱或者看守所提出书面意见，报省级以上监狱管理机关或者设区的市一级以上公安机关批准。

（四）暂予监外执行的社区矫正期限

暂予监外执行没有规定具体时间期限。如出现法定收监情形的可由社区矫正机构按程序提出，刑期届满的，按规定办理相关手续。

（五）暂予监外执行犯应遵守的义务

根据我国《刑法》及《社区矫正法》等的相关规定，监狱监外执行犯在社区矫正期间应遵守的义务有：

（1）遵守法律、行政法规和社区矫正的有关规定，服从监督管理。

（2）在指定的医院接受治疗。

（3）确因治疗、护理的特殊要求，需要转院或者离开居住区域的，应当报告社区矫正机构批准。

（4）保外就医的罪犯，按时报告本人身体情况、提交病情复查报告，进行治疗以外的社会活动应当报告社区矫正机构并经批准。

（5）遵守社区矫正机构其他的监督管理和考核等制度。

（六）暂予监外执行犯的收监

根据《社区矫正法》和《社区矫正法实施办法》的规定，暂予监外执行的社区矫正对象有下列情形之一的，由执行地县级社区矫正机构提出收监执行建议：

（1）不符合暂予监外执行条件的。

（2）未经社区矫正机构批准擅自离开居住的市、县，经警告拒不改正或者拒不报告行踪，脱离监管的。

（3）因违反监督管理规定受到治安管理处罚，仍不改正的。

（4）受到社区矫正机构两次警告的。

（5）保外就医期间不按规定提交病情复查情况，经警告拒不改正的。

（6）暂予监外执行的情形消失后，刑期未满的。

（7）保证人丧失保证条件或者因不履行义务被取消保证人资格，不能在规定期限内提出新的保证人的。

（8）其他违反有关法律、行政法规和监督管理规定，情节严重的情形。

社区矫正机构一般向执行地社区矫正决定机关提出收监执行建议。如果原社区矫正决定机关与执行地县级社区矫正机构在同一省、自治区、直辖市的，可以向原社区矫正决定机关提出建议。社区矫正决定机关应当在收到建议书后三十日内作出决定，将决定书送达社区矫正机构和公安机关，社区矫正机构的收监执行建议书和决定机关的决定书应当同时抄送执行地县级人民检察院。

人民法院、公安机关对暂予监外执行的社区矫正对象决定收监执行的，由公安机关立即将社区矫正对象送交监狱或者看守所收监执行。监狱管理机关对暂予监外执行的社区矫正对象决定收监执行的，监狱应当立即将社区矫正对象收监执行。

不符合暂予监外执行条件的罪犯通过贿赂等非法手段被暂予监外执行的，在监外执行的期间不计入执行刑期。罪犯在暂予监外执行期间脱逃的，脱逃的期间不计入执行刑期。

五、社区矫正对象的法律地位

法律地位是由法律所确定的法律关系主体享有权利与承担义务的状况所决定的，是公民在社会生活中所处的政治、经济、文化等地位在法律上的反映。社区矫正对象的法律地位，是指社区矫正对象在社区矫正期间，根据我国宪法和法律的规定，应当享有的权利和承担的义务。

对于社区矫正对象的法律地位，《社区矫正法》第四条作出了明确的规定：社区矫正对象应当依法接受社区矫正，服从监督管理。社区矫正工作应当依法进行，尊重和保障人权。社区矫正对象依法享有的人身权利、财产权利和其他权利不受侵犯，在就业、就学和享受社会保障等方面不受歧视。

（一）社区矫正对象的义务

社区矫正对象是有过危害社会的行为而被人民法院生效判决，判定其行为构成犯罪，而且依法被判处刑罚的人。社区矫正对象的罪犯特殊身份就必然导致与普通公民在法律地位上存在差别，其权利受到一定限制，义务也存在一定特殊性。

《社区矫正法》第十九条第二款规定：社区矫正决定机关应当对社区矫正对象进行教育，告知其在社区矫正期间应当遵守的规定以及违反规定的法律后果，责令其按时报到。第二十三条规定："社区矫正对象在社区矫正期间应当遵守法律、行政法规，履行判决、裁定、暂予监外执行决定等法律文书确定的义务，遵守国务院司法行政部门关于报告、会客、外出、迁居、保外就医等监督管理规定，服从社区矫正机构的管理。"这些规定都对社区矫正对象的义务作出了明确的要求。前文中也已经对社区矫正的四类对象在社区矫正期间应当遵守的具体义务作了详细的阐述，这些针对社区矫正对象的规定都是社区矫正对象基于罪犯身份而应当承担的特殊义务。

（二）社区矫正对象的权利

根据我国《刑法》《刑事诉讼法》和《社区矫正法》等法律的有关规定，社区矫正对象在矫正期间，其有的权利是依法受到一定限制的，但是社区矫正对象虽然是罪犯，更是一名公民，除了因其罪犯身份所承担的特殊义务和某些权利受到一定限制以外，其他作为普通公民应当享有的权利要依法予以保障。

《社区矫正法》第四条第二款对此作出了明确规定，对于社区矫正对象所享有的权利可以从以下方面理解：

（1）人权不受侵犯。在社区矫正过程中应当尊重和保障社区矫正对象的人权，社区矫正工作应当依法进行。社区矫正有关部门和工作人员开展社区矫正工作，必须严格履行职责，按照《刑法》《刑事诉讼法》及《社区矫正法》的有关规定进行。《社区矫正法》对社区矫正的机构、人员和职责，决定和接收，监督管理、教育帮扶等具体工作作出了明确规定，相关的部门和工作人员应当严格遵守。违反规定的，将依照法律有关规定，区分情况追究法律责任。此外，《社区矫正法》第二十六条第二款规定："社区矫正机构开展实地查访等工作时，应当保护社区矫正对象的身份信息和个人隐私。"第五十四条第一款规定："社区矫正机构工作人员和其他依法参与社区矫正工作的人员对履行职责过程中获得的未成年人身份信息应当予以保密。"这些规定都是对社区矫正对象人权保障的具体化。

（2）人身自由不受非法限制。社区矫正对象的人身自由依法是受到一定限制的，如应当按照监督机关的规定报告自己的活动情况，遵守会客规定、禁止令规定，离开所居住的市、县或者迁居应当报经监督机关批准等。但是除了法律规定的这些情形以外，其人身自由是不受非法限制的。《社区矫正法》第三十四条第一款规定："开展社区矫正工作，应当保障社区矫正对象的合法权益。社区矫正的措施和方法应当避免对社区矫正对象的正常工作和生活造成不必要的影响；非依法律规定，不得限制或者变相限制社区矫正对象的人身自由。"

（3）依法享有的人身权利、财产权利和其他权利不受侵犯，在就业、就学和享受社会保障等方面不受歧视。这是从社区矫正对象的角度对其合法权益不受侵犯作出的进一步规定。社区矫正对象除因犯罪受过刑事处罚，或者因其为社区矫正对象，根据法律规定被剥夺和限制的权利以外，在其他方面都应当依法享有和其他公民同等的权利，有关单位和部门不能歧视。各级人民政府及其有关部门应当履行法律规定的各项职责，保障社区矫正对象的各项权利不受侵犯，不能因其社区矫正对象的身份而受到不平等的对待。《社区矫正法》在第五章和第七章的有关内容中对社区矫正对象的相关权利都进行了明确。只有依法保障社区矫正对象的各项权利，这部分人员才能恢复正常的工作和生活，顺利融入社会，实现社区矫正消除其可能重新犯罪的因素，帮助其成为守法公民的目标。

【本单元小结】

1. 认真学习理解社区矫正工作人员及其职责范围。
2. 明确社区矫正工作人员的素质，努力全面提高自身素质。
3. 明确社区矫正对象范围，为依法办理接收工作创造条件。
4. 正确认识社区矫正对象的法律地位。

【引例评析】

王某身为司法所所长，在开展社区矫正过程中，不认真履行职责，造成社区矫正人员脱离监管，重新实施犯罪，致使国家和人民利益遭受重大损失，其行为构成玩忽职守罪，被追究法律责任。

临猗县司法局于 2015 年 8 月 24 日撤销王某司法所所长职务，停止其司法所工作。法院认定王某的行为构成玩忽职守罪，但被告人到案后如实供述自己的罪行，认罪悔罪，且犯罪情节轻微不需要判处刑罚，对被告人免予刑事处罚。

【思考题】

1. 社区矫正工作人员的职责有哪些？

2. 社区矫正工作人员的素质构成有哪些？结合自己实际，应该努力提高自身哪几方面的素质？

3. 我国社区矫正对象包括哪几类？

4. "社区矫正对象是罪犯，应当接受刑罚惩罚，不应该有任何权利。"你认为这种说法对吗？为什么？

【案例分析】

2010 年 5 月，菏泽市牡丹区李村镇西高寨村村民张某乙因犯抢夺罪、盗窃罪被山东省鄄城县人民法院判处有期徒刑五年，并处罚金人民币二万元。2013 年 7 月 30 日被山东省济宁市中级人民法院裁定假释释放，假释考验期自 2013 年 7 月 30 日起至 2014 年 10 月 21 日止。按照《社区矫正法实施办法》规定，张某乙出狱后到菏泽市牡丹区李村镇司法所报到接受社区矫正。根据规定该所确立了社区矫正小组，由张某乙父亲张某甲、社区干部朱某、司法所干部刘某组成，负责对张某乙进行监督、教育、帮助，并与司法所签订了社区矫正责任书。2013 年 8 月至 12 月，张某乙均能按时到司法所报到谈话。2014 年 1 月后，张某乙均不能按时到司法所报到谈话，刘某为了应付上级的检查，自己便制作了谈话记录，模仿张某乙笔迹在谈话记录中签名。2014 年 2 月 9 日，社区矫正人员张某乙因未经批准擅自外出，经多次催促，仍未在规定的时间内返回居住地报到，只在 3 月份，到司法所参加过一次集体学习。李村镇司法所经报牡丹区社区矫正管理局同意，决定给予张某乙警告，张某乙的矫正类别由之前的"普管"改为"严管"，后经多次催促、查找，张某乙仍未能在规定时间内到司法所报到，李村镇司法所再次提出警告。由于被告人刘某的疏于管理，张某乙于 2014 年 1 月至 4 月间，单独或伙同他人先后窜至山东省鄄城县、菏泽市牡丹区等地多次实施盗窃，涉案盗窃金额 103660 元。

你认为司法所刘某的行为是否符合法律规定？应该承担什么法律责任？

第四单元　社区矫正监督管理基本流程

【本单元引例】

朱某星，男，1973 年 4 月出生，户籍地为四川省成都市 A 区。居住地同上。2019 年 8 月，朱某星因故意伤害罪被 A 区人民法院（以下简称"A 区法院"）判处有期徒刑二年，缓刑二年，缓刑考验期自 2019 年 8 月 25 日起至 2021 年 8 月 24 日止。

2019 年 8 月 9 日，A 区法院给 A 区社区矫正管理局（以下简称"A 区社矫局"）发送委托函，对朱某星进行审前调查评估。

8 月 18 日，A 区社矫局向 A 区法院出具了朱某星可以社区矫正的评估意见书。

9 月 11 日，A 区法院向 A 区社矫局送达了对罪犯朱某星宣告缓刑的法律文书。

9 月 13 日，朱某星到 A 区社矫局报到。A 区社矫局对朱某星的法律文书、居住地和身份信息核验后，为朱某星办理了登记接收手续。

请问：A 区社矫局接收朱某星社区矫正，还应当继续做好哪些相关工作？

【教学目标】

1. 掌握入矫阶段的管理流程。

2. 熟悉不同类型社区矫正对象的接收管理环节。

3. 了解社区矫正入矫阶段公、检、法、司机关的分工。

4. 掌握建立矫正档案，进行危险性控制，开展会客、定期报告、外出审批、日常监督管理与定期走访制度的基本方法与技巧；了解日常监督管理的各主要措施的实施主体与实施环节。

5. 掌握行政奖惩与刑事奖惩措施的适用条件与程序。

6. 掌握社区矫正解除的情形与流程以及社区矫正起止期限的计算方法，熟悉解矫教育的主要内容与操作流程。

7. 树立依法管理、严格管理的意识和职业态度。

社区矫正本质上属于刑事执行活动，社区矫正对象是刑事执行的罪犯。监督管理是社区矫正工作的重要基础。社区矫正对象在开放的社区中矫正教育，存在着多种诱发犯罪的因素，对社区矫正对象依法实施严格监督管理，既是刑事执行的必然要求，也是维护社区安全，预防社区矫正对象重新违法犯罪的前提和保障。

矫正对象的接收、日常监督管理、执法管理和社区矫正的解除，构成了社区矫正监督管理的基本工作流程。社区矫正对象的接收工作是矫正工作开展的初始程序，也是必经程序；而对社区矫正对象的入矫教育、危险性控制、考核奖惩、漏管、脱管、禁止令的执行、外出、迁居、出境管理等，则是对社区矫正对象的基本监督管理手段；执法管理则是在社区矫正过程中出现了违法犯罪、训诫、警告、治安管理处罚、撤销缓刑、撤销假释、逮捕、脱逃、收监、减刑等法定情形，对社区矫正对象采取的执行刑罚、变更刑罚等的特殊管理措施；解矫程序是社区矫正工作的终端程序。每一程序是相互连接，缺一不可的。

从我国目前的社区矫正情况来看，对社区矫正对象进行监督管理主要体现在两个层面上。一是根据《刑法》《刑事诉讼法》《社区矫正法》等法律法规的有关规定，对社区矫正对象的权利在一定程度上予以限制或剥夺，其行为要接受强制性的监督和管理。如《刑法》第三十九条、第七十二条、第七十五条、第八十四条的规定，《社区矫正法》第四章监督管理第二十三条至第三十四条，第六章解除和终止第四十四条至第五十一条。这部分内容纳入社区矫正的刑罚执行和监督管理的范畴。二是依照 2020 年"两院两部"的《社区矫正法实施办法》及司法部《司法行政机关开展社区矫正暂行办法》《社区矫正法》规定的精神，以及各省、自治区、直辖市结合地方实际情况，联合或单独制定社区矫正工作的规范。比如《社区矫正法实施办法》第十七条至第三十一条，规定了对社区矫正对象的报到接收、档案管理、入矫宣告、日常报告、禁止令审批、外出审批、居住地变更审批、日常检查与考核、分类管理等监督管理的内容；第三十三条至第四十六条对社区矫正对象在违规处理、警告处分的条件、提请治安处罚、撤销缓刑、假释的条件、暂予监外执行收监执行的条件、电子定位装置、禁止令执行、应急管理、逃跑处理、羁押处理保护等监督管理中所涉及的程序问题进行了规定。这些规定有助于对社区矫正对象失范的行为和心理进行监督、纠正，从而确保刑事执行的顺利实施。

学习任务一　入矫阶段的管理流程

入矫阶段主要是指社区矫正前的调查评估、社区矫正执行地的认定、社区矫正对象的接收、法律文书的送达和接收、矫正小组的设立和社区矫正的宣告等几个阶段。

一、调查评估

调查评估是社会调查评估的一种类型，社区矫正前调查评估是社区矫正工作的前移，目的是实现社区矫正机构与人民法院、监狱管理机关、公安机关的无缝对接，避免出现因衔接不畅而导致脱管、漏管问题的发生。同时也是为了提高社区矫正适用的准确性，以增强社区的安全性，避免因社区矫正对象的到来而给社区带来不良影响与不安定因素，对拟适用社区矫正的被告人或罪犯，由人民法院、公安机关或监狱管理机关委托被告人或罪犯居住地的县级社区矫正机构、社会组织对其进行社区矫正适用前的调查评估，并将调查评估的情况作为是否适用社区矫正的参考依据。

在实务工作中，人民法院、监狱管理机关、公安机关委托调查评估时，应出具调查评估委托函，并抄送被告人或者罪犯居住地县级人民检察院。调查评估委托函应当包括被告人或者罪犯及家属等有关人员的姓名、住址、联系方式、案由以及委托机关的联系人、联系方式等内容。同时，应将调查评估委托函直接送达或以邮寄、特快专递等适当方式送达县级社区矫正机构，不得通过案件当事人、法定代理人、诉讼代理人或者其他利害关系人转交居住地县级社区矫正机构。县级社区矫正机构不接收委托机关以外的其他单位和个人转递的委托调查函等材料。人民法院委托调查评估时，应附起诉书或者自诉状；监狱、公安机关委托评估时，应附判决书、裁定书、执行通知书以及罪犯在服刑期间表现情况材料。

（一）调查评估的程序

按照要求，县级社区矫正机构负责组织开展调查评估工作，依法全面调查了解情况，客观公正提出评估意见。调查评估应现场制作调查评估笔录，经被调查人核实无误后签字确认。调取的材料应由提供单位加盖公章予以确认。所有调查资料必须经被调查对象签字（盖章），被调查人拒绝签字的，应当在笔录中注明情况，必要时可进行录音、摄像。在调查评估过程中，开展调查评估的工作人员应当根据调查评估情况，如实填写"调查评估审核表"，连同调查笔录等有关材料一并报县级社区矫正机构集体审核。县级社区矫正机构应建立调查评估审核机制，听取调查评估情况反馈，对相关调查材料进行审核后，根据社会危险性高低、对所居住社区影响大小等因素，提出调查评估意见，出具调查评估意见书，附相关材料复印件一起提交委托机关，同时抄送当地县级人民检察院。

（二）调查评估的时间要求

一般来说，县级社区矫正机构应自收到调查评估委托函及所附材料之日起十个工作日内完成调查评估，提交评估意见。对于适用刑事案件速裁程序的，居住地县级社区矫正机构应在五个工作日内完成调查评估，提交评估意见。特殊情况需要延长调查时间的，县级社区矫正机构应及时与委托单位协商，并在协商确定的期限内完成调查评估。

（三）调查评估中特定情况的处理

调查评估中特定情况的处理主要有：一是收到调查评估委托函的县级社区矫正机构，查明被告人或者罪犯居住地不属于本行政区域或者有其他应当变更居住地情形的，或者被告人、罪犯的姓名不真实、身份不明等原因导致无法开展调查评估的，应自收到委托函之日起三个工作日内向委托机关说明情况，并将相关材料退回；二是对调查事项没有发生重大变化的同一案件，社区矫正决定机关不得重复委托，县级社区矫正机构和相关社会组织不再接受重复委托的调查评估；三是调查评估可以委托从事社区矫正相关工作的社会组织实施。社会组织开展调查评估的，由该社会组织组成调查评估小组，完成前期调查，形成调查评估报告，向委托机关提交并通报县级社区矫正机构。

（四）调查评估采信

社区矫正决定机关对调查评估意见未采信的，应当在裁决生效后三个工作日内将不采信情况及原因函告接受委托的县级社区矫正机构。

（五）调查评估保密

委托机关和接受委托的县级社区矫正机构或社会组织的工作人员不得私自将与案件有关的材料和调查评估意见以任何形式告知案件当事人、辩护人、代理人和其他利害关系人，对调查中涉及的国家秘密、工作秘密、商业秘密、未成年人信息、个人隐私以及被封存的犯罪记录，应当保密。

二、社区矫正执行地的认定

社区矫正对象的执行地问题，一直是社区矫正实务工作中争议比较大的问题，一般认定居住地为社区矫正执行地。随着社会的发展，矫正对象居住地认定出现了复杂性，有户籍地、工作地、居住地、临时居住地、无居住地（外籍人员）等。从另一个层面看，居住地认定关系着社区矫正的程序合法性和工作效率问题。所以，社区矫正执行地的认定是社区矫正工作开展的前提。

根据《社区矫正法》和2020年"两院两部"的《社区矫正法实施办法》规定可知，对拟适用社区矫正的，社区矫正决定机关应当核实社区矫正对象的居住地，根据有利于社区矫正对象接受矫正、更好地融入社会的原则，确定社区矫正执行地。

确定执行地时，社区矫正对象应如实提供其居住、户籍情况，并提供必要的证明材料。这是根据有关法律规定，结合我国当前经济社会发展形势，总结各地社区矫正试点、试行工作经验作出的规定。《社区矫正法实施办法》所称居住地一般是指社区矫正对象能够连续居住六个月以上的县（市、区）。居住地应当同时具备以下条件：一是社区矫正对象应当有固定居所，由其本人或者与亲友共有、承租，或者其他人、单位愿意为社区矫正对象提供，社区矫正对象能够在此居所连续居住六个月以上；二是社区矫正对象在居住地有固定的生活来源，或者有亲友、其他人、有关单位为其提供生活保障。在户籍所在地接受社区矫正；三是无法确定居住地的，一般在户籍地执行社区矫正。

《社区矫正法》第十七条规定：社区矫正执行地为社区矫正对象的居住地。社区矫正对象在多个地方居住的，可以确定经常居住地为执行地。社区矫正决定机关是核实社区矫正对象居住地的主体。一般情况下，社区矫正执行地为社区矫正对象的居住地。但是，如果出现社区矫正对象的居住地无法确定或者居住地不适宜执行社区矫正的，社区矫正决定机关应当根据有利于社区矫正对象接受矫正、更好地融入社会的原则，确定社区矫正执行地。

同时，为了建立矛盾和纠纷解决机制，应在《社区矫正法实施细则》等制度中规定以下内容。一是社区矫正决定机关在确定社区矫正执行地时，应充分考虑实际执行条件。拟适用社区矫正的被告人、罪犯应如实提供居住、户籍情况，并提供必要的证明材料。故意隐瞒居住地真实情况的，作为社区矫正机构进行调查评估和社区矫正决定机关的评价因素。二是在省、自治区、直辖市范围内，应当统一社区矫正执行地的认定标准。居住地是指社区矫正对象实际居住的县（市、区），包括社区矫正对象本人或共同生活的家庭成员有自有住房，或者以租赁、借住等方式，能够连续居住六个月以上的县（市、区）。只要符合下列情形之一，且在当地有生活来源的，可以认定为居住地：①在当地购有（自有）房产，并能出具产权证或者其他具有法律效力的房产所有权、使用权证明的；②在当地租用房子，能出具与产权人签订继续租赁六个月以上合同的；③在当地借用房子，能出具与产权人签订继续借用六个月以上书面承诺的；④用工方愿意为其提供可以居住六个月以上担保的；⑤就医的医院为其出具需要长期住院诊疗证明和就学的学校出具的录取通知书或学籍证明的。三是对社区矫正执行地存在争议的，由省、自治区、直辖市社区矫正机构负责协调，由社区矫正决定机关协商确定。对有多处居所的，原则上以经常居住地为执行地；社区矫正决定机关也可以考虑有利于实行社区矫正以及社区矫正对象自身需要，选定其中一处作为社区矫正执行地。这样，就在一定程度上解决了社区矫正对象居住地和执行地相异时的矛盾。

三、社区矫正对象的接收

社区矫正对象的接收是社区矫正对象真正进入矫正的第一个工作环节，也是十分重要的一个工作环节。只有准确无误地完成了接收工作，社区矫正对象才能顺利地进入社区矫正，社区矫正机构也才可能开展监督管理、教育矫正、社会适应性帮扶等工作。

所谓社区矫正对象的接收是指符合社区矫正条件的矫正对象，在判决、裁定或决定确定之后，在法定期限内，按时到执行地县级社区矫正机构报到，县级社区矫正机构依法为其办理社区矫正接收手续的活动。

（一）常规接收管理

对于不同类型的矫正对象，由于作出判决、裁定和决定的机关不同，因而履行的法定接收手续也不一样。按照司法部《司法行政机关社区矫正工作暂行办法》《社区矫正法》和2020年"两院两部"的《社区矫正法实施办法》的规定，[1]接收程序主要有：

1. 书面告知

《社区矫正法》第十九条规定："社区矫正决定机关应当对社区矫正对象进行教育，告知其在社区矫正期间应当遵守的规定以及违反规定的法律后果，责令其按时报到。"2020年"两院两部"的《社区矫正法实施办法》第十五条的规定："社区矫正决定机关应当对社区矫正对象进行教育。书面告知其到执行地县级社区矫正机构报到的时间期限以及逾期报到或者未报到的后果，责令其按时报到。"在实务工作中，要求人民法院、监狱、公安机关在适用社区矫正的宣判时或者在社区矫正对象离开监所前，应当履行书面告知义务，对其进行教育，责令其作出接受社区矫正书面保证，按时报到。被告人或者罪犯是未成年人的，由其监护人作出书面保证。一般情况下，社区矫正告知书应当包括以下内容：①社区矫正对象到执行地县级社区矫正机构报到的时间期限以及逾期报到的后果；②社区矫正对象应当遵守法律、行政法规，履行判决、裁定、暂予监外执行决定、禁止令等法律文书确定的义务，遵守国务院司法行政部门关于报告、会客、外出、迁居、保外就医等监督管理规定；③社区矫正对象违反法律、法规、规定需承担的法律后果；④服从社区矫正机构的管理。社区矫正告知书、接受社区矫正保证书一式三份，社区矫正决定机关，被告人或者罪犯，居住地县级社区矫正机构各执一份。[2]

---

[1] 规定中有冲突的部分以《社区矫正法》的规定为准，后边凡涉及该问题的，处理方法相同。

[2] 《河南省社区矫正工作细则》，http://www.zhumadiom.jcy.gov.cn/zmd/pingyu/2022/22815182615236.html，访问日期：2022年12月28日。

2. 按时报到，接收矫正

社区矫正对象应按时到执行地县级社区矫正机构报到。在实际工作中，要求社区矫正对象应自人民法院判决、裁定、决定生效或者离开监所之日起十日内，到执行地县级社区矫正机构报到。县级社区矫正机构应当及时为其办理登记接收手续，并委托司法所对其进行日常管理，同时告知社区矫正对象到指定司法所接受社区矫正。

一般情况下，适用社区矫正的判决、裁定、决定生效之日起五日内，社区矫正决定机关应当以电话、传真或其他信息共享方式通知执行地社区矫正机构，并在十日内以直接送达或邮寄、特快专递等适当方式，将有关法律文书送达县级社区矫正机构，并注明联系人、联系方式；同时抄送执行地人民检察院和公安机关。社区矫正机构不接受社区矫正对象及其监护人、保证人等利害关系人自带的法律文书。

县级社区矫正机构应当设立集中统一的社区矫正对象登记接收场所，做好接收社区矫正决定机关送达的法律文书和材料、登记社区矫正对象基本信息、通知社区矫正对象报到、组织社区矫正宣告等工作。县级社区矫正机构在收到相关法律文书和材料后，应当对社区矫正对象姓名、身份、地址等基本信息进行核实，在五个工作日内送达回执。

3. 特殊情况处理

对社区矫正对象存在因行动不便、自行报到确有困难等特殊情况的，县级社区矫正机构可以派员到其居住地等场所办理登记接收手续。比如，暂予监外执行的社区矫正对象，因患严重疾病，生活不能自理，无法到县级社区矫正机构报到，就需要派员到社区矫正对象居住地为其办理登记接收手续。

4. 违规处理

发现社区矫正对象未按规定时间报到的，县级社区矫正机构应当及时组织查找，并通报社区矫正决定机关和执行地县级人民检察院。2020年《社区矫正法实施办法》的第三十八条规定，发现社区矫正对象失去联系的，社区矫正机构应当立即组织查找，可以采取通信联络、信息化核查、实地查访等方式查找，查找时要做好记录，固定证据。查找不到的，社区矫正机构应当及时通知公安机关，公安机关应当协助查找。社区矫正机构应当及时将组织查找的情况通报人民检察院。

查找到社区矫正对象后，社区矫正机构应当根据其脱离监管的情形，给予相应处置。虽能查找到社区矫正对象下落但其拒绝接受监督管理的，社区矫正机构应当视情节依法提请公安机关予以治安管理处罚，或者依法提请撤销缓刑、撤销假释、对暂予监外执行的收监执行。

（二）不同类型社区矫正对象的接收管理

社区矫正对象的类别不同，因而其接收中涉及的国家机关、送达的法律文书和相关材料也不同。依照《社区矫正法》第二十一条的规定，对下列情况分别作了规定：一是管制刑、缓刑和假释三类社区矫正对象的接收。对于人民法院判处管制、宣告缓刑、裁定假释的社区矫正对象，应当自判决、裁定生效之日起十日内到执行地社区矫正机构报到。二是暂予监外执行的社区矫正对象的接收。对于人民法院决定暂予监外执行的社区矫正对象，由看守所或者执行取保候审、监视居住的公安机关，自收到决定之日起十日内将社区矫正对象移送社区矫正机构。对于被监狱管理机关、公安机关批准暂予监外执行的社区矫正对象，由监狱或者看守所自收到批准决定之日起十日内将社区矫正对象移送社区矫正机构。2020年"两院两部"的《社区矫正法实施办法》第十七条规定，对于暂予监外执行的社区矫正对象，由公安机关、监狱或者看守所依法移送至执行地县级社区矫正机构，办理交付接收手续。罪犯原服刑地与居住地不在同一省、自治区、直辖市，需要回居住地暂予监外执行的，原服刑地的省级以上监狱管理机关或者设区的市一级以上公安机关应当书面通知罪犯居住地的监狱管理机关、公安机关，由其指定一所监狱或看守所接收社区矫正对象档案，负责办理其收监、刑满释放等手续。对看守所留所服刑罪犯暂予监外执行，原服刑地与居住地在同一省、自治区、直辖市的，可以不移交档案。

在实际工作中，对以下三种情况要区别对待。①人民法院决定暂予监外执行的罪犯，交付执行前已被羁押的，人民法院应当书面通知负责羁押的看守所，自收到决定之日起十日内将罪犯移送至执行地县级社区矫正机构，并办理交接手续；交付执行前被执行取保候审、监视居住的，人民法院应当书面通知负责执行的公安机关自收到决定之日起十日内将社区矫正对象移送社区矫正机构。②监狱管理机关、公安机关决定暂予监外执行的罪犯，监狱、公安机关自收到批准决定之日起十日内将其移送至执行地县级社区矫正机构办理交付接收手续。③他省监狱管理机关、公安机关决定需要回本省居住地暂予监外执行的，原服刑地的省级以上监狱管理机关或者设区的市一级以上公安机关监所管理部门应当书面通知居住地省监狱管理机关、公安机关监所管理部门，由其指定省级一所监狱、公安机关接收其档案，负责办理罪犯收监、刑满释放等手续，并及时书面通知执行地社区矫正机构。原羁押罪犯的监狱、公安机关自收到批准决定书之日起十日内将其移送至执行地县级社区矫正机构办理交付接收手续；执行地县级社区矫正机构应当及时将其信息录入省级社区矫正综合管理指挥平台。同时，要求监狱、公安机关移交罪犯前，应当与执行地县级社区矫正机构取得联系，商定交付接收的时间、地点和方式。

（三）适用电子定位装置

2020年"两院两部"的《社区矫正法实施办法》第三十七条对电子定位装置进行了界定："电子定位装置是指运用卫星等定位技术，能对社区矫正对象进行定位等监管，并具有防拆、防爆、防水等性能的专门电子设备，如电子定位腕带等，但不包括手机等设备。"

1.适用电子定位装置的条件

依照《社区矫正法》第二十九条的规定，社区矫正对象有下列情形之一的，经县级司法行政部门负责人批准，可以使用电子定位装置，加强监督管理：①违反人民法院禁止令的；②无正当理由，未经批准离开所居住的市、县的；③拒不按照规定报告自己的活动情况，被给予警告的；④违反监督管理规定，被给予治安管理处罚的；⑤拟提请撤销缓刑、假释或者暂予监外执行收监执行的。对使用电子定位管理的社区矫正对象，告知其电子定位管理相关规定，向其送达《社区矫正对象定位告知书》。

2.使用电子定位装置的程序

对社区矫正对象使用电子定位装置的，社区矫正机构应当向社区矫正对象宣读使用电子定位装置监管告知书，并由其本人签字确认。使用电子定位装置的期限不得超过三个月。使用期满后，社区矫正机构应当就监管效果进行评估，无须继续使用的，应当及时解除；确需延长使用期限的，经批准每次延长时间不得超过三个月。县级社区矫正机构应当定期对电子定位装置监管应用情况进行评估，使用电子定位装置监管的情形消失或者社区矫正对象期满解除、死亡、被依法收监执行的，应当解除电子定位装置监管。

3.使用电子定位装置的监管事项

《社区矫正法》不仅对适用电子定位装置作出了严格的程序性规定，而且也对监管事项作了限制性规定。实际工作中，所要监管的事项主要包括：①社区矫正对象遵守人民法院禁止令的情况；②遵守日常报告、请假外出有关规定的情况；③被判处管制的社区矫正对象遵守关于集会、结社、游行、示威等规定的情况；④社区矫正对象活动区域情况；⑤其他违反监督管理规定的情况。

4.违规处罚

使用电子定位装置的社区矫正对象有下列情形之一的，视情节依法予以处罚：①拒不接受使用电子定位装置决定，拒绝佩戴电子定位装置的；②擅自拆卸电子定位装置导致人机分离逃避监管的；③故意丢弃、损毁、不及时充电或使用手段屏蔽电子设备信号逃避监管的；④电子定位装置因故关闭或无信号，未及时报告工作人员或未按照工作人员指令行事的；⑤接到越界、违反禁止令行为的报警后，未及时终止违规行为或状态、经工作人员提示仍不改正的；⑥其他违反电子定位装置监管规定的情况发生后，未及时按照工作人员指令行事的。同时，社区矫正对象损毁、丢弃、遗失电子定位装置的，应予赔偿。

（四）接收时办理边控报备手续

社区矫正对象在社区矫正期间一般不得出境。依据2020年"两院两部"的《社区矫正法实施办法》第七条规定，公安机关执行限制社区矫正对象出境的措施。

在实际工作之中，要求社区矫正机构和公安机关、人民法院、监狱管理机关通力合作。一是社区矫正决定机关在作出社区矫正决定时，可以同时决定限制社区矫正对象出境。二是社区矫正对象在社区矫正期间不得出境，社区矫正机构应当自社区矫正对象入矫报到之日始对其进行不准出境通报备案或者进行边控。三是县级社区矫正机构负责向当地公安出入境部门进行社区矫正对象不准出境通报备案，报备期限应当与社区矫正期限一致。县级社区矫正机构对具有出境高风险的社区矫正对象应当出具边控决定书，层报省级社区矫正机构办理交控；社区矫正对象的交控期限与社区矫正期限一致。四是社区矫正对象出入境报备及边控由公安机关出入境管理部门和边控部门负责执行。公安机关和出入境管理部门接到《法定不准出境人员通报备案通知书》《不准出境决定书》《边控对象通知书》后，应在24小时内完成录入、审批等手续，及时办理报备、撤销、更改、续保等手续，采取边控措施。

四、法律文书的送达和接收

2016年"两院两部"联合发布《关于进一步加强社区矫正工作衔接配合管理的意见》第五条规定:"对于被判处管制、宣告缓刑、假释的罪犯,人民法院、看守所、监狱应当书面告知其到居住地县级司法行政机关报到的时间期限以及逾期报到的后果,并在规定期限内将有关法律文书送达居住地县级司法行政机关,同时抄送居住地县级人民检察院和公安机关。社区服刑人员前来报到时,居住地县级司法行政机关未收到法律文书或者法律文书不齐全,可以先记录在案,并通知人民法院、监狱或者看守所在五日内送达或者补齐法律文书。"第六条规定:"人民法院决定暂予监外执行或者公安机关、监狱管理机关批准暂予监外执行的,交付时应当将罪犯的病情诊断、妊娠检查或者生活不能自理的鉴别意见等有关材料复印件一并送达居住地县级司法行政机关。"

《社区矫正法》第二十条规定:"社区矫正决定机关应当自判决、裁定或者决定生效之日起五日内通知执行地社区矫正机构,并在十日内送达有关法律文书,同时抄送人民检察院和执行地公安机关。社区矫正决定地与执行地不在同一地方的,由执行地社区矫正机构将法律文书转送所在地的人民检察院、公安机关。""两院两部"《关于进一步加强社区矫正工作衔接配合管理的意见》关于文书送达的规定和《社区矫正法》的规定不一致,应以《社区矫正法》规定的十日内送达有关法律文书为准。按照2020年"两院两部"的《社区矫正法实施办法》第十六条的规定,社区矫正决定机关应当自判决、裁定或者决定生效之日起五日内通知执行地县级社区矫正机构,并在十日内将判决书、裁定书、决定书、执行通知书等法律文书送达执行地县级社区矫正机构,同时抄送人民检察院。收到法律文书后,社区矫正机构应当在五日内送达回执。社区矫正对象前来报到时,执行地县级社区矫正机构未收到法律文书或者法律文书不齐全,应当先记录在案,为其办理登记接收手续,并通知社区矫正决定机关在五日内送达或者补齐法律文书。

不同类型的社区矫正对象,应送达相应的法律文书。①人民法院判处管制、宣告缓刑的,送达的法律文书应包括:刑事判决书、执行通知书、起诉书副本、结案登记表、社区矫正告知书、接受社区矫正保证书。②人民法院、公安机关、监狱管理机关决定暂予监外执行的,送达的法律文书应包括:刑事判决书、执行通知书、暂予监外执行决定书、病残鉴定书（包括病情、妊娠检查、生活不能自理的鉴别意见）、暂予监外执行具保书、社区矫正告知书、接受社区矫正保证书。③人民法院裁定假释的，监狱、看守所负责送达的法律文书应包括：刑事判决书、假释裁定书、出监所鉴定表、心理评估表、社区矫正告知书、接受社区矫正保证书。

五、矫正小组的设立

按照2020年"两院两部"的《社区矫正法实施办法》第十九条的规定："执行地县级社区矫正机构、受委托的司法所应当为社区矫正对象确定矫正小组，与矫正小组签订矫正责任书，明确矫正小组成员的责任和义务，负责落实矫正方案。"一般来说，矫正小组由司法所工作人员担任组长，矫正小组成员不少于三人，由社会工作者、志愿者、有关部门、村（居）民委员会、社区矫正对象所在单位、就读学校、家庭成员或者监护人、保证人等组成，社区矫正对象是女性的，矫正小组应当有女性成员。社区矫正对象为未成年人的，矫正小组应当有熟悉青少年特点的人参加。

按照《社区矫正法》第二十五条规定："社区矫正机构应当根据社区矫正对象的情况，为其确定矫正小组，负责落实相应的矫正方案。根据需要，矫正小组可以由司法所、居民委员会、村民委员会的人员，社区矫正对象的监护人、家庭成员，所在单位或者就读学校的人员以及社会工作者、志愿者等组成。社区矫正对象为女性的，矫正小组中应有女性成员。"在实际工作中，执行地县级社区矫正机构为社区矫正对象确立矫正小组，同时根据社区矫正对象的情况和工作需要，与矫正小组签订社区矫正责任书，明确矫正小组成员的责任，确保各项矫正措施的落实。如果社区矫正对象为女性的，矫正小组必须有女性成员。矫正小组主要开展下列工作：①按照矫正方案，开展个案矫正工作；②督促社区矫正对象遵纪守法，遵守社区矫正规定；③参与对社区矫正对象的考核评议和教育活动；④对社区矫正对象定期走访谈话，了解其思想、工作和生活情况，及时向社区矫正机构或司法所报告；⑤协助对社区矫正对象进行监督管理和教育帮扶；⑥协助社区矫正机构或司法所做好其他工作。

六、社区矫正宣告

依照《社区矫正法》第二十二条规定："社区矫正机构应当依法接收社区矫正对象，核对法律文书、核实身份、办理接收登记、建立档案，并宣告社区矫正对象的犯罪事实、执行社区矫正的期限以及应当遵守的规定。"按照2020年"两院两部"的《社区矫正法实施办法》第二十条的规定："执行地县级社区矫正机构接收社区矫正对象后，应当组织或者委托司法所组织入矫宣告。"执行地县级社区矫正机构接收社区矫正对象后，可以自行组织或者委托司法所组织入矫宣告。宣告由社区矫正机构或者司法所工作人员主持，矫正小组成员及其他相关人员到场，按照规定程序进行。

（一）宣告的主要内容

宣告的主要内容包括：①判决书、裁定书、决定书、执行通知书等有关法律文书的主要内容；②社区矫正期限；③社区矫正对象应当遵守的规定、被剥夺或者限制行使的权利、被禁止的事项以及违反规定的法律后果；④社区矫正对象依法享有的权利；⑤矫正小组人员组成及职责；⑥其他有关事项。

（二）权利告知

社区矫正对象在社区矫正期间依法享有以下权利：①人格尊严不受侮辱；②人身安全和合法财产不受侵犯；③在就学、就业和享受社会保障等方面不受歧视；④享有辩护、申诉、控告、检举以及其他未被依法剥夺或限制的权利。

（三）义务告知

社区矫正对象除了按照《刑法》《刑事诉讼法》的规定，履行法定义务外，还要依据《社区矫正法》，2020年"两院两部"的《社区矫正法实施办法》和司法部《司法行政机关社区矫正工作暂行办法》的规定，履行以下义务：①严格遵守国家法律、法规、禁止令和有关管理规定；②积极参加学习、教育和公益活动；③定期报告思想、活动情况，发生居所变化、工作变动、家庭重大变故以及接触对其矫正产生不利影响人员的，应当及时报告；④迁居或离开居住区域时必须经社区矫正机构批准；⑤服从监督管理。被判处管制的社区矫正对象，未经批准不得行使言论、出版、集会、结社、游行、示威自由的权利。

（四）特别规定告知

1. 被决定保外就医的社区矫正对象

被决定保外就医的社区矫正对象，在接受社区矫正期间，同时应当遵守下列规定：①在指定的医院接受治疗；②确因治疗需要，需要转院或者离开所居住区域时，应当经社区矫正机构批准；③治疗疾病以外的社会活动，应当经社区矫正机构批准；④定期向司法所报告本人身体情况和提交病情复查情况。

2. 被宣告禁止令的社区矫正对象

依照"两院两部"《关于对判处管制、宣告缓刑的犯罪分子适用禁止令有关问题的规定（试行）》第一条："对判处管制、宣告缓刑的犯罪分子，人民法院根据犯罪情况，认为从促进犯罪分子教育矫正、有效维护社会秩序的需要出发，确有必要禁止其在管制执行期间、缓刑考验期限内从事特定活动，进入特定区域、场所，接触特定人的，可以根据刑法第三十八条第二款、第七十二条第二款的规定，同时宣告禁止令。"禁止令的内容是有针对性地决定禁止其在管制执行期间、缓刑考验期限内"从事特定活动，进入特定区域、场所，接触特定的人"的一项或者几项内容。

（1）禁止从事特定活动的内容。依照"两院两部"《关于对判处管制、宣告缓刑的犯罪分子适用禁止令有关问题的规定（试行）》第三条"人民法院可以根据犯罪情况，禁止判处管制、宣告缓刑的犯罪分子在管制执行期间、缓刑考验期限内从事以下一项或者几项活动。"包括：第一，个人为进行违法犯罪活动而设立公司、企业、事业单位或者在设立公司、企业、事业单位后以实施犯罪为主要活动的，禁止设立公司、企业、事业单位；第二，实施证券犯罪、贷款犯罪、票据犯罪、信用卡犯罪等金融犯罪的，禁止从事证券交易、申领贷款、使用票据或者申领、使用信用卡等金融活动；第三，利用从事特定生产经营活动实施犯罪的，禁止从事相关生产经营活动；第四，附带民事赔偿义务未履行完毕，违法所得未追缴、退赔到位，或者罚金尚未足额缴纳的，禁止从事高消费活动；第五，其他确有必要禁止从事的活动。

（2）禁止进入特定区域、场所的范围。依照"两院两部"《关于对判处管制、宣告缓刑的犯罪分子适用禁止令有关问题的规定（试行）》第四条规定："人民法院可以根据犯罪情况，禁止判处管制、宣告缓刑的犯罪分子在管制执行期间、缓刑考验期限内进入以下一类或者几类区域、场所。"具体包括：第一，禁止进入夜总会、酒吧、迪厅、网吧等娱乐场所；第二，未经执行机关批准，禁止进入举办大型群众性活动的场所；第三，禁止进入中小学校区、幼儿园园区及周边地区，确因本人就学、居住等原因，经执行机关批准的除外。第四，其他确有必要禁止进入的区域、场所。

（3）禁止接触特定的人。依照"两院两部"《关于对判处管制、宣告缓刑的犯罪分子适用禁止令有关问题的规定（试行）》第五条"人民法院可以根据犯罪情况，禁止判处管制、宣告缓刑的犯罪分子在管制执行期间、缓刑考验期限内接触以下一类或者几类人员"包括：第一，未经对方同意，禁止接触被害人及其法定代理人、近亲属；第二，未经对方同意，禁止接触证人及其法定代理人、近亲属；第三，未经对方同意，禁止接触控告人、批评人、举报人及其法定代理人、近亲属；第四，禁止接触同案犯；第五，禁止接触其他可能遭受其侵害、滋扰的人或者可能诱发其再次危害社会的人。

宣告后，社区矫正对象应当在书面材料上签字或者盖章，确认已经了解所宣告的内容。

学习任务二　日常监督管理

一、建立矫正档案

2020年"两院两部"的《社区矫正法实施办法》第十八条规定："执行地县级社区矫正机构接收社区矫正对象后，应当建立社区矫正档案，包括以下内容：①适用社区矫正的法律文书；②接收、监管审批、奖惩、收监执行、解除矫正、终止矫正等有关社区矫正执行活动的法律文书；③进行社区矫正的工作记录；④社区矫正对象接受社区矫正的其他相关材料。"在矫正对象社区矫正期间，县级社区矫正机构委托司法所为社区矫正对象建立社区矫正工作档案，内容包括：司法所和矫正小组进行社区矫正的工作记录；社区矫正对象接受社区矫正的其他相关材料；社区矫正执行档案副本等。在社区矫正对象矫正期满或矫正终止后的规定时间内，司法所应当将工作档案交县级社区矫正机构。

在社区矫正工作中，对社区矫正对象的档案要有专人做好管理工作，因为社区矫正对象的档案客观全面地反映了社区矫正机构内每个社区矫正对象或某个时期社区矫正对象的整体情况，不仅可以为国家有关部门制定社区矫正法规和政策，为社区矫正机构研究社区矫正对象改造的特点和规律提供重要的依据，而且可以直观地为社区矫正工作者教育转化社区矫正对象提供各种资料。因此，社区矫正对象档案在社区矫正工作中发挥着十分重要的作用。

二、制定矫正方案

社区矫正方案是社区矫正机构或司法所的工作人员，依据专业的知识与方法，在对社区矫正对象的个性特征、犯罪情况、生活环境、矫正资源等方面进行综合评估分析的基础上，根据矫正需要所确定的个案矫正总规划。社区矫正方案具有个别性、整体性、科学性等特点。

在社区矫正中，矫正小组应当为社区矫正对象制定矫正方案。《社区矫正法》第二十四条规定："社区矫正机构应当根据裁判内容和社区矫正对象的性别、年龄、心理特点、健康状况、犯罪原因、犯罪类型、犯罪情节、悔罪表现等情况，制定有针对性的矫正方案，实现分类管理、个别化矫正。矫正方案应当根据社区矫正对象的表现等情况相应调整。"2020年"两院两部"的《社区矫正法实施办法》第二十二条规定："执行地县级社区矫正机构、受委托的司法所要根据社区矫正对象的性别、年龄、心理特点、健康状况、犯罪原因、悔罪表现等具体情况，制定矫正方案，有针对性地消除社区矫正对象可能重新犯罪的因素，帮助其成为守法公民。矫正方案应当包括社区矫正对象基本情况、对社区矫正对象的综合评估结果、对社区矫正对象的心理状态和其他特殊情况的分析、拟采取的监督管理、教育帮扶措施等内容。矫正方案应当根据分类管理的要求、实施效果以及社区矫正对象的表现等情况，相应调整。"

矫正方案的制定主要是矫正小组在根据社区矫正对象的性别、年龄、健康状况、犯罪原因、犯罪类别、主观恶性、心理行为特点、悔罪表现、家庭状况、成长经历及社会关系等，综合分析其危险程度、利益需求、素质缺陷等情况进行综合评估的基础上，制定的有针对性的监管、教育和帮助措施，并根据社区矫正对象的矫正表现实施动态化管理，科学化监管与教育。根据矫正方案的实施效果，适时予以调整。在实际工作中，矫正方案应包括以下内容：①社区矫正对象个人基本情况（姓名、性别、年龄、学历、婚姻状况、家庭情况、就业情况）、刑罚种类、矫正期限、居住地址等；②社区矫正工作者及矫正小组成员基本情况；③社区矫正对象的问题和需要；④社区矫正对象的心理状态、个性特点和其他特征分析；⑤对社区矫正对象的犯罪情况、悔罪表现、个性特征、生活环境、安全风险等的综合评估结果；⑥拟采取的监督管理、教育矫正、帮困扶助措施，包括工作重点、预期目标、具体安排、变通措施、应急预案等；⑦宣告禁止令的，矫正方案中应增加禁止令执行内容、监管责任人、监管措施。

矫正方案不是固定不变的，应当根据社区矫正对象的表现等情况进行相应调整。当矫正方案制定的依据发生重大变化，或矫正实施过程中矫正对象、矫正力量等方面出现新的重要情形，使原方案失去指导作用时，要对矫正方案进行重新修订。当新事实、新情况会对矫正方案的局部规划产生影响时，应当对矫正方案进行调整。

三、危险性控制

危险性控制是指社区矫正机构在对社区矫正对象进行全面的人身危险性评估的基础上，根据不同的潜在危险类别，采取相应的管理控制手段，以防止社区矫正对象潜在危险性危害社会的预防措施。

人身危险性是动态的而不是静态的，它会随着社区矫正对象的改造、各种主客观因素的变化而发生变化。所以，需要不断了解社区矫正对象的人身危险性的变化，以加强对社区矫正对象的危险控制，预防他们将危险性变成对社会的实际损害，提高社区矫正工作的质量和效果，促进其顺利回归社会。危险评估正是为满足这一需要而建立的一个工作机制。对社区矫正中的危险性进行控制，特别需要关注两个方面的内容，以便增强危险性控制的效果：危险管理和个案管理。[1]

社区矫正中的危险管理就是根据社区矫正对象的危险程度分配矫正资源，并不断调整、修订分类矫正、个性化教育、心理矫正方案的活动。故危险管理应建立在对每个社区矫正对象危险性进行预测和评估的基础上。针对社区矫正对象的不同危险程度，有针对性地、合理地分配矫正资源，制定矫正方案。具体讲就是对人身危险性较高的社区矫正对象，应配置更多的社区矫正资源，制定更科学、合理、规范的社区矫正方案。包括实施严格的监督管理措施，规定

---

[1] 吴宗宪：《论社区矫正中的危险控制》，《中国司法》2005 年第 1 期，第 74—78 页。

更加频繁的监督活动间隔时间，经常与社区矫正对象进行直接接触等，以加强对他们的管理和控制。与此同时也要向他们提供更多的、更有效的帮助或服务，如通过帮困扶助，帮助社区矫正对象解决生活困难；通过心理咨询，帮助社区矫正对象解决心理问题；通过走访、调查、谈话、调解等帮助社区矫正对象解决家庭问题、人际关系问题等。这种既管又帮的做法必将有助于减轻或者解决他们存在的问题，消除其犯罪心理和行为恶习，降低他们的人身危险性，预防其危害行为的再次发生。对人身危险性中等的社区矫正对象可以分配适当的矫正资源，并按正常的监督管理措施对他们予以监督、管理，并安排相应的社工和志愿者帮助解决他们的就业、生活、心理等问题。通过教育矫正、心理矫正等措施降低其人身危险性，避免其再次走上违法犯罪的道路。对人身危险性较低的社区矫正对象可以分配较少的矫正资源，放宽对他们的监督管理，并给予较多的人身自由，可通过电话、通信等方式进行改造情况的汇报，包括思想汇报、学习、公益活动等情况的汇报，还可通过间接接触的方式了解其在社区矫正中的教育改造情况，并根据情况进行奖励或表扬，以促进其改造的积极性。总之，通过对不同危险等级的社区矫正对象的危险管理，以加强对他们的危险控制，从根本上防止他们进行新的危害社会行为的发生。

社区矫正中的个案管理就是针对每一个社区矫正对象的情况采取个别化的管理措施，实施个案矫正。这种管理措施仍然建立在对社区矫正对象危险评估的基础之上。第一，对每一个社区矫正对象进行危险性和需要的评价，在开展社区矫正工作之前，做到对每一个社区矫正对象的情况心中有数，减少社区矫正工作的盲目性。第二，针对每一个社区矫正对象的情况合理分配社区矫正工作人员，做到矫正有人管、困难有人帮、出了问题有人负责，避免没人管或乱管现象的发生。第三，针对每一个社区矫正对象的情况制定科学、合理的社区矫正方案，对于危险性大小不同、需要不同的社区矫正对象，采取不同的危险控制方法、矫正方法和帮困扶助方法，真正实施个案矫正，做到矫正一个成功一个，切实按照"治本安全观"去改造社区矫正对象。

四、社区矫正对象会客、定期报告、外出审批与禁止令执行

2019年12月28日通过的《社区矫正法》第二十七条、第三十一条，2020年"两院两部"的《社区矫正法实施办法》，对矫正对象会客、定期报告、外

出审批、扩大活动范围审批、变更执行地审批以及被宣告禁止令后申请进入特定场所的审批都作出了较为具体的规定。

（一）会客

为保证社区矫正对象在社区矫正期间能够安心地接受矫正，不受外界的不良影响，必须对其会客情况予以严格监督、控制。

2020年"两院两部"的《社区矫正法实施办法》第二十五条规定："未经执行地县级社区矫正机构批准，社区矫正对象不得接触其犯罪案件中的被害人、控告人、举报人，不得接触同案犯、有其他违法行为的人员等可能诱发其再犯罪的人。"社区矫正对象在矫正期间，会客要求主要包括：

（1）社区矫正对象除会见亲属外，会见犯罪案件中的被害人、控告人、举报人，接触同案犯等可能诱发其再次犯罪的人，应当经县级社区矫正机构批准，经同意后方可会见。

（2）未经县级社区矫正机构批准，社区矫正对象不得接受媒体采访。

（3）为了防止社区矫正对象受到社会上不良人员的教唆、鼓动，社区矫正对象不得会见有劣迹或违法犯罪嫌疑人、同案犯、法轮功等邪教组织以及其他非法组织的人员，如果必须交往的，应该向社区矫正机构报告。

社区矫正机构接到社区矫正对象会客申请或提出接受媒体采访或会见境外人士申请后，应根据相关规定及时作出允许或不允许其会客或接受媒体采访或会见境外人士的决定，并通知社区矫正对象。

对于社区矫正对象未经批准擅自会客或接受媒体采访的，应按照相关规定进行处理或报有关部门处理。如果被宣告缓刑、裁定假释的社区矫正对象经过三次教育仍然拒不改正的，其居住地县级社区矫正机构应向作出原裁判的人民法院提出撤销缓刑、假释的建议书并附相关证明材料，人民法院应当自收到之日起30日内依法作出裁定。

（二）定期报告

2020年"两院两部"的《社区矫正法实施办法》第二十四条规定，"社区矫正对象应当按照有关规定和社区矫正机构的要求，定期报告遵纪守法、接受监督管理、参加教育学习、公益活动和社会活动等情况。发生居所变化、工作变动、家庭重大变故以及接触对其矫正可能产生不利影响人员等情况时，应当及时报告。被宣告禁止令的社区矫正对象应当定期报告遵守禁止令的情况。暂予监外执行的社区矫正对象应当每个月报告本人身体情况。保外就医的，应当到省级人民政府指定的医院检查，每三个月向执行地县级社区矫正机构、受委托的司法所提交病情复查情况。执行地县级社区矫正机构根据社区矫正对象的病情及保证人等情况，可以调整报告身体情况和提交复查情况的期限。延长一个月至三个月以下的，报上一级社区矫正机构批准；延长三个月以上的，逐级上报省级社区矫正机构批准。批准延长的，执行地县级社区矫正机构应当及时通报同级人民检察院。社区矫正机构根据工作需要，可以协调对暂予监外执行的社区矫正对象进行病情诊断、妊娠检查或者生活不能自理的鉴别。"

在司法实践中，定期报告制度一般是这样执行的，每周一次向司法所汇报情况（这种报告原则上要求用书面形式，但如果社区矫正工作人员认为口头、电话形式也能达到效果的，也可用口头汇报或电话汇报，但工作人员必须做好记录）。每周报告可与司法所工作人员见面，也可不与司法所工作人员见面。每月向司法所报到一次并书面汇报情况，未成年社区矫正对象需由监护人陪同前来汇报。

社区矫正对象确因下列情形不能到司法所当面报告的，经司法所调查核实，并报县级社区矫正机构批准同意，可以委托其家属、监护人或保证人代为提交书面情况报告，司法所应当将有关情况记录在案：①患严重疾病正在治疗或行动不便的；②怀孕、哺乳期且行动不便的；③生活不能自理的；④年老体弱且行动不便的。

保外就医的社区矫正对象应当每月向司法所报告本人身体状况，每三个月向司法所提交县级以上治疗医院开具的检查化验单、影像学资料、病情诊断证明、就医诊治病历等相关材料；确因病情、治疗措施等特殊情况，无法到司法所当面报告的，经司法所调查核实，并报县级社区矫正机构批准同意，可以委托家属、监护人或保证人每月向司法所书面报告身体情况。检查化验单、影像学资料、病情诊断证明、就医诊治病历等相关材料可由其家属、监护人或保证人送交司法所。

发生居所变化、工作变动、家庭重大变故以及接触对其矫正产生不利影响人员的，社区矫正对象应当及时报告。

司法所及其社区矫正工作人员必须严格执行定期报告制度并按规定的要求，检查督促社区矫正对象遵守定期报告的规定，对汇报不及时或不汇报的人员要进行教育，保证电话汇报的经常性、严肃性。对经教育三次仍不改正的，司法所应按规定作出处罚。同时，司法所的工作人员应当做好定期报告的登记、备案工作，保证做到"周周闻其声，月月见其人。"

当然，在实践中为了体现人性化管理的原则，对不同情况的社区矫正对象也要规定不同的报告时间，如对上学的、已就业的社区矫正对象可以规定他们在放学后、下班后报到。

（三）外出审批

按照2020年"两院两部"的《社区矫正法实施办法》第二十六条至第二十九条对社区矫正对象外出的理由、审批程序、外出管理、经常性跨市县活动等进行了规定。在这里，所居住的市是指直辖市的城市市区、设区的市的城市市区和县级市的辖区。在设区的同一市内跨区活动的，不属于离开所居住的市、县。

一是社区矫正对象外出的法定事由。社区矫正对象未经批准不得离开所居住市、县。社区矫正对象确因就医、学习、诉讼、处理家庭重要事务等正当理由，需要离开所居住市、县的，应当经社区矫正机构或司法所批准。

二是社区矫正对象外出的审批程序及限制性情形。社区矫正对象确需离开所居住的市、县，应当提前三日提交书面申请，并如实提供诊断证明、录取通知书、法律文书等材料。申请离开时间在七日内的，由司法所批准；超过七日的，由司法所审核后报县级社区矫正机构批准。县级社区矫正机构每次批准离开的时间不超过30日。因特殊情况，确需超过30日的，应当由市级社区矫正机构审批。在实际工作中，社区矫正对象因突发性重大变故等紧急情形确需立即外出的，应当根据拟外出时间，在外出之前取得县级社区矫正机构同意，并保持通讯畅通。紧急情形消失后，应当在24小时内补办请假手续，并在《社区矫正对象外出审批表》中注明情况。在重点时段、重大活动期间或者遇有特殊情况时，一般不批准社区矫正对象前往重大活动举办地或重点地区。社区矫正对象确需到重大活动举办地或重点地区的，由县级社区矫正机构审批。

三是社区矫正对象外出管理的规定。在社区矫正对象外出期间，社区矫正机构应当通过信息化核查等方式实施监督管理。在实际工作中，根据需要，对社区矫正对象外出管理常见做法有三种。第一，社区矫正对象外出期间，不得超出请假目的地的市、县范围，不得从事与请假理由不相符的活动。社区矫正机构、受委托的司法所应当通过电话通信、手机定位、实时视频等方式实施监督管理。对已使用电子定位装置的社区矫正对象，采取电子定位装置进行监督管理。第二，执行地县级社区矫正机构根据需要，可以联系外出目的地社区矫正机构协助监督管理，并要求社区矫正对象在到达和离开时向当地社区矫正机构报告，接受监督管理。外出目的地社区矫正机构接收社区矫正对象报到后，可以通过电话查询、实地查访等方式协助监督管理。第三，社区矫正对象应于请假截止日期之前返回居住地，返回后 24 小时内到县级社区矫正机构或受委托的司法所办理销假手续，并提供相应的外出凭证（病历、收据、车船票、机票等）。社区矫正机构、受委托的司法所对其外出期间活动情况进行核实后，办理销假手续，并将相关材料附卷。社区矫正对象因特殊原因无法按期返回的，应及时向社区矫正机构或者受委托的司法所报告情况。发现社区矫正对象违反外出管理规定的，社区矫正机构或者受委托的司法所应当责令其立即返回，并视情节予以处罚。

四是社区矫正对象经常性跨市、县活动的规定。严格地说，社区矫正对象经常性跨市、县活动超出了法律规定的活动范围，也属于"外出"情形。为了体现管理的人性化，对于确因正常工作和生活需要，经常性跨市、县活动的社区矫正对象，经县级社区矫正机构批准，其活动范围可以扩大至相邻市、县的合理活动范围。在实际工作中，社区矫正对象经常性跨市、县活动的，应当由本人提出书面申请，写明理由、经常性去往市县名称、频次等，同时提供相应证明，由执行地县级社区矫正机构批准，并报市级社区矫正机构备案，批准一次的有效期为六个月。经批准，在六个月时间内，社区矫正对象到批准市、县活动的，可以通过电话报告等形式简化批准程序和方式。到期后，社区矫正对象仍需要经常性跨市县活动的，应当重新提出申请，层报市级社区矫正机构审核后确定是否批准。

（四）变更执行地审批

《社区矫正法》第二十七条规定："社区矫正对象离开所居住的市、县或者迁居,应当报经社区矫正机构批准。社区矫正机构对于有正当理由的,应当批准；对于因正常工作和生活需要经常性跨市、县活动的，可以根据情况，简化批准程序和方式。因社区矫正对象迁居等原因需要变更执行地的，社区矫正机构应当按照有关规定作出变更决定。社区矫正机构作出变更决定后，应当通知社区矫正决定机关和变更后的社区矫正机构，并将有关法律文书抄送变更后的社区矫正机构。变更后的社区矫正机构应当将法律文书转送所在地的人民检察院、公安机关。"这是关于矫正对象执行地变更的规定。2020年"两院两部"的《社区矫正法实施办法》第三十条、第三十一条规定了变更执行地审批程序及时限。

一是变更执行地审批。因社区矫正对象工作、居所变化等原因需要变更执行地的，应当提前一个月提出书面申请，并提供相应证明材料，由司法所签署意见后报县级社区矫正机构审批。县级社区矫正机构收到申请后，应当在五日内书面征求新执行地县级社区矫正机构的意见。新执行地县级社区矫正机构接到征求意见函后，应当在五日内核实有关情况，作出是否同意接收的意见并书面回复。执行地县级社区矫正机构根据回复意见，作出决定。经审核，县级社区矫正机构不同意变更执行地的，应在决定作出之日起五日内告知社区矫正对象。同意变更执行地的，应对社区矫正对象进行教育，书面告知其到新执行地县级社区矫正机构报到的时间期限以及逾期报到或者未报到的后果，责令其按时报到。

二是变更执行地程序。原执行地县级社区矫正机构应当在作出变更执行地决定之日起五日内，将有关法律文书和矫正档案移交新执行地县级社区矫正机构，并将有关法律文书抄送社区矫正决定机关和原执行地县级人民检察院和公安机关。新执行地县级社区矫正机构收到法律文书和档案材料后，在五日内送达回执，并将有关法律文书送所在地人民检察院和公安机关。经批准变更执行地的，社区矫正对象应当自收到变更执行地决定之日起七日内，到新执行地县级社区矫正机构报到。新执行地县级社区矫正机构应当核实身份、办理登记接收手续。

三是漏管的处理。发现社区矫正对象未按规定时间报到的，新执行地县级社区矫正机构应当立即通知原执行地县级社区矫正机构，由原执行地县级社区矫正机构组织查找，新执行地县级社区矫正机构协助。未及时办理交付接收，造成社区矫正对象脱管漏管的，原执行地社区矫正机构会同新执行地社区矫正机构妥善处置。

（五）禁止令执行

禁止令制度是我国刑罚制度的重要创新。它是指对于特定的罪犯由法律规定不经过批准不得从事特定的活动，不得擅自进入某些特定的区域或者场所，不得接触特定的人。禁止令制度对于进一步贯彻宽严相济刑事政策，避免交叉感染，节约司法资源具有十分重要的意义。

《刑法修正案（八）》明确规定："对于被判处管制、缓刑的罪犯可以适用禁止令。"2011年4月最高人民法院、最高人民检察院、公安部、司法部《关于对判处管制、宣告缓刑的犯罪分子适用禁止令有关问题的规定（试行）》要求禁止令由社区矫正机构负责执行。《社区矫正法》第三十一条："社区矫正机构发现社区矫正对象正在实施违反监督管理规定的行为或者违反人民法院禁止令等违法行为的，应当立即制止；制止无效的，应当立即通知公安机关到场处置。"2020年"两院两部"的《社区矫正法实施办法》第三十九条规定："社区矫正机构根据执行禁止令的需要，可以协调有关的部门、单位、场所、个人协助配合执行禁止令。对禁止令确定需经批准才能进入的特定区域或者场所，社区矫正对象确需进入的，应当经县级社区矫正机构批准，并通知原判人民法院和执行地县级人民检察院。"

在实际工作中，执行禁止令的常见做法是：一是对人民法院禁止令确定需经批准才能进入的特定区域或者场所，社区矫正对象确需进入的，应当经县级社区矫正机构批准才能进入并通知原判人民法院和执行地县级人民检察院。二是社区矫正机构根据执行禁止令的需要，可以要求有关部门、单位、场所、个人协助配合执行禁止令。如果发现社区矫正对象正在实施违反监督管理规定或者违反禁止令行为，必须立即予以制止，如果社区矫正对象不听从劝阻，工作人员可以立即报警处理。

五、日常检查与定期走访

日常检查与定期走访是日常动态监督管理的主要方式。包括了日常检查、电子监管、定期走访等。《社区矫正法》第二十六条规定："社区矫正机构应当了解掌握社区矫正对象的活动情况和行为表现。社区矫正机构可以通过通讯联络、信息化核查、实地查访等方式核实有关情况，有关单位和个人应当予以配合。"第二十九条规定了电子定位的方式，对社区矫正对象出现法定情形的，经县级司法行政部门负责人批准，可以使用电子定位装置，加强监督管理。

（一）日常检查

根据 2020 年"两院两部"的《社区矫正法实施办法》规定，日常检查包括：

一是对社区矫正对象活动情况的监督检查和处理。社区矫正机构、司法所应当根据社区矫正对象的个人生活、工作及所处社区的实际情况，有针对性地采取通信联络、信息化核查、实地检查等措施，及时掌握社区矫正对象的活动情况。重点时段、重大活动期间或者遇有特殊情况，社区矫正机构、司法所可以要求社区矫正对象到指定场所报告、说明情况。对保外就医的社区矫正对象，应当到指定的医院接受检查治疗，定期向社区矫正机构提供病情复查情况。社区矫正机构及时掌握其身体状况及疾病治疗、复查结果等情况，并根据需要向社区矫正决定机关或者有关监狱、看守所反馈情况。

二是对社区矫正对象执行禁止令情况的监督检查和处理。发现社区矫正对象有违反监督管理规定或者人民法院禁止令等违法情形的，执行地县级社区矫正机构应当调查核实情况，收集有关证据材料，提出处理意见。社区矫正机构发现社区矫正对象有法定收监执行情形的，应当依法组织开展调查取证工作，经集体评议等相关程序，提出提请收监执行建议，报社区矫正决定机关。

三是对社区矫正对象脱管漏管的监督检查和处理。发现社区矫正对象失去联系的，社区矫正机构应当采取通信联络、信息化核查、实地查访等方式进行查找，查找时要做好记录，固定证据。查找不到的，社区矫正机构应当及时通知公安机关，公安机关接到通知后应当立即查找。查找到社区矫正对象后，社区矫正机构应当根据其脱离监管的情形，给予相应处罚。社区矫正对象下落不明，或者虽能查找到其下落但拒绝接受监督管理的，社区矫正机构应当视情节依法提请公安机关予以治安管理处罚，或者依法提请撤销缓刑、撤销假释、对暂予监外执行的收监执行。

（二）定期走访

定期走访是社区矫正工作人员为了摸清社区矫正对象的思想动态、生活状况、现实表现等，深入社区矫正对象的家庭、劳动和学习现场、所在单位、居住社区等，向知情人进行调查、询问的一种工作方式。

根据定期走访制度的要求，司法所要在社区矫正对象办理登记手续之日起，定期到社区矫正对象的家庭、所在单位、就读学校和居住的社区进行走访了解，并确定监督人，组成监督考察小组，与监督人签订监督协议，制定和落实监督管理措施。

司法所社区矫正工作人员要每月走访家庭、单位、本人等，了解掌握社区矫正对象的情况，加强双方的沟通和理解，及时解决社区矫正对象面临的困难，有针对性地开展教育矫正工作。

元旦、春节、五一、国庆等法定节假日及其他重要时段、重要时期，司法所社区矫正工作人员应当及时走访社区矫正对象的家庭及本人，掌握社区矫正对象的动态。社区矫正对象受到惩处、有重大思想问题或出现其他特殊情况时，司法所社区矫正工作人员要及时走访社区矫正对象家庭及本人。必要时，司法所社区矫正工作人员可以通过电话或其他形式询问了解情况。社区矫正工作人员应当根据走访情况及时调整矫正方案和矫正措施，增强矫正的针对性。

学习任务三　社区矫正执法管理

社区矫正执法管理分为两个层面：一是行政执法管理，即对于社区矫正对象违法违纪的行政处罚和表现良好的行政奖励等管理活动。二是刑事执法管理，即对于社区矫正对象在社区矫正中出现法定阻却刑罚执行的事由和良好的行为而采取的变更刑罚执行方式的管理活动。

依据《社区矫正法》第二十八条规定："社区矫正机构根据社区矫正对象的表现，依照有关规定对其实施考核奖惩。社区矫正对象认罪悔罪、遵守法律法规、服从监督管理、接受教育表现突出的，应当给予表扬。社区矫正对象违反法律法规或者监督管理规定的，应当视情节依法给予训诫、警告、提请公安机关予以治安管理处罚，或者依法提请撤销缓刑、撤销假释、对暂予监外执行的收监执行。对社区矫正对象的考核结果，可以作为认定其是否确有悔改表现或者是否严重违反监督管理规定的依据。"

一、行政执法管理

（一）行政考核与奖惩的关系

考核奖惩包括考核和奖惩两个过程。考核是社区矫正机构在对社区矫正对象实施矫正过程中，依照一定的标准和程序，对社区矫正对象接受监督管理、参加教育学习和公益活动等情况所进行的考察和评定。考核是社区矫正中的一项基础性工作。通过对社区矫正对象考核，可以显示社区矫正对象社区矫正的成效，可以对社区矫正对象的心理、行为、自制力、社会适应性、人际关系等进行监督与评价，使社区矫正对象明确自己与社区矫正目标的差距，从而实现社区矫正对象自我改造和转化的目的。

奖惩是社区矫正机构依照法律法规的有关规定，根据社区矫正对象在社区矫正中的良好表现或不良表现而实施的奖励或惩罚。对社区矫正对象实施奖惩，是区别对待政策的具体体现，也是促进社区矫正对象分化、转化，调动社区矫正对象改造积极性，稳定社区矫正秩序，提高社区矫正质量的有效手段。同时，由于对社区矫正对象的奖惩与其自身的利益密切相关，所以，对社区矫正对象的奖惩必须客观公正，实事求是，杜绝奖惩的随意性，使奖惩具有公正性和权威性，以达到惩恶扬善，促进社区矫正对象改造的目的。

考核与奖惩作为社区矫正的重要手段，虽然各有独立的含义和内容，但二者是密不可分的，二者互为条件、互为因果、相互依赖、相互结合，共同发挥激励社区矫正对象改造的积极作用。

考核是奖惩的前提和基础。对社区矫正对象进行奖惩，需要以社区矫正对象翔实准确的现实表现为依据，而这种依据就来自考核。因此，对社区矫正对象考核时，必须克服随意性，使考核结果真实可信，使社区矫正对象对自己的现实表现及是否达到奖惩的法定条件做到心中有数，并不断调整自己的心态和行为，为满足自我实现的需要而加速改造。所以说，没有对矫正对象的考核，对社区矫正对象的奖惩就成了"无源之水，无本之木"。

奖惩是考核的直接结果。对奖励的期盼，对自由的渴望，是社区矫正过程中绝大多数社区矫正对象的迫切需要。奖惩的实施，是奖优罚劣的重要手段，是积极改造的社区矫正对象满足一定需要的必要途径。通过奖惩，可以推动社区矫正对象改造的进程，弱化社区矫正对象的不良动机，强化社区矫正对象看到前途和希望。考核与奖惩只有密切配合，才能共同发挥惩罚和改造矫正对象的作用，才能使考核奖惩成为促进社区矫正对象积极改造的极大动力。

无论是考核还是奖惩都是执法管理中的重要内容以及刑罚执行的重要手段。

（二）行政考核与奖惩的原则

对社区矫正对象的考核奖惩以国家法律法规和社区矫正有关规定为标准。在实务工作中，必须坚持以下原则：

1. 坚持依法适用原则

首先，依照《刑法》《刑事诉讼法》《社区矫正法》等法律法规和2020年"两院两部"的《社区矫正法实施办法》的有关规定，对社区矫正对象依照法定程序和标准进行考核，防止考核工作的主观随意性，这是奖惩公平公正的前提和基础。其次，依照社区矫正奖惩考核办法所规定的程序和标准，对社区矫正对象作出奖励或惩罚。严禁社区矫正工作人员在考核奖惩过程中徇私舞弊，以保障考核奖惩工作的公正性。

2. 坚持实事求是的原则

在社区矫正考核奖惩工作中贯彻实事求是的原则，就是要遵循社区矫正的客观规律，要掌握社区矫正对象的实情，深入社区矫正工作实际，深入基层社区、深入群众，认真进行调查研究，并对调查结果进行综合分析、仔细鉴别、去粗取精、去伪存真。这是考核奖惩工作实事求是的实践基础。

3. 坚持准确及时的原则

在社区矫正考核奖惩工作中，要求制定细化具体的考核奖惩办法，要准确记录社区矫正对象的考核奖惩情况，及时公布考核结果，及时实施奖惩以激发社区矫正对象自觉矫正和自我矫正的积极性。

4. 坚持公开、公平、公正的原则

公开、公平、公正的原则既是社区矫正考核奖惩工作的生命线，也是保证社区矫正考核奖惩活动权威性和公信力的前提和保障。公开是指考核奖惩办法、考核奖惩依据、考核奖惩程序、考核奖惩结果等，对社区矫正对象、社会公众及社区矫正工作参与者公开，接受上级机关、专门机关和社会公众监督；公平、公正是指社区矫正考核奖惩工作要做到对所有社区矫正对象一视同仁、公平合理，公正对待每一个社区矫正对象。

5. 坚持考核、奖惩和教育相结合的原则。

考核是奖惩的前提和基础，奖惩是考核的必然结果。但考核奖惩都是为达到教育转化社区矫正对象的目标服务的，不是为了单纯的考核奖惩而考核奖惩。考核奖惩的最终目的是促进社区矫正对象的转化，最终顺利的融入社会。因此三者只有形成合力，才会实现社区矫正的目的。

（三）行政考核

根据2020年"两院两部"的《社区矫正法实施办法》第三十二条的规定："考核的内容包括社区矫正对象认罪悔罪，遵守有关规定，服从监督管理、接受教育等情况。"

在实际工作中，要求社区矫正机构或司法所应当实时记录社区矫正对象认罪悔罪、遵守有关规定、服从监督管理、接受教育等情况，及时录入省级社区矫正综合管理指挥平台，为社区矫正对象考核提供事实依据。其具体程序是：

一是考核的主要内容。社区矫正对象认罪悔罪，遵守有关规定，服从监督管理，遵守法律、法规，履行判决、裁定、暂予监外执行决定等法律文书确定的义务，履行司法行政部门关于报告、会客、外出、迁居、保外就医等监督管理规定情况，接受教育情况。

二是考核的区间。对社区矫正对象的考核由执行地社区矫正机构或者受委托的司法所组织。考核自社区矫正对象到社区矫正机构报到登记之日起至社区矫正终止之日止，每季度进行一次。

三是考核的方式。对社区矫正对象的考核主要包括日常考核和综合考核两大类。日常考核是指社区矫正机构采用一定的方法，在日常监管中，对社区矫正对象遵规守纪等方面的表现进行量化管理，并据此作为奖惩依据的行为。综合考核是对社区矫正对象的矫正效果和个人表现在一段时间内的一个总的评估和考核。综合考核是在日常考核的基础上进行的，它的基本特点就是探求社区矫正项目的各个部分、环节、因素和层次之间相互联系的方式，由此而形成一种新的整体性的认识。综合考核不是日常各项考核的简单相加，综合的成果往往导致科学上的新发现。

对社区矫正对象的考核采取月计分和季评价相结合的方式进行。省级社区矫正机构应当制定省级社区矫正综合管理指挥平台日常计分办法，作为月计分的依据。省级社区矫正综合管理指挥平台根据社区矫正对象的行为表现，每月自动生成月计分结果。社区矫正机构或者受委托的司法所综合分析社区矫正对象的月计分、现实表现、奖惩情况、矫正小组意见等，进行季评价，形成季度考核结果，并及时存入社区矫正对象档案。季度考核应当在三个工作日内完成。

四是考核的计分方式。社区矫正对象受到处罚的，月计分为零分。本省行政区域内变更居住地的，原执行地的月计分继续有效；外省市迁居转入本省的，月计分按新接收社区矫正对象执行。

五是考核结果的应用。依据考核结果对社区矫正对象进行奖励或惩罚以及开展分类管理。要求执行地县级社区矫正机构根据考核结果，及时调整管理类别。不符合管理类别调整条件或者虽然符合调整条件但剩余矫正期限不足一个月的，按照原等级管理。执行地县级社区矫正机构可以按照规定条件和程序直接给予奖惩。

（四）行政奖惩

社区矫正是在刑事执行的前提下，社区矫正机构对社区矫正对象的行政管理活动。因此，社区矫正中，社区矫正机构对社区矫正对象的行政管理程序和具体事务，以行政执法管理的形式开展活动。《社区矫正法》第二十八条规定，对社区矫正对象的行政奖励是表扬。对社区矫正对象违反法律法规或者监督管理规定，在行政惩处上，则视情节依法给予训诫、警告、提请公安机关予以治安管理处罚三种措施。

1. 行政奖励

这里的行政奖励是指在社区矫正中，社区矫正机构按照法律法规和社区矫正规范所要求的标准，通过对社区矫正对象的全面考核，认为社区矫正对象的行为表现达到给予奖励的条件，依法予以表彰的行为。依据《社区矫正法》第二十八条规定，对矫正对象行政奖励的形式是表扬，行政奖励的机构是执行地县级社区矫正机构。

执行地县级社区矫正机构给予表扬的条件，除了社区矫正对象接受社区矫正满六个月的时间要求外，依照2020年"两院两部"的《社区矫正法实施办法》第三十三条的规定，还包括：①服从人民法院判决，认罪悔罪；②遵守法律法规；③遵守关于报告、会客、外出、迁居等规定，服从社区矫正机构的管理；④积极参加教育学习等活动，接受教育矫正的。除此之外，社区矫正对象接受社区矫正期间，有见义勇为、抢险救灾等突出表现，或者帮助他人、服务社会等突出事迹的，执行地县级社区矫正机构可以给予表扬。对社区矫正对象的考核结果与行政奖励情况，除了以书面形式记载，做到准确及时，公开公平，记入档案之外，还可以作为分类管理的依据。

2. 行政惩处

这里的行政惩处是指在社区矫正中，社区矫正机构按照法律法规和社区矫正规范的要求，对社区矫正对象行政违法违纪行为，依照其情节，依法予以相应处罚的行为。按照《社区矫正法》第二十八条的规定，惩处的种类包括对矫正对象的训诫、警告、提请公安机关予以治安管理处罚三种措施。

（1）训诫

训诫，本意是教导和忠告。作为社区矫正处罚措施的训诫，是指社区矫正机构对于社区矫正对象违反法律法规或者监督管理规定的行为，由于情节轻微，提出批评教育的一种方式。

依照2020年"两院两部"的《社区矫正法实施办法》第三十四条的规定，社区矫正机构给予社区矫正对象训诫的情形主要有：①不按规定时间报到或接受社区矫正期间脱离监管，未超过十日的；②违反关于报告、会客、外出、迁居等规定，情节轻微的；③不按规定参加教育学习等活动，经教育仍不改正的；④其他违反监督管理规定，情节轻微的。有上述情形之一的，县级社区矫正机构应当给予训诫，并出具书面决定。

在实施训诫时，一方面指出社区矫正对象违反法律法规或者监督管理规定的行为，分析其危害性，责令矫正对象努力改正，不再重犯；另一方面讲明社区矫正对象违规行为尚属轻微，可不建议给予其他行政处罚。

（2）警告

警告是一种警戒性的、轻微的违规制裁方式，是指社区矫正机构对社区矫正对象违反法律法规或者监督管理规定的行为，向社区矫正对象提出告诫，要求及时纠正和警示。

依照2020年"两院两部"的《社区矫正法实施办法》第三十五条的规定，社区矫正机构给予社区矫正对象警告的情形主要有：①违反人民法院禁止令，情节轻微的；②不按规定时间报到或者接受社区矫正期间脱离监管，超过十日的；③违反关于报告、会客、外出、迁居等规定，情节较重的；④保外就医的社区矫正对象无正当理由不按时提交病情复查情况，经教育仍不改正的；⑤受到社区矫正机构两次训诫，仍不改正的；⑥其他违反监督管理规定，情节较重的。有上述情形之一的，县级社区矫正机构应当给予警告，并出具书面决定。

（3）提请公安机关予以治安管理处罚

治安管理处罚，是指中国公安机关依照治安管理法规对扰乱社会秩序，妨害公共安全，侵犯公民人身权利，侵犯公私财产，情节轻微尚不够刑事处罚的违法行为所实施的行政处罚。很显然，依照《治安管理处罚法》的规定，我国治安管理处罚权集中由公安机关行使。

这里所讲的"提请公安机关予以治安管理处罚"是指社区矫正机构对社区矫正对象的违法行为已涉嫌达到治安管理处罚程度，依法提请同级公安机关依法给予处罚的提请权，而不是治安管理处罚权。同时，提请公安机关予以治安管理处罚提请权只适用于被判处管制、宣告缓刑或者暂予监外执行的社区矫正对象。而对于假释的社区矫正对象，违法行为一旦达到了治安管理处罚的程度，就会被直接收监执行。

依照2020年"两院两部"的《社区矫正法实施办法》第三十六条的规定，社区矫正对象违反监督管理规定或者人民法院禁止令，依法应予治安管理处罚的，执行地县级社区矫正机构应当及时提请同级公安机关依法给予处罚。实务工作中，社区矫正机构提请公安机关予以治安管理处罚的情形主要有：①违反人民法院禁止令，尚不属情节严重的；②不按规定时间报到或者接受社区矫正期间脱离监管，超过15日未超过30日的；③扰乱社区矫正工作秩序的；④对社区矫正工作人员和其他依法参与社区矫正工作的人员及其近亲属进行殴打、威胁、侮辱、骚扰、报复，尚不构成犯罪的；⑤其他违反监督管理规定。有上述情形之一的，县级社区矫正机构就会提请同级公安机关依法给予处罚。

公安机关应当将处理结果通知执行地县级社区矫正机构。公安机关作出治安管理处罚决定的，社区矫正机构治安管理处罚建议书以及公安机关治安管理处罚决定书副本应当同时抄送执行地同级人民检察院。

二、刑事执法管理

社区矫正是我国刑事执行方式，是以刑罚执行行为前提的。因此，社区矫正中，将涉及刑罚执行程序和具体事务，以管理的形式开展的活动，我们称为刑务管理。

《社区矫正法》第二十八条规定，社区矫正对象违反法律法规或者监督管理规定的，应当视情节依法给予训诫、警告或向公安机关提请撤销缓刑、提请撤销假释、对暂予监外执行的提请收监执行等刑事处罚。第三十三条规定，社区矫正对象符合刑法规定的减刑条件的，社区矫正机构应当向人民法院提出减刑建议。

社区矫正机构是司法行政机关所设立的社区矫正执行机构，从目前的法律规定看，不具有刑罚执行权。因此，我们这里所讲的刑罚执行事务，主要是指需要和公安机关、检察机关、人民法院、监狱等合作才能完成的管理活动。在刑务管理中，社区矫正机构所具有的只是建议权，有时也称为司法奖惩建议权。而决定权和执行权则由公安机关、人民法院、监狱管理机关分别行使。

（一）撤销缓刑、假释

依照《社区矫正法》第四十六条规定："社区矫正对象具有刑法规定的撤销缓刑、假释情形的，应当由人民法院撤销缓刑、假释。对于在考验期限内犯新罪或者发现判决宣告以前还有其他罪没有判决的，应当由审理该案件的人民法院撤销缓刑、假释，并书面通知原审人民法院和执行地社区矫正机构。对于有第二款规定以外的其他需要撤销缓刑、假释情形的，社区矫正机构应当向原审人民法院或者执行地人民法院提出撤销缓刑、假释建议，并将建议书抄送人民检察院。社区矫正机构提出撤销缓刑、假释建议时，应当说明理由，并提供有关证据材料。"由此，撤销缓刑、假释，是指缓刑、假释的社区矫正对象有刑法规定的撤销缓刑、假释法定事由，由审理该案件的人民法院直接撤销缓刑、假释，或者由社区矫正机构向原审人民法院或者执行地人民法院提出撤销缓刑、假释建议并提供有关证据材料。这一管理活动也可称为社区矫正机构的撤销缓刑、假释建议权。

（1）撤销缓刑、假释的条件。依照2020年"两院两部"的《社区矫正法实施办法》第四十六条的规定，由社区矫正机构向人民法院提出撤销缓刑的情形主要有：①违反禁止令，情节严重的；②无正当理由不按规定时间报到或者接受社区矫正期间脱离监管，超过一个月的；③因违反监督管理规定受到治安管理处罚，仍不改正的；④受到社区矫正机构两次警告，仍不改正的；⑤其他违反有关法律、行政法规和监督管理规定，情节严重的情形。

《社区矫正法实施办法》第四十七条的规定，由社区矫正机构向人民法院提出撤销假释的情形主要有：①无正当理由不按规定时间报到或者接受社区矫正期间脱离监管，超过一个月的；②受到社区矫正机构两次警告，仍不改正的；③其他违反有关法律、行政法规和监督管理规定，尚未构成新的犯罪的。

（2）撤销缓刑、假释的程序。依照2019年12月28日通过的《社区矫正法》第四十八条和2020年"两院两部"的《社区矫正法实施办法》第四十六条、第四十七条的规定，一是由执行地同级社区矫正机构向原审人民法院或者执行地人民法院提出撤销缓刑、假释建议书。如果原审人民法院与执行地同级社区矫正机构在不同县（区、市）的，可以报请执行地人民法院裁定。二是人民法院拟撤销缓刑、假释的，应当听取社区矫正对象的申辩及其委托律师的意见。三是人民法院应当在收到社区矫正机构撤销缓刑、假释建议书后，作出撤销裁定的，将裁定书送达社区矫正机构和公安机关，并抄送人民检察院。四是人民法院裁定撤销缓刑、假释的，公安机关应当及时将社区矫正对象送交监狱或者看守所执行。执行以前被逮捕的，羁押一日折抵刑期一日。五是人民法院裁定不予撤销缓刑、假释的，对被逮捕的社区矫正对象，公安机关应当立即予以释放。

（3）工作要求及提交材料。对社区矫正对象的撤销缓刑、撤销假释等处罚，由县级社区矫正机构负责刑事执行的工作人员收集证据，可以征求矫正小组、管理教育人员及相关单位意见，提出处罚初步建议，填报《提请治安管理处罚、撤销缓刑、撤销假释建议审批表》并附相关证据材料，提交社区矫正机构评议审核后作出是否提请撤销缓刑、撤销假释的决定。社区矫正机构提出撤销缓刑、撤销假释建议的，应当附下列材料：①提请撤销缓刑、撤销假释建议书；②原社区矫正决定机关判决书、裁定书、执行通知书；③证明社区矫正对象构成撤销缓刑、撤销假释情形的证据；④社区矫正对象考核表，提请撤销缓刑、撤销假释审批表；⑤社区矫正机构评议审核意见及受委托的司法所建议；⑥社区矫正决定机关要求移送的其他材料。

（二）收监执行

社区矫正对象的收监执行，是指社区矫正中矫正对象具有法律规定的收监执行刑罚的情形，依照法定程序将矫正对象收押入监执行刑罚的活动。主要包括撤销缓刑、假释收监执行和暂予监外执行收监执行。

2016年"两院两部"联合发布《关于进一步加强社区矫正工作衔接配合管理的意见》第十六条作出了具体规定：社区矫正对象符合收监执行条件的，居住地社区矫正机构应当及时按照规定，向原裁判人民法院或者公安机关、监狱管理机关送达撤销缓刑、撤销假释建议书或者对暂予监外执行的收监执行建议书并附相关证明材料。人民法院、公安机关、监狱管理机关应当在规定期限内依法作出裁定或者决定，并将法律文书送达居住地县级司法行政机关，同时抄送居住地县级人民检察院、公安机关。第二十一条规定，社区矫正对象被行政拘留、司法拘留、强制隔离戒毒等行政处罚或者强制措施期间，人民法院、公安机关、监狱管理机关依法作出对其撤销缓刑、撤销假释的裁定或者收监执行决定的，居住地社区矫正机构应当将人民法院、公安机关、监狱管理机关的裁定书、决定书送交作出上述决定的机关，由有关部门依法收监执行刑罚。

1. 收监执行的原则

2016年"两院两部"联合发布《关于进一步加强社区矫正工作衔接配合管理的意见》第十七条规定了收监的原则，社区矫正对象因违反监督管理规定被依法撤销缓刑、撤销假释或者暂予监外执行被决定收监执行的，应当本着就近、便利、安全的原则，送交其居住地所属县（区、市）的看守所、监狱执行刑罚。

2. 收监执行的几种情况

第一，人民法院裁定撤销缓刑、假释的社区矫正对象，决定收监执行的。依照《社区矫正法》第四十八条第三款规定："公安机关应当及时将社区矫正对象送交监狱或者看守所执行。"

第二，暂予监外执行决定机关提出收监执行的。依照《社区矫正法》第四十九条规定，一是暂予监外执行的社区矫正对象具有刑事诉讼法规定的应当予以收监情形的，社区矫正机构应当向执行地或者原社区矫正决定机关提出收监执行建议，并将建议书抄送人民检察院。社区矫正决定机关应当在收到建议书后30日内作出决定，将决定书送达社区矫正机构和公安机关，并抄送人民检察院。二是人民法院、公安机关对暂予监外执行的社区矫正对象决定收监执行的，由公安机关立即将社区矫正对象送交监狱或者看守所收监执行。三是监狱管理机关对暂予监外执行的社区矫正对象决定收监执行的，监狱应当立即将社区矫正对象收监执行。

3. 暂予监外执行收监执行的条件

依照2020年"两院两部"的《社区矫正法实施办法》第四十九条的规定，由执行地县级社区矫正机构向执行地或者原社区矫正决定机关提出收监执行建议的条件是：①不符合暂予监外执行条件的；②未经社区矫正机构批准擅自离开居住的市、县，经警告拒不改正，或者拒不报告行踪，脱离监管的；③违反监督管理规定受到治安管理处罚，仍不改正的；④受到社区矫正机构两次警告的；⑤保外就医期间不按规定提交病情复查情况，经警告拒不改正的；⑥暂予监外执行的情形消失后，刑期未满的；⑦保证人丧失保证条件或者因不履行义务被取消保证人资格，不能在规定期限内提出新的保证人的；⑧其他违反有关法律、行政法规和监督管理规定，情节严重的情形。只要矫正对象具备上述情形之一，即可向原社区矫正决定机关提出收监执行建议。

社区矫正机构一般向执行地社区矫正决定机关提出收监执行建议。如果原社区矫正决定机关与执行地县级社区矫正机构在同一省、自治区、直辖市的，可以向原社区矫正决定机关提出建议。

社区矫正机构的收监执行建议书和决定机关的决定书，应当同时抄送执行地县级人民检察院。

4. 收监执行的法律文书

2016年"两院两部"联合发布《关于进一步加强社区矫正工作衔接配合管理的意见》第十八条对收监执行应准备的法律文书分别作出了规定：

（1）裁定撤销缓刑的社区矫正对象。第十八条第一款规定，社区矫正对象被裁定撤销缓刑的，居住地社区矫正机构应当向看守所、监狱移交撤销缓刑裁定书和执行通知书、撤销缓刑建议书以及原判决书、裁定书和执行通知书、起诉书副本、结案登记表以及社区矫正期间表现情况等文书材料。

（2）裁定撤销假释的社区矫正对象。第十八条第二款规定，社区矫正对象被裁定撤销假释的，居住地社区矫正机构应当向看守所、监狱移交撤销假释裁定书和执行通知书、撤销假释建议书、社区矫正期间表现情况材料、原判决书、裁定书和执行通知书、起诉书副本、结案登记表复印件等文书材料。罪犯收监后，居住地社区矫正机构通知罪犯原服刑看守所、监狱将罪犯假释前的档案材料移交撤销假释后的服刑看守所、监狱。

（3）决定收监执行的暂予监外执行的社区矫正对象。第十八条第三、第四款规定，暂予监外执行社区矫正对象被人民法院决定收监执行的，居住地社区矫正机构应当向看守所、监狱移交收监执行决定书和执行通知书以及原判决书、裁定书和执行通知书、起诉书副本、结案登记表、社区矫正期间表现等文书材料。暂予监外执行社区矫正对象被公安机关、监狱管理机关决定收监执行的，居住地社区矫正机构应当向看守所、监狱移交社区矫正对象在接受矫正期间的表现情况等文书材料。

社区矫正机构收监执行建议书和决定机关收监执行决定书副本，应当同时抄送执行地同级人民检察院和公安机关。

5. 收监执行的追逃

《社区矫正法》第五十条规定："被裁定撤销缓刑、假释和被决定收监执行的社区矫正对象逃跑的，由公安机关追捕，社区矫正机构、有关单位和个人予以协助。" 2016年"两院两部"联合发布《关于进一步加强社区矫正工作衔接配合管理的意见》第二十条规定，被裁定、决定收监执行的社区矫正对象在逃的，居住地社区矫正机构应当在收到人民法院、公安机关、监狱管理机关的裁定、决定后，立即通知居住地县级公安机关，由其负责实施追捕。撤销缓刑、撤销假释裁定书和对暂予监外执行罪犯收监执行决定书，可以作为公安机关网上追逃依据。公安机关根据案情决定是否实施网上追逃。社区矫正对象脱逃后的追逃工作，其主体是公安机关，社区矫正机构只是予以协助。

6. 收监执行的公示

2016年"两院两部"联合发布《关于进一步加强社区矫正工作衔接配合管理的意见》第十九条规定，撤销缓刑、撤销假释裁定书或者对暂予监外执行罪犯收监执行决定书应当在居住地社区矫正机构教育场所公示。属于未成年或者犯罪的时候不满十八周岁被判处五年有期徒刑以下刑罚的社区矫正对象除外。

（三）逮捕

逮捕是指社区矫正对象被提请撤销缓刑、假释时，具有实施新的犯罪，危害国家安全、公共安全或者社会秩序的现实危险等情形的，社区矫正机构为了控制危险情形的发生，可以在提出撤销缓刑、假释建议的同时，提请人民法院决定对其先行实施逮捕的措施。

1. 逮捕的法律规定

依照《社区矫正法》第四十七条规定："被提请撤销缓刑、假释的社区矫正对象可能逃跑或者发生社会危险性的，社区矫正机构可以在提出撤销缓刑、假释建议的同时，提请人民法院决定对其予以逮捕。人民法院应当在四十八小时内作出是否逮捕的决定。决定逮捕的，由公安机关执行。逮捕后的羁押期限不得超过三十日。"由此，逮捕是对特定危险情形的先行预防措施。在这一过程中，社区矫正机构所具有的是提请逮捕建议权，决定权属于人民法院，执行权属于公安机关。

2. 逮捕的程序

逮捕属于对危险的应急控制措施，被提请撤销缓刑、假释的社区矫正对象具备应予逮捕情形的，由执行地同级社区矫正机构向原裁判人民法院提出逮捕建议书并附相关证明材料。人民法院收到提请逮捕建议后，作出逮捕决定的，通知执行地公安机关执行，至迟不超过48小时。

3. 提请逮捕的条件

依照 2020 年"两院两部"的《社区矫正法实施办法》第四十八条的规定，社区矫正机构提请人民法院决定对矫正对象予以逮捕，必须具有下列情形之一：①可能逃跑的；②具有危害国家安全、公共安全、社会秩序或者他人人身安全现实危险的；③可能对被害人、举报人、控告人或者社区矫正机构工作人员等实施报复行为的；④可能实施新的犯罪的。社区矫正机构提请人民法院决定逮捕社区矫正对象时，应当提供相应证据，移送人民法院审查决定。社区矫正机构提请逮捕、人民法院作出是否逮捕决定的法律文书，应当同时抄送执行地县级人民检察院。

（四）减刑

1. 社区矫正对象减刑的规定

我国《刑事诉讼法》第二百七十三条第二款规定"被判处管制、拘役、有期徒刑或者无期徒刑的罪犯，在执行期间确有悔改或者立功表现，应当依法予以减刑、假释的时候，由执行机关提出建议书，报请人民法院审核裁定，并将建议书副本抄送人民检察院。人民检察院可以向人民法院提出书面意见。"《社区矫正法》第三十三条规定："社区矫正对象符合刑法规定的减刑条件的，社区矫正机构应当向社区矫正执行地的中级以上人民法院提出减刑建议，并将减刑建议书抄送同级人民检察院。人民法院应当在收到社区矫正机构的减刑建议书后三十日内作出裁定，并将裁定书送达社区矫正机构，同时抄送人民检察院、公安机关。"

社区矫正对象中管制犯、暂予监外执行犯和假释犯的减刑，提请矫正对象减刑建议的主体是居住地县级社区矫正机构，社区矫正对象是否予以减刑的裁定机关是社区矫正对象居住地的中级人民法院，需要提交的减刑材料包括减刑建议书和其他相关证明材料。

关于缓刑犯的减刑的规定，最高人民法院《关于办理减刑、假释案件具体应用法律若干问题的规定》第十三条规定："被判处拘役或者三年以下有期徒刑并宣告缓刑的罪犯，一般不适用减刑。前款规定的罪犯在缓刑考验期内有重大立功表现的，可以参照刑法第七十八条的规定予以减刑，同时应当依法缩减其缓刑考验期。缩减后，拘役的缓刑考验期限不得少于二个月，有期徒刑的缓刑考验期限不得少于一年。"从中可以看出，"宣告缓刑的罪犯"一般不适用减刑，只有重大立功表现，才予以减刑，同时应依法缩减其缓刑考验期限。可以看出对缓刑犯减刑的要求相对比较严格。

2. 减刑的条件

第一，对社区矫正对象可以认定为有"立功表现"是指具有下列情形之一：①阻止他人实施犯罪活动的；②检举、揭发犯罪活动，或者提供重要的破案线索，经查证属实的；③协助司法机关抓捕其他犯罪嫌疑人（包括同案犯）的；④在生产、科研中进行技术革新，成绩突出的；⑤在抗御自然灾害或者排除重大事故中，表现积极的；⑥对国家和社会有其他较大贡献的。第④项、第⑥项中的技术革新或者其他较大贡献应当由罪犯在刑罚执行期间独立或者为主完成，并经省级主管部门确认。

第二，对社区矫正对象可以认定为有"重大立功表现"是指具有下列情形之一：①阻止他人实施重大犯罪活动的；②检举重大犯罪活动，经查证属实的；③协助司法机关抓捕其他重大犯罪嫌疑人（包括同案犯）的；④有发明创造或者重大技术革新的；⑤在日常生产、生活中舍己救人的；⑥在抗御自然灾害或者排除重大事故中，有突出表现的；⑦对国家和社会有其他重大贡献的。第④项中的发明创造或者重大技术革新应当是罪犯在刑罚执行期间独立或者为主完成并经国家主管部门确认的发明专利，且不包括实用新型专利和外观设计专利；第⑦项中的其他重大贡献应当由社区矫正对象在社区矫正期间独立或者为主完成，并经国家主管部门确认。

第三，上述涉及的"重大犯罪活动""重大犯罪嫌疑人"，一般是指犯罪嫌疑人、被告人可能被判处无期徒刑以上刑罚或者案件在全省或者全国范围内有较大影响等情形。

3. 社区矫正对象减刑的程序

2020年"两院两部"的《社区矫正法实施办法》第四十二条规定："社区矫正对象符合法定减刑条件的，由执行地县级社区矫正机构提出减刑建议书并附相关证据材料，报经地（市）社区矫正机构审核同意后，由地（市）社区矫正机构提请执行地的中级人民法院裁定。依法应由高级人民法院裁定的减刑案件，由执行地县级社区矫正机构提出减刑建议书并附相关证据材料，逐级上报省级社区矫正机构审核同意后，由省级社区矫正机构提请执行地的高级人民法院裁定。人民法院应当自收到减刑建议书和相关证据材料之日起三十日内依法裁定。社区矫正机构减刑建议书和人民法院减刑裁定书副本，应当同时抄送社区矫正执行地同级人民检察院、公安机关及罪犯原服刑或者接收其档案的监狱。"

社区矫正对象符合法定减刑条件的,由执行地县级社区矫正机构提出减刑建议书并附相关证明材料,经地(市)级社区矫正机构审核同意后提请社区矫正对象执行地的中级人民法院裁定。人民法院应当自收到之日起 30 日内依法裁定。社区矫正机构减刑建议书和人民法院减刑裁定书副本,应当同时抄送社区矫正对象执行地同级人民检察院和公安机关。

实践中,社区矫正对象的减刑程序包括以下四个步骤:第一步,县级社区矫正机构根据社区矫正对象确有悔改或者立功、重大立功表现的具体事实,填写《社区矫正对象减刑建议书》和《提请减刑审核表》,连同其他材料报送地(市)级社区矫正机构。第二步,社区矫正机构拟对符合法定条件的社区矫正对象提请减刑的,应当在社区矫正机构的矫务公开栏进行公示。公示时间为七天。公示内容应当包括:①社区矫正对象的姓名;②原判认定的罪名、矫正类别和矫正期限;③社区矫正机构的减刑建议和依据;④公示期限;⑤意见反馈方式等。第三步,地(市)级社区矫正机构进行审核,认为符合法定减刑条件的,在《提请减刑建议审核书》签署意见,向中级人民法院提请减刑,并移送下列材料:《社区矫正对象减刑建议书》;终审法院的裁判文书、执行通知书、历次减刑裁定书的复印件;矫正对象确有悔改或者立功、重大立功表现的具体事实的书面证明材料;奖惩审批表等;其他根据案件的审理需要移送的材料。第四步,社区矫正机构减刑建议书和人民法院减刑裁定书副本,应当同时抄送社区矫正对象居住地同级人民检察院和公安机关。

(五)脱管处理

1. 脱管的概念

2016 年"两院两部"联合发布《关于进一步加强社区矫正工作衔接配合管理的意见》第十条规定,社区矫正对象在社区矫正期间脱离居住地社区矫正机构的监督管理下落不明,或者虽能查找到其下落但拒绝接受监督管理的,属于脱管。这一规定明确界定了脱管的概念,统一了对社区矫正对象脱管的认定标准。

2. 脱管的法律规定

《社区矫正法》第三十条规定:"社区矫正对象失去联系的,社区矫正机构应当立即组织查找,公安机关等有关单位和人员应当予以配合协助。查找到社区矫正对象后，应当区别情形依法作出处理。"2020年"两院两部"的《社区矫正法实施办法》第三十八条规定："发现社区矫正对象失去联系的，社区矫正机构应当立即组织查找，可以采取通信联络、信息化核查、实地查访等方式查找，查找时要做好记录，固定证据。查找不到的，社区矫正机构应当及时通知公安机关，公安机关应当协助查找。社区矫正机构应当及时将组织查找的情况通报人民检察院。查找到社区矫正对象后，社区矫正机构应当根据其脱离监管的情形，给予相应处置。虽能查找到社区矫正对象下落但其拒绝接受监督管理的，社区矫正机构应当视情节依法提请公安机关予以治安管理处罚，或者依法提请撤销缓刑、撤销假释、对暂予监外执行的收监执行。"从职责上来看，社区矫正机构只是组织查找，只有社区矫正对象下落不明或者虽能查找到其下落但拒绝接受监督管理，社区矫正机构再行使撤销缓刑、撤销假释或者对暂予监外执行的提请权。

对于脱管的查找和处理，《关于进一步加强社区矫正工作衔接配合管理的意见》第十一条规定，居住地社区矫正机构发现社区矫正对象脱管，应当及时采取联系本人、其家属亲友，走访有关单位和人员等方式组织追查，做好记录，并由县级司法行政机关视情形依法给予警告、提请治安管理处罚、提请撤销缓刑、撤销假释或者对暂予监外执行的提请收监执行。一般来说，由于法律文书没有按规定送达县级社区矫正机构导致社区矫正对象脱管发生再犯罪的，相关经办人应承担责任。如果是县级社区矫正机构收到法律文书但发现社区矫正对象未在规定期间内报到的，应当及时组织查找，并书面通报原关押监狱、决定机关及居住地公安机关、人民检察院。因未通报及组织查找不及时导致矫正对象脱管的，社区矫正工作人员应当承担责任。如果由于监狱、人民法院、公安机关等未按规定送达法律文书导致社区矫正对象脱管，案件经办人应承担责任。

在实际工作中，不同机构的权限不同，行使的方式也不同。一是报告的义务。司法所发现社区矫正对象脱离监管，应当立即报告县级社区矫正机构，受委托行使社区矫正管理权的司法所具有向委托人报告的义务。二是社区矫正管理主体的查找职责。县级社区矫正机构发现社区矫正对象脱管的，应当及时采取联系本人、其家属亲友，走访有关单位和人员等方式组织查找，公安机关应当配合协助。三是查找的程序要求。查找时要做好记录，固定证据，为后续工作做准备。四是行使提请权。社区矫正机构视情节依法提请撤销缓刑、撤销假释或者对暂予监外执行的提请收监执行。

（六）漏管及其处理

2016年"两院两部"联合发布《关于进一步加强社区矫正工作衔接配合管理的意见》第七条规定，人民法院、公安机关、司法行政机关在社区矫正对象交付接收工作中衔接脱节，或者社区矫正对象逃避监管、未按规定时间期限报到，造成没有及时执行社区矫正的，属于漏管。明确了漏管的概念，统一了对社区矫正对象漏管的认定标准。

对于漏管的查找和处理，《关于进一步加强社区矫正工作衔接配合管理的意见》第八条第一款规定，居住地社区矫正机构发现社区矫正对象漏管，应当及时组织查找，并由居住地县级社区矫正机构通知有关人民法院、公安机关、监狱、居住地县级人民检察院。第八条第二款规定，社区矫正对象逃避监管、不按规定时间期限报到导致漏管的，居住地县级社区矫正机构应当给予警告；符合收监执行条件的，依法提出撤销缓刑、撤销假释或者对暂予监外执行收监执行的建议。这一规定明确了发现社区矫正对象漏管之后社区矫正机构应采取的处置措施，以及对社区矫正对象不按时报到导致漏管的处罚责任。同时，社区矫正对象居住地县级社区矫正机构依法应当接收社区矫正对象而未接收的，应当及时纠正，造成漏管的，应当承担相应责任。

实际工作中，要求社区矫正决定机关发现社区矫正对象漏管的，应及时通知社区矫正机构，送达法律文书，督促社区矫正对象报到。执行地县级社区矫正机构发现社区矫正对象漏管，应当及时组织查找，做好记录，固定证据，公安机关、村（居）委会、社区矫正对象的家庭成员、监护人、用工方、就读学校等有关单位和人员应当予以配合协助。社区矫正机构应当及时将有关情况书面通报社区矫正决定机关和执行地人民检察院。对被裁定假释的罪犯，应当同时抄送原服刑的看守所、监狱。

（七）追逃

《社区矫正法》第五十条规定："被裁定撤销缓刑、假释和被决定收监执行的社区矫正对象逃跑的，由公安机关追捕，社区矫正机构、有关单位和个人予以协助。"由此可以看出，追逃的主体是公安机关，社区矫正机构、有关单位和个人只是协助。依照2020年"两院两部"的《社区矫正法实施办法》第五十一条的规定，撤销缓刑、撤销假释的裁定和收监执行的决定生效后，社区矫正对象下落不明的，就应当认定为在逃。对于在逃的社区矫正对象，由执行地县级公安机关负责追捕。同时，撤销缓刑、撤销假释裁定书和对暂予监外执行罪犯收监执行决定书，可以作为公安机关追逃依据。

学习任务四　解矫管理

社区矫正的解矫管理是指由于社区矫正对象的社区矫正期限届满，或者由于法定事由社区矫正归于终止或消灭的行为。《社区矫正法》第四十四条规定："社区矫正对象矫正期满或者被赦免的，社区矫正机构应当向社区矫正对象发放解除社区矫正证明书，并通知社区矫正决定机关、所在地的人民检察院、公安机关。"解矫管理是社区矫正工作的最后一个管理环节，主要包括对符合矫正解除、终止条件的社区矫正对象按照程序为其办理解除、终止的手续，完成社区矫正工作的最后一个刑罚执行环节并与安置帮教工作相衔接。

社区矫正对象的矫正解除，是指社区矫正对象因矫正期限届满或因暂予监外执行条件消失而引起的一种刑事执行的解除。

一、社区矫正解除的情形

（一）社区矫正期限届满

依照《社区矫正法》的规定，社区矫正对象矫正期满，社区矫正机构应当对社区矫正对象解除社区矫正；2020年"两院两部"的《社区矫正法实施办法》第五十三条规定："社区矫正对象矫正期限届满，且在社区矫正期间没有应当撤销缓刑、撤销假释或者暂予监外执行收监执行情形的，社区矫正机构依法办理解除矫正手续。"据此，社区矫正对象矫正解除的情形之一就是社区矫正期限届满。

（二）暂予监外执行条件消失

主要包括：第一，暂予监外执行的情形消失后，刑期届满的，由人民法院、监狱、公安机关依法为其办理刑满释放手续。第二，暂予监外执行的情形消失是指符合暂予监外执行客观条件或法定情形消失。暂予监外执行情形消失主要有：一是因有严重疾病需要保外就医的社区矫正对象，经过治疗，疾病痊愈，符合收监条件的。二是因怀孕或者正在哺乳自己婴儿的妇女被暂予监外执行的社区矫正对象，婴儿哺乳期结束，哺乳期限按婴儿出生后一年计算。

暂予监外执行是依照法律规定暂时采用不予关押的方式执行原判刑罚，当暂予监外执行的情形消失后，不宜继续社区矫正，所以社区矫正解除。

（三）社区矫正对象被赦免

这是一种特定形态的解除社区矫正的情形。《社区矫正法》第四十四条规定：社区矫正对象被赦免的，社区矫正机构应当对社区矫正对象解除社区矫正。2020年"两院两部"的《社区矫正法实施办法》规定，社区矫正对象被赦免的，社区矫正机构向社区矫正对象发放解除社区矫正证明书，并通知社区矫正决定机关、执行地县级人民检察院和公安机关。

（四）社区矫正终止

社区矫正对象矫正的终止主要是指社区矫正对象在社区矫正期间出现法定事由而使刑事执行终止。社区矫正终止的法定事由主要有死亡、被决定收监（所）执行或者被判处监禁刑罚的。《社区矫正法》第四十五条规定："社区矫正对象被裁定撤销缓刑、假释，被决定收监执行，或者社区矫正对象死亡的，社区矫正终止。"

（五）羁押终止

依照《社区矫正法》第三十二条规定："社区矫正对象有被依法决定拘留、强制隔离戒毒、采取刑事强制措施等限制人身自由情形的，有关机关应当及时通知社区矫正机构。"2020年"两院两部"的《社区矫正法实施办法》第四十一条的规定，社区矫正对象被依法决定行政拘留、司法拘留、强制隔离戒毒等或者因涉嫌犯新罪、发现判决宣告前还有其他罪没有判决被采取强制措施的，要根据不同情况作出处理。决定机关应当自作出决定之日起三日内将有关情况通知执行地县级社区矫正机构和执行地县级人民检察院。

主要有：一是社区矫正对象被行政拘留、司法拘留、强制隔离戒毒等行政处罚或者强制措施期间，没有应当撤销缓刑、撤销假释或者暂予监外执行收监执行情形的，如果此间矫正期满，社区矫正机构依法对其解除社区矫正；二是人民法院、公安机关、监狱管理机关依法作出对其撤销缓刑、撤销假释的裁定或者收监执行决定的，执行地县级社区矫正机构应当将人民法院、公安机关、监狱管理机关的裁定书、决定书送交有关机关，由有关部门依法收监执行刑罚；三是社区矫正对象被行政拘留、司法拘留、强制隔离戒毒等行政处罚或者强制措施期间，没有应当撤销缓刑、撤销假释或者暂予监外执行收监执行情形的，矫正期未满应如何处理，目前的法律法规和规范性文件均未作出规定。我们认为，社区矫正对象被行政拘留、司法拘留、强制隔离戒毒等行政处罚或者强制措施期间，其措施要"重于社区矫正"，因此，社区矫正机构应依照"重罪吸收轻罪的原则"，将上述期间计算在社区矫正期间内。上述措施期满后未收监执行的，应当继续进行社区矫正的剩余期限。

二、社区矫正起止期限的计算

根据法律规定，不同类型的社区矫正对象其矫正期限的计算也不同，管制、缓刑、假释、暂予监外执行四类社区矫正对象的矫正期限如下：

（1）被判处管制的社区矫正对象，其矫正期限与管制的期限相等，矫正期从判决执行之日起计算，期限届满宣布执行期满，解除管制。

（2）被宣告缓刑的社区矫正对象，其矫正期限与缓刑考验期限相等，矫正期从判决确定之日起计算，期限届满宣布缓刑考验期满，原判刑罚不再执行。

（3）被裁定假释的社区矫正对象，其矫正期限与假释考验期限相等，矫正期从假释之日起计算，期限届满宣布考验期满，原判刑罚执行完毕。

（4）被裁定暂予监外执行的社区矫正对象，其矫正期限与暂予监外执行的期限相同。人民法院决定的，其矫正期从暂予监外执行决定生效之日起计算；公安机关、监狱管理机关决定的，其矫正期从出监所之日起计算，刑期届满的，由监狱、看守所依法为其办理刑满释放手续。

管制、缓刑、假释的社区矫正对象矫正期限届满，或者暂予监外执行的社区矫正对象，在社区矫正期间届满，社区矫正机构必须依法按期解除矫正。

上述情形因为减刑而缩减矫正期限的，缩减后的矫正期限届满，也必须依法解除社区矫正。

三、矫正解除的程序

（一）做好解除矫正前的准备工作

根据 2020 年"两院两部"的《社区矫正法实施办法》第五十三条规定，社区矫正期满前 30 日，社区矫正对象应当作出个人总结，执行地县级社区矫正机构应当根据其在接受社区矫正期间的表现等情况作出书面鉴定，并对安置帮教等内容提出建议，告知社区矫正对象安置帮教的有关规定，与安置帮教工作部门妥善做好交接。在实务过程中，司法所应当对矫正期满的矫正对象进行解除矫正前的谈话，巩固教育矫正效果，并督促社区矫正对象写出个人书面总结，司法所根据其在矫正期间的表现、考核结果、社区意见等情况作出书面鉴定，填写《社区矫正期满鉴定表》。

（二）制发解除矫正文书

根据 2020 年"两院两部"的《社区矫正法实施办法》第五十三条规定，执行地县级社区矫正机构应当向社区矫正对象发放解除社区矫正证明书，并书面通知社区矫正决定机关，同时抄送县级人民检察院和公安机关。管制、缓刑、假释人员社区矫正期限届满当日，人民法院决定暂予监外执行罪犯刑期届满当日，司法所制作《解除社区矫正宣告书》；县（市、区）司法行政机关应制作《解除社区矫正证明书》，上联存档，同时将上联复印件送达司法所，下联由司法所在解除社区矫正宣告后发放给社区矫正对象。同时制作《解除社区矫正通知书》，第一联县级司法行政机关存档，第二联送原作出裁判、决定的人民法院，第三联送居住地人民检察院，第四联送居住地公安机关。

（三）公开进行解除宣告

根据 2020 年"两院两部"的《社区矫正法实施办法》第五十四条规定，社区矫正对象矫正期满，社区矫正机构或司法所可以组织解除矫正宣告。解除宣告应当庄重、严肃，由司法所工作人员主持，按照规定程序公开进行，参加人员包括有关部门、基层组织、群众代表、社区矫正对象所在单位有关人员、社区矫正对象的家庭成员或者监护人、保证人等，可邀请法官、检察官和公安警察参加解矫宣告。对未成年社区矫正对象的宣告不公开进行。解除宣告的内容应当具体明确。解矫宣告包括以下内容：①宣读对社区矫正对象的鉴定意见；

②宣布社区矫正期限届满，依法解除社区矫正；③对判处管制的，宣布执行期满，解除管制；对宣告缓刑的，宣布缓刑考验期满，原判刑罚不再执行；对裁定假释的，宣布考验期满，原判刑罚执行完毕。

（四）通知有关部门

社区矫正对象期满解除矫正的，县级社区矫正机构要书面通知决定机关，送达《解除社区矫正通知书》，同时抄送县级人民检察院和公安机关。

（五）做好与安置帮教的衔接工作

司法所要向社区矫正对象告知安置帮教有关规定，并与安置帮教部门提前沟通情况，及时转交相关材料，妥善做好交接，努力实现社区矫正与安置帮教的无缝对接。

四、解矫教育

（一）解矫教育的概念

解矫教育是社区矫正机构对处于解矫前的社区矫正对象进行的，以适应社会生活为主题的，带有总结性、补课性的专项教育活动。它是教育矫正的最后一道工序，是针对即将解矫的社区矫正对象如何正确适应社会生活、防止重新违法犯罪而进行的强化措施。解矫教育时间通常为矫正期限届满前一个月。

（二）解矫教育的内容

解矫教育主要包括以下内容：

1. 期满总结教育

期满总结教育是指辅导社区矫正对象回顾、总结接受社区矫正以来的思想转变、矫正表现、矫正效果等情况，进一步认识不足，明确方向。司法所应当在矫正期限届满前，指导社区矫正对象进行自我总结，填写《社区矫正期满鉴定表》。开展期满总结教育是为了教育引导社区矫正对象客观地总结过去取得的成绩和存在的问题，巩固矫正成果。在总结教育过程中，要教育社区矫正对象克服"松口气"的思想，消除浮躁心态，要求他们客观全面地总结教育矫正过程，重点总结在法制观念、思想道德、文化技术及纪律作风等方面的变化或收获，特别要注意目前存在的不足，以明确真正回归社会后的教育重点。社区矫正对象自我总结过程中，要坚持实事求是原则，不能夸大也不能缩小，更不得杜撰。社区矫正对象总结矫正生活主要运用对比和启发。所谓对比法，就是引导社区矫正对象进行自我矫正前后的对比，自己与同犯的矫正相对比，在比较中发现自己的进步和存在的各种不足。启发法，就是通过与罪犯个别谈话和组织罪犯的矫正总结座谈汇报会，启发罪犯做好总结。

2. 适应社会教育

适应社会教育主要指社区矫正对象如何顺利实现社会角色的转变。角色是对群体或社会中具有一定身份的人的行为期待。[1] 社会赋予不同社会角色以不同的期望。违法犯罪行为使社区矫正对象社会地位被贬降，被赋予"犯罪人员""罪犯""坏人"等社会角色，社会对他们的角色期望是认罪服法、遵规守纪，但大多数社区矫正对象希望通过努力，改变社会赋予角色，重获社会地位。解矫后，社区矫正对象由罪犯的角色转变为自由公民，社会要求他们遵纪守法，不再违法犯罪。这就要求社区矫正机构在解矫过程中进行必要的教育，如加强守法意识教育，帮助社区矫正对象确立自己的理想，教育他们正确看待生活中的挫折，学会处理人际关系紧张等社会排斥现象。

3. 心理健康辅导

通过心理健康教育、心理咨询、期满前心理测试等，了解社区矫正对象矫正初期和结束时的心理变化情况，肯定积极成果，提示仍然存在的不足，给出抑扬良方，鼓励社区矫正对象做好正式回归社会的心理准备工作。

4. 安置帮教衔接教育

对于即将解矫的社区矫正对象，告知安置帮教工作的性质及相关工作内容，引导其鼓足工作、生活信心，全面开始创造新的生活，坚决摒弃错误观点及不良心理、行为习性；放下包袱，一路向前向上，绝不重蹈覆辙；有困难、有疑惑及时与安置帮教部门沟通，请求帮助。

（三）解矫教育的组织实施

1. 组织撰写个人总结

2004年司法部出台的《司法行政机关社区矫正工作暂行办法》第三十六条

---

[1] 戴维·波普诺：《社会学（第十版）》，李强 等译，中国人民大学出版社，1999，第97页。

规定，被判处管制、宣告缓刑、裁定假释、单处或者并处剥夺政治权利的社区服刑人员，应当在矫正期满前三十日内由本人作出书面总结，由司法所出具相关考核鉴定材料，依照法定程序终止社区矫正。由此，社区矫正工作人员应当督促和指导社区矫正对象在矫正期满前 30 日内，完成矫正期满书面总结。矫正总结主要包括"矫正收获""存在问题"和"今后打算"等方面，对自身的思想观念、遵纪守法、接受管理、参加教育与社区服务等方面进行梳理总结。

2. 梳理矫正情况

社区矫正工作人员应当对即将解矫的社区矫正对象在矫正期间的情况进行全面调查，并对其矫正情况作出客观分析。社区矫正工作人员通过查阅社区矫正对象的执行档案与工作档案，如考核奖惩材料、思想汇报、社区服务与教育矫正记录、走访记录等，了解社区矫正对象的日常表现。此外，社区矫正工作人员可以通过个别谈话的方式，让社区矫正对象自述矫正体会，以达到对档案材料的印证。

3. 提出希望要求

在社区矫正对象提交书面总结后，司法所应当会同公安派出所及时召开由司法所工作人员、公安派出所民警、村(居委会、社区)干部、帮教小组代表、社区矫正志愿者、社区矫正对象及其家属等相关人员参加的评议会，对社区矫正对象的社区矫正情况进行综合评议。

社区矫正期满评议会的基本程序为：社区矫正对象回顾总结自身矫正情况；司法所矫正责任人结合社区矫正对象的实际表现进行讲评，并介绍奖惩考核等方面的有关情况；与会的司法所工作人员、公安派出所民警、居委会（社区）干部、帮教小组代表以及社区矫正志愿者，对社区矫正对象的矫正表现进行评议；社区矫正对象对评议提出的意见或要求表态，其中如涉及对其家属的意见或要求时，家属也应当进行表态；司法所所长对评议情况进行小结，在此基础上形成明确的评议结果并当场宣读；公安派出所所长或民警对社区矫正对象提出希望和要求。

【思考题】

1. 社区矫正执行地的确定原则有哪些？
2. 社区矫正不同类型对象的接收管理环节有何不同？
3. 谈谈报告制度的主要内容。

4. 谈谈外出审批制度的主要内容。

5. 对社区矫正对象实施考核的基本原则有哪些？

6. 哪些社区矫正对象可以减刑？不同类型的社区矫正对象适用减刑的条件有什么不同？

7. 解除社区矫正的情形包括哪些？

【案例分析】

邱某，女，1990年9月18日出生，居住地为陕西省西安市碑林区。2019年6月因诈骗罪被陕西省大荔县法院判处有期徒刑两年六个月，并处罚金人民币三万元。因罪犯邱某处于哺乳期，大荔县法院决定对其暂予监外执行。

2019年7月10日，大荔县法院将邱某移送到执行地西安市碑林区，碑林区社区矫正管理局（以下简称碑林社矫局）依法为邱某办理接收手续。

2019年10月10日，碑林社矫局因邱某哺乳期即将结束，带领邱某到医院体检，确认邱某身体状况良好，未再次怀孕。2019年10月12日，向大荔县法院提出对邱某变更执行方式，收监执行的建议。

大荔县法院于2019年10月21日作出对邱某收监执行的决定，收监执行日为10月24日。

2019年10月21日，西安市碑林区公安分局、社区矫正管理局同时收到大荔县法院对邱某收监执行的决定书。

据此分析：

1. 碑林区社区矫正管理局需要开展哪些工作？

2. 大荔县人民法院需要开展哪些工作？

3. 碑林区公安分局需要开展哪些工作？

第五单元　社区矫正管理基本制度

【本单元引例】

　　朱某于2005年6月某日在酒店乘人不备将邻桌李某的皮包拿走，内有现金两万余元。后被李某发现将朱某扭送到派出所。在法院判决前，因考虑到朱某以前没有前科，而且此次也是临时起意实施了盗窃行为，案发后有悔改之心，本着教育挽救的原则，法院拟对其适用缓刑。故委托了社区矫正机构对朱某进行审前社会调查评估。而后采纳了社区矫正机构对朱某适用非监禁刑的调查评估意见。于2005年9月以盗窃罪判处朱某有期徒刑缓刑，依法实施社区矫正。

　　朱某自接受社区矫正以来，在社区矫正工作者的帮助和教育下，能认罪伏法，遵规守纪，接受社区矫正组织的教育、帮助，定期汇报思想、改造情况，学习认真。劳动态度端正，工作积极、不怕苦、不怕累，积极进行技术改造，为厂里正常生产、减少和节约成本、提高经济效益作出了重大贡献，并积极参加社区公益性劳动。

　　请问：
　　1. 对朱某开展社会调查评估的内容是什么？
　　2. 根据朱某进入社区矫正后的表现，社区矫正机构应如何对其进行管理？
　　3. 社区矫正机构应如何为朱某建立档案？

【教学目标】

　　1. 掌握社区矫正的基本工作制度。
　　2. 熟悉社区矫正的管理制度。
　　3. 了解社区矫正的救济制度和社会保障制度。
　　4. 确立恪尽职守、严谨细致的工作态度。

制度是"要求大家共同遵守的办事规程或行动准则"。[①]社区矫正管理制度是社区矫正工作的基础，社区矫正工作只能在制度的框架下规范运作，才会保障其规范性和合法性。

所谓社区矫正管理制度，是指社区矫正工作共同遵守的工作规程或行动规则。在这里，社区矫正管理制度就其内涵而言，有其广义和狭义之分，狭义的社区矫正管理制度，包括矫正调查制度、矫正工作制度、矫正管理制度、矫正救济制度四部分内容。而广义的社区矫正基本制度，除了狭义的社区矫正基本制度之外，还包括矫正前的转处制度和行刑转处制度。而矫正前的转处制度包括缓刑制度、管制制度、拘役制度、刑罚易科制度等。行刑转处制度包括假释制度、暂予监外执行制度、劳动释放制度、学习释放制度、特赦制度等。本单元所研究的社区矫正基本制度采用狭义说。

广义的社区矫正基本制度涵盖了从审前转处、行刑转处、社区矫正调查以及矫正管理和救济等社区矫正的自始至终全过程，是狭义社区矫正管理制度前后延伸研究的产物。而作为社区矫正工作而言，主要应集中于社区矫正前调查制度、社区矫正工作制度、社区矫正具体管理制度和社区矫正救济制度，这也是取狭义制度的原因之所在。

学习任务一　社区矫正前调查评估制度

一、社区矫正前调查评估制度的概念

社区矫正前调查评估制度，是指社区矫正决定机关在对拟适用社区矫正的对象作出判决、裁定或决定前，委托社区矫正机构、有关社会组织，对拟适用社区矫正的对象所进行的全面调查和综合分析评估的制度。

2016年"两院两部"联合发布《关于进一步加强社区矫正工作衔接配合管理的意见》第一条规定："人民法院、人民检察院、公安机关、监狱对拟适用或

[①] 中国社会科学院语言研究所词典编辑室：《现代汉语词典》，商务印书馆，1980，第1478页。

者提请适用社区矫正的被告人、犯罪嫌疑人或者罪犯,需要调查其对所居住社区影响的,可以委托其居住地县级司法行政机关调查评估。对罪犯提请假释的,应当委托其居住地县级司法行政机关调查评估。对拟适用社区矫正的被告人或者罪犯,裁定或者决定机关应当核实其居住地。委托调查评估时,委托机关应当发出调查评估委托函,并附下列材料:人民法院委托时,应当附带起诉书或者自诉状;人民检察院委托时,应当附带起诉意见书;看守所、监狱委托时,应当附带判决书、裁定书、执行通知书、减刑裁定书复印件以及罪犯在服刑期间表现情况材料。"这些规定确立了矫正前调查评估制度。这一调查评估制度是准刑事执行行为。

《社区矫正法》第十八条规定:"社区矫正决定机关根据需要,可以委托社区矫正机构或者有关社会组织对被告人或者罪犯的社会危险性和对所居住社区的影响,进行调查评估,提出意见,供决定社区矫正时参考。居民委员会、村民委员会等组织应当提供必要的协助。"这些规定确立了社区矫正前调查评估制度,为进一步完善刑事执行制度,推进刑罚执行一体化建设,健全社会管理创新体制奠定了坚实的基础。2020年"两院两部"的《社区矫正法实施办法》第十三条规定:"社区矫正决定机关对拟适用社区矫正的被告人、罪犯,需要调查其社会危险性和对所居住社区影响的,可以委托拟确定为执行地的社区矫正机构或者有关社会组织进行调查评估。社区矫正机构或者有关社会组织收到委托文书后应当及时通知执行地县级人民检察院。"这是对这一制度更加细化的规定。

对于这一制度,有人将其界定为人格调查制度,我们认为该界定过于狭隘,因为对被调查人的调查,仅仅局限于其人格调查是不够的,人格调查制度仅是社区矫正前调查制度的一部分。从调查的内容看,包括被调查人家庭状况调查、受教育状况调查、社会交往状况调查、人格状况调查、生活环境调查、违法犯罪过程调查等,远远超出了人格调查的范围。但是,人格调查是社区矫正前调查评估的核心,其他相关内容的调查都是为评估被调查人的人格状况服务的。

二、社区矫正前调查评估的内容

社区矫正决定机关委托调查评估时,应当告知犯罪嫌疑人、被告人、罪犯的户籍所在地、执行地、案情、家庭关系及服刑期间表现等基本情况。社区矫正机构受委托后，应当对犯罪嫌疑人、被告人或者罪犯的居所情况、家庭和社会关系、一贯表现、犯罪行为的后果和影响、居住地村（居）民委员会和被害人意见、拟禁止的事项等进行调查了解，形成评估意见，在规定的期限内提交委托机关。根据2020年"两院两部"的《社区矫正法实施办法》第十四条规定："社区矫正机构、有关社会组织接受委托后，应当对被告人或者罪犯的居所情况、家庭和社会关系、犯罪行为的后果和影响、居住地村（居）民委员会和被害人意见、拟禁止的事项、社会危险性、对所居住社区的影响等情况进行调查了解，形成调查评估意见，与相关材料一起提交委托机关。调查评估时，相关单位、部门、村（居）民委员会等组织、个人应当依法为调查评估提供必要的协助。社区矫正机构、有关社会组织应当自收到调查评估委托函及所附材料之日起十个工作日内完成调查评估，提交评估意见。对于适用刑事案件速裁程序的，应当在五个工作日内完成调查评估，提交评估意见。评估意见同时抄送执行地县级人民检察院。需要延长调查评估时限的，社区矫正机构、有关社会组织应当与委托机关协商，并在协商确定的期限内完成调查评估。因被告人或者罪犯的姓名、居住地不真实、身份不明等原因，社区矫正机构、有关社会组织无法进行调查评估的，应当及时向委托机关说明情况。社区矫正决定机关对调查评估意见的采信情况及理由，应当在相关法律文书中说明。对调查评估意见以及调查中涉及的国家秘密、商业秘密、个人隐私等信息，应当保密，不得泄露。"归纳起来包括下列事项：

（一）犯罪与违法行为的调查

1. 被调查人的主体情况，包括其年龄、身份、生理功能、精神状态等。在同等情况下，少年犯罪人由于认识事物能力和控制自己行为能力较差，可塑性大，可优先考虑使用社区矫正。

2. 犯罪的主观方面，包括犯罪目的、犯罪动机、认识错误等情况。故意犯罪的主观恶性大于过失犯罪的主观恶性，在同等情况下，优先考虑后者适用社区矫正。

3. 犯罪客观方面的情况，包括犯罪的手段、犯罪的结果、犯罪当时的环境、时间和条件等。例如，犯罪手段残酷、狡猾，表明其人身危险性较大，不宜使用社区矫正。一般来说，犯罪危害结果大的不适用社区矫正。

4. 犯罪形态、防卫过当、避险过当等。在同等情况下，对犯罪中止者可以考虑使用社区矫正，对从犯、胁从犯也可使用社区矫正。

5.认罪悔罪表现，悔罪表现是调查对象对自己所犯罪行悔悟的具体表现。认罪态度好、悔罪表现突出，表明行为人主观恶性和人身危险性相对较小。具体可从自首、立功情节，被告人积极退赃、积极抢救、赔偿损失情况来进行判断。

6.调查对象的罪前表现，罪前表现反映调查对象犯罪意识的顽固程度及对其改造的可能性，罪前有过违法犯罪行为的，改造较困难，不宜纳入社区矫正。

（二）社会调查

1.了解调查对象家庭、父母和兄弟姐妹的情况，包括住址、职业、资产、健康状况，父母的个性，家庭和睦情况，家人生活规律，家庭的理想程度。

2.调查对象学历、学习成绩、嗜好、对学校老师的态度、退学理由与升学愿望。

3.居住地和近邻的情况，近邻对调查对象的信任和感情程度，以及家庭迁移的情况，调查对象过去及现在的交友情况。

4.就业历史，转退职业和理由、出勤状况、工作成绩、对工作抱有的希望和态度、与同事的关系。

5.调查对象过去与现在的经济收支情况、资产、负债的理由、偿还的能力与计划。

6.调查对象的道德品质、宗教信仰、娱乐、习惯、兴趣。

7.婚姻与性生活情况。

（三）医学和心理学检查

医学和心理学检查可以委托由精神医学、神经医学、法医学、心理学等方面的专家组成的鉴定机构，对调查对象的身心进行鉴别。

1.医学检查

医学检查主要通过医学检查手段诊断调查对象的健康状况，较准确地判断健康程度。如对有身体残疾的调查对象，其危害社会的能力就相对较低，患有精神疾病的调查对象宜监禁关押；如患有慢性疾病和传染疾病的，采取社区处遇的办法可能更有利于他们矫治。医学检查中准确性非常重要，特别要避免人为因素的干扰。为此，应当建立医疗诊断机构责任制度和社区矫正执行机构确认制度，相互监督，相互制约，共同把关。

2. 心理学检查

心理学检查是对调查对象心理现状和行为倾向的判断,其目的是为调查对象适用刑罚处遇提供合适的社区矫正环境,获得满意的社区矫正效果。郑昭平撰文认为,心理学检查包括危险性预测和心理发展预测。

(1) 危险性预测。根据心理测试结果以及调查对象在社会和监内期间的现实表现、监内外刺激因素等,预测调查对象的现实危险大小,从而为确立防范的重要方面提供依据。危险性预测的判断方法,主要有以下方面:

第一,调查对象的犯罪成因和动机分析。如同样是伤害罪,有的是因为讲义气,为朋友参与斗殴致人伤残;有的则是因恶意报复而致人伤残。显然,后者比前者更具有危险性。

第二,自律性和稳定性分析。属于暴力型犯罪,或者有过暴力犯罪历史,经卡特尔 16PF 测试,其"恃强性""敢为性"指标偏高,这样的调查对象危害社会的可能性大于其他调查对象。

第三,调查对象虚荣心和劳动观分析。在日常改造表现或过去的生活史中,有明显的虚荣心、攀比心和高消费观念,害怕吃苦,畏惧劳动,家庭经济状况较差的调查对象,有继续危害社会的可能性。

第四,有无犯罪前科、劣迹或恶习的深浅程度分析。有犯罪前科劣迹与无前科劣迹的,恶习深与恶习浅或无恶习的调查对象相比,前者的危险性大于后者。

第五,调查对象的年龄,家庭综合状况分析。年龄较大、家庭关系相对稳定的比年龄小、家庭成员关系淡漠的危险性小。

第六,涉及的社会范围、对象分析。社交范围广、社交层次低的比社交范围小、社交层次高的被调查人危险性大。

第七,职业技能状况分析。不具备一技之长,或择业观不正确,不能自食其力的,比有技能特长能自我谋生的调查对象危险性大。

对以上因素应当是综合考察,再加以推断,而不能只凭一两个方面推断,片面得出结论。

(2) 心理发展预测。根据调查对象不同年龄、不同刑期、不同经历、不同犯罪类型的不同特点,预测他们共性和个性的心理发展问题,确定处遇矫正活动的内容。如同样是经济型职务犯罪,曾经担任过较高领导职务的调查对象与一般职务的调查对象相比,前者后悔心理比后者表现强烈,但由于过去接触的社会人群层次较高,生活水平和生活环境较富裕,适应监禁矫治场所能力相对较差、适应周期长,在狱内矫正期间会更加盼望回归社会和改善目前生活状况,一旦投入社区矫正最关心的是家庭安定和自身健康。这一类型的调查对象的社区矫正内容应当是人生观、价值观等方面教育,多让他们了解社会底层百姓的生活工作状况,为他们创造各种劳动条件,鼓励其多参加社会公益活动。再如,抢劫犯罪人与诈骗犯罪人相比,其义气心理、从众心理较强,外部环境一旦具备,就有可能诱导他们产生冲动欲望;而诈骗犯罪人其性格一般外向,结交能力强,当没有正当职业作为生活来源时,极容易"重操旧业"。为此,对前者在矫正时要强化法律意识教育,注意控制所接触的特殊人群;对后者的矫治,主要是加强劳动观教育,为其提供正当的谋生手段。

(四)人格调查

1. 人格调查的概念

人格调查是社区矫正前调查评估制度的核心内容。所谓人格调查,是指社区矫正决定机关在对调查对象拟决定实施社区矫正前,委托社区矫正机构、有关社会组织,对调查对象的人格状况所进行的专门调查,并对其人身危险性和再犯可能性进行系统评估,作出科学分析的活动。[①]

这一制度起源于美国的缓刑资格调查制度,1956年在海牙召开的第十二届国际刑法及监狱会议积极倡导判决前的人格调查制度,目前已有不少国家和地区采用了这一制度。现在这一制度进一步引申到其他领域,其中包括社区矫正机构。如在我国香港地区,惩教署的职能之一就是向法庭提供判决前评估服务,即对有关犯罪人是否适合羁留在特定的行刑机构向法庭提出建议。从多数国家的做法看,人格调查一般是由社区刑罚执行机构来完成的,因该机构及其工作人员植根于社区,在调查的开展上有着其他机构不具备的诸多便利。如英美国家的缓刑官,其职责之一就是为法官提供判决前的报告,对犯罪人适用监禁还是社区矫正的方案提出意见。我们国家只是对未成年的人格调查作了法律规定,在2001年4月颁布的《关于审理未成年人刑事案件的若干规定》中,第二十一条规定:"开庭审理前,控辩双方可以分别就未成年被告人性格特点、家庭情况、社会交往、成长经历以及实施被指控的犯罪前后的表现等情况进行调查,并制作书面材料提交合议庭。必要时,人民法院也可以委托有关社会组织就上述情

[①] 连春亮:《论社区矫正前的调查制度》,《四川警官高等专科学校学报》2006年第2期,第98页。

况进行调查或自行进行调查"。可以视为我国人格调查的法律规定。

2. 人格调查的主体

关于人格调查制度的主体，我国已实施人格调查评估制度的基层法院在社会调查主体的配置上呈现多元化的趋势，归纳起来大致有四种形式：[1]

第一种是由控方或者辩方以访谈的形式形成规范性的社会调查报告。这种方案由最高人民法院的司法解释提出，具有相当的权威性。但是，众所周知，在刑事诉讼中控辩双方所持立场是对立的：公诉机关着力对犯罪嫌疑人进行有罪指控，辩护人力争维护犯罪嫌疑人的利益。立场的对立性和利益的冲突性，难以保证调查结论的客观性。

第二种是由审判机关以问卷或访谈形式，形成问卷调查表。这种形式受到我国学者的肯定，理由是：从法理上来说，人格调查结论对于量刑具有重大影响，委托他人调查难以确保其结论的真实性。法官作为量刑的主体，亲自进行调查，结果必然具有真实性。但是因为现代司法制度要求法官独立，居中裁判，保持一种"超然"的姿态。而人格调查制度要求的却是一种"介入"的态势，法官亲自调查，显然与法官的裁判职能和中立地位不符。

第三种是建立一支特邀社会调查员队伍，这些社会调查员由熟悉青少年特点、热心青少年帮教工作的社会人士组成。但是，存在问题是这些人员欠缺调查的专业性，难以胜任实际调查任务，调查主体的合法性也令人质疑。因此，这种形式的社会力量的参与，并非理想方案。

第四种是由社区矫正机构担当社会调查主体。在第一批开展社区矫正试点工作的江苏省和北京市，把人格调查的任务交由社区矫正机构或基层司法所承担。这是相对科学合理的一种形式。

根据2020年"两院两部"的《社区矫正法实施办法》的规定可以看出，人民法院、公安机关、监狱管理机关均可以委托县级社区矫正机构或者有关社会组织进行调查评估。同时，我们认为，按照刑罚个别化原则要求，人格调查应适用于所有可能被判处刑罚的被告人。

3. 人格调查的内容

社区矫正前的人格调查主要是对调查对象人身危险性和再犯可能性的调查。通过调查，判断社区矫正对于其可能具有的改造效果和其对社会所具有的

---

[1] 周国强：《人格调查制度的中国境遇》，《社区矫正理论与实务研究文集》，中国人民公安大学出版社，2009，第231—233页。

危险性程度。人格调查的内容和矫正前调查的内容基本雷同，只是在分析犯因性问题时侧重点和方法论存在差异。

（五）调查确认

调查人员通过访问被调查人的家庭、近邻、学校、单位以及会见其家人、邻居、雇主、同事等人员，或采用电话、书信等手段了解其周围的环境，确认调查的真实性。

三、社区矫正前调查评估的原则

社区矫正工作对社区矫正对象的适用水平，在很大程度上取决于再犯预测水平，而提高预测结果的准确性，有赖于建立科学调查方法和评估方法。

矫正前调查评估是带着明确的考察目的，以一定的理论作指导，采用一套科学的方法、技术程序，对被调查人所确定的范围进行客观的、准确的实地考察，系统地收集各类有关被调查人的真实材料，并加以分析、研究等。在矫正前调查评估的全过程中，调查人员应努力使调查具有目的性、客观性、真实性、系统性、完整性、灵活性、细致性、深刻性、准确性、应用性。这就是对矫正前调查评估活动的基本要求，也可以说是对矫正前调查评估活动的科学水平进行衡量的一套指标体系。为了达到这一目的，矫正前调查评估活动应坚持五条原则：

（一）客观全面原则

必须坚持在调查中以辩证的、整体的、综合的观点，客观地考察问题，善于对所调查的各个事项，从多角度进行分析研究，善于排除假象干扰，不被假象迷惑，能够准确、严谨地考察细节，透过现象看本质，正确抓住那些看起来好像是偶然发生的意外现象或事件，从中发现潜藏着的某种人们尚未发现的必然规律。

（二）系统性原则

系统性原则是全面贯彻系统论的核心思想和基本方法，就是把所调查评估的对象,当作一个系统,分析系统的结构和功能,研究系统、要素、环境三者的相互关系和变动的规律性,并优化系统观点看问题。调查人员在调查过程中注重系统的研究分析,将调查与研究紧密地联系在一起,使两者相互作用、相辅相成、相互贯通,统一构成科学调查和研究分析系统的完整过程。

(三)科学性原则

科学性原则是指决策活动必须在决策科学理论的指导下,遵循科学决策的程序,运用科学思维方法来进行决策的行为准则。社区矫正前的调查评估所坚持的科学性原则,是指必须坚持在调查中科学有效地使用一整套有机配置的科学方法与技术,并严格按照既定总体方案和调查程序及行为规范办事。要求必须做到:一是信息全面、迅速、准确;二是预测科学、及时、正确;三是方向正确、目标明确;四是方案齐全,相互独立;五是论证充分,分析恰当;六是实施步骤清晰、有度;七是责任明确,要求具体。

(四)权益保护原则

在调查评估过程中,坚持时刻维护被调查人的利益。客观公正地调查评估并作出评判,是实施社区矫正的前提。因此,调查人员不仅要着眼于调查被调查人违法犯罪的事件,而且应维护被调查人的利益,不应对他们有任何损害和欺骗。这不仅仅是调查评估的道德要求,而且也是使调查评估有成效的前提保证。

(五)相关性原则

在对调查结果研究和下结论时,坚持牢记调查的条件、范围、情势的相对性与多变性;在运用调查评估结果作结论时,尤其是作出超越原调查范围、条件、情势等结论时应该十分谨慎,以免使正确的考察导致错误的结论。

学习任务二　社区矫正工作制度

社区矫正工作制度主要包括两方面的内容：一是对社区矫正机构及社区矫正工作者在社区矫正工作中应遵循的规则和行为规范；二是社区矫正机构、社区矫正工作者及社区矫正对象，在社区矫正工作中的程序规范。社区矫正机构应当建立突发事件处置机制，发现社区矫正对象非正常死亡、实施犯罪、参与群体性事件的，应当立即与公安机关等有关部门协调联动、妥善处置，并将有关情况及时报告上级司法行政机关、上级社区矫正机构和有关部门。社区矫正机构和公安机关、人民检察院、人民法院建立社区矫正对象的信息交换平台，实现社区矫正工作动态数据共享。为保证社区矫正工作的规范化运行，社区矫正机构经过多年的探索与实践，主要建立了工作例会制度、档案管理制度、情况通报制度、请示报告制度、业务培训制度、责任追究制度、信息收集与反馈制度等。

一、工作例会制度

社区矫正工作是以社区矫正机构为主导的工作系统，需要公安机关、检察机关、审判机关、监狱管理机关等部门的通力协作。2016年"两院两部"联合发布《关于进一步加强社区矫正工作衔接配合管理的意见》第十三条规定："司法行政机关应当会同人民法院、人民检察院、公安机关健全完善联席会议制度、情况通报制度，每月通报核对社区服刑人员人数变动、漏管脱管等数据信息，及时协调解决工作中出现的问题。"《社区矫正法》第八条规定："地方人民政府根据需要设立社区矫正委员会，负责统筹协调和指导本行政区域内的社区矫正工作。"2020年"两院两部"的《社区矫正法实施办法》规定："司法行政机关向社区矫正委员会报告社区矫正工作开展情况，提请社区矫正委员会协调解决社区矫正工作中的问题。"社区矫正委员会一般由本级人民政府或党的机构有关负责人、人民法院、人民检察院、公安、司法行政、财政、民政、教育、人力资源社会保障等部门，工会、共青团、妇联等单位代表组成，负责制定社区矫正工作规划，研究解决社区矫正工作的重大问题。因此，社区矫正委员会要定期召开工作例会，研究贯彻上级机关有关社区矫正工作的方针、政策和上级相关部门的指示、决议；研究社区矫正发展规划、工作计划，部署本地社区矫正工作的开展；定期听取社区矫正工作汇报，协调处理社区矫正工作中的重大问题。

二、档案管理制度

社区矫正对象的档案管理工作是为了满足社区矫正机构矫正教育社区矫正对象的需要，为做好个性化的矫正教育和管理，而建立的基础资料库。通过收集、保管和提供档案材料这种特定的方式，为社区矫正工作总结经验、研究工作、制定方针政策提供必要的依据和条件。县级社区矫正机构建立社区矫正执行档案，一般包括以下内容：适用社区矫正的法律文书；接收、监管审批、处罚、收监执行、解除矫正等有关社区矫正执行活动的法律文书。在社区矫正期间，县级社区矫正机构委托司法所为社区矫正对象建立社区矫正工作档案，包括以下内容：司法所和矫正小组进行社区矫正的工作记录；社区矫正对象接受社区矫正的其他相关材料；社区矫正执行档案副本。在管理过程中，本着集中统一、专人负责、科学管理的原则进行管理。主要包括以下六个环节：

（一）收集

这是社区矫正对象档案管理工作的首要环节。社区矫正对象进入社区矫正机构后，要立即建立单人档案；将所有法定文件收集归档；将所有文书收集归档；将社区矫正对象在社区矫正中形成的有存查价值的材料收集归档。在收集资料的过程中，要检查各类文件的记载与实际情况是否相符合，是否完备。社区矫正对象档案的内容主要包括：

（1）管制、缓刑的社区矫正对象的判决（裁定）书、起诉书副本、结案登记表、执行通知书；假释的社区矫正对象的原判法律文书、假释裁定书、罪犯出监鉴定表；暂予监外执行的社区矫正对象的判决（裁定）书、起诉书副本、结案登记表、执行通知书、暂予监外执行审批表、具保书。

（2）假释、监狱暂予监外执行的社区矫正对象在监狱服刑期间接受教育改造的相关材料、奖惩考核材料、心理档案等。

（3）社区矫正对象登记表。

（4）社区矫正对象社区矫正情况月汇报。

（5）社区矫正对象接受社区矫正保证书、帮教协议。

（6）社区矫正对象外出请假申请审批表。

（7）社区矫正方案。

（8）社区矫正情况记录簿，其中包括学习教育记载、参加公益活动记载、心理矫正记载、谈话记录等。

（9）社区矫正对象社区矫正考察表、评审鉴定表。

（10）社区矫正对象奖惩审批表及相关材料。

（11）社区矫正对象社区矫正期满鉴定表。

（12）社区矫正对象解除管制通知书、假释考验期满证明书、缓刑期满证明书。

（13）其他应该归档的重要材料。

（14）社区矫正对象死亡的，死亡证明、法医鉴定等有关材料应当归档。

（二）整理

对社区矫正对象档案的整理，就是按照一定的原则和要求，采取比较科学的方法，对档案进行分门别类的处理。档案整理后，要按照要求装订成册。

（三）鉴定

即对整理好的材料还要审查与鉴别。一般由社区矫正机构组成专门鉴定小组，定期对保管期限已满的档案，进行鉴定。

（四）保管

社区矫正机构在社区矫正对象被决定执行社区矫正之日起建立档案，一人一档。社区矫正对象档案必须由专人妥善保管。一是按一定方法把社区矫正对象个人档案排列在档案柜中；二是制作社区矫正对象档案索引卡片；三是做好防火、防霉、防潮、防遗失、保密、防蛀等工作，保证档案安全。

（五）统计

社区矫正对象档案中各种材料所反映的情况，只有经过具体的数据汇总与综合，才能向相关部门提供直观、准确和快速的服务。档案管理部门应准确掌握社区矫正对象变动的实际情况，及时准确地填写有关档案的统计报表，并根据需要制作相关的统计图。

（六）提供利用

社区矫正对象档案管理工作的根本目的，就是提供档案，为社区矫正工作服务。有关提供利用的程序和注意事项如下：

（1）社区矫正对象矫正地址变更时，档案应随社区矫正对象移交变更地的社区矫正机构。社区矫正对象重新犯罪、收监执行的，档案应移交给侦查机关、监狱机关。档案移交双方均应做好交接手续。

（2）外调人员查阅档案，凭县（市、区）以上政府或政法机关外调介绍信，经县（市、区）社区矫正机构批准，在指定地点阅卷，并填写《社区矫正对象档案借阅登记表》备查。

（3）社区矫正对象档案输入计算机的，计算机不得直接或间接与国际互联网或其他网络连接。

（4）社区矫正对象解除社区矫正后，档案交社区矫正对象期满时所在县（市、区）社区矫正机构或司法行政机关集中统一保管。

总之，在社区矫正对象档案管理的具体工作中，管理人员收集要用心，整理要细心，鉴定要精心，保管要尽心，提供利用要热心。在这几个相辅相成的工作环节中，既要层层把关，明确职责，又要目的明确，相互促进。

三、情况通报制度

社区矫正工作是以社区矫正机构为主导的工作系统，需要公安机关、检察机关、审判机关、监狱机关等部门的通力协作。2016年"两院两部"联合发布《关于进一步加强社区矫正工作衔接配合管理的意见》规定："司法行政机关应当会同人民法院、人民检察院、公安机关健全完善联席会议制度、情况通报制度，每月通报核对社区服刑人员人数变动、漏管脱管等数据信息，及时协调解决工作中出现的问题。"《社区矫正法》第八条也规定了。因此，社区矫正机构应当建立与社区矫正工作各相关部门的情况通报制度，定期通报工作进展情况和存在问题，协调各部门和单位落实各项措施，拟订社区矫正重大问题解决方案，指导、检查社区矫正工作的正常开展。

四、请示报告制度

社区矫正机构应当建立请示报告制度。对社区矫正工作中出现的重大问题及时逐级上报，不得隐瞒不报，突发紧急情况应当边处置边报告。

各级社区矫正机构对工作中的重大问题和紧急情况，应在报告同级领导工作机构的同时，向上一级社区矫正机构报告；遇到超越现行规定的事项，必须报请上级社区矫正机构批准后方可实施。

各级社区矫正机构对下一级社区矫正机构的请示报告事宜，应及时予以答复；超越职权范围的，应向上一级社区矫正机构请示。上级部门对请示的问题要及时研究，尽快批复。凡请示报告事项和上级批复均要登记备案，存入档案，以便查阅。

请示报告的主要事项有：

（1）社区矫正工作中出现的有关法律、法规、规定及配套制度中没有明确规定的重大事项。

（2）社区矫正工作的重要活动。

（3）社区矫正对象发生脱管、漏管、非正常死亡及重新违法犯罪等重大问题的。

（4）社区矫正工作者在行政执法管理中发生违法违纪问题的。

（5）涉及社区矫正工作内容的新闻宣传、媒体采访及外界参观等事项。

（6）其他重大紧急情况。

请示报告的方法是：①电话报告，对社区矫正对象发生脱管、漏管、非正常死亡及违法犯罪问题；社区矫正工作人员中发生重大违法违纪问题；社区矫正工作中发生其他重大紧急情况的，可先行用电话报告，随后写出书面报告上报。②书面请示报告，新闻宣传、媒体采访、外界参观等事项，必须在拟办活动之前行文报批。

五、业务培训制度

依照社区矫正工作者专业化、规范化的要求，社区矫正机构要定期对社区矫正工作者和社会志愿者进行培训，提高社区矫正工作者的工作技能和水平。

培训内容包括政治理论、法律法规、规章制度及社会学、心理学、教育学、管理学等相关知识，学习培训可采取集中培训、以会带训，参观考核等多种形式。

培训工作由各级社区矫正培训组织分级实行。社区矫正工作者每年接受培训的时间不少于40学时，培训情况作为社区矫正工作者年度考核的依据。

六、责任追究制度

《社区矫正法》第六十一条规定："社区矫正机构工作人员和其他国家工作人员有下列行为之一的，应当给予处分；构成犯罪的，依法追究刑事责任：①利用职务或者工作便利索取、收受贿赂的；②不履行法定职责的；③体罚、虐待社区矫正对象，或者违反法律规定限制或者变相限制社区矫正对象的人身自由的；④泄露社区矫正工作秘密或者其他依法应当保密的信息的；⑤对依法申诉、控告或者检举的社区矫正对象进行打击报复的；⑥有其他违纪违法行为的。"根据2020年"两院两部"的《社区矫正法实施办法》规定，责任追究包括行政责任和法律责任。

社区矫正工作者要严格遵守各项规章制度，恪尽职守。社区矫正对象出现擅自离开所在地域、重新犯罪等情况，属社区矫正工作人员失职导致的，实行责任追查，追究其行政乃至法律责任。

各级社区矫正机构工作人员被发现有滥用职权，弄虚作假；隐瞒案情，包庇、纵容社区矫正对象违法犯罪；刑讯逼供或者体罚、虐待社区矫正对象；玩忽职守，泄露社区矫正工作秘密；非法侵害社区矫正对象身体；侮辱社区矫正对象的人格；非法剥夺社区矫正对象的人身自由；非法搜查社区矫正对象的身体、物品或住所；利用公益活动实施变相体罚；殴打或纵容他人殴打社区矫正对象；用社区矫正对象从事营利性的活动或者牟取其他私利；向社区矫正对象及其亲属索取财物，谋取私利；收受社区矫正对象及其亲属的贿赂和馈赠；非法将社区矫正对象的监管权交予他人行使等行为的，要根据不同的情节，追究行为人的相应责任。

七、信息收集与反馈制度

信息收集反馈制度是指为了有效地掌握社区矫正对象的思想和行为动态，社区矫正机构运用科学方法，全面收集社区矫正对象的各种信息，并进行分析和研究，将有效信息及时反馈社区矫正对象，强化其矫正意识的一种工作规程。

信息收集的范围主要是社区矫正对象生活、学习、劳动过的家庭、单位、学校等场所。信息的内容主要是与社区矫正对象有关的行为信息、心理信息及其他相关资料。信息收集的手段可以是向前延伸，即社区矫正对象进入社区矫正机构前的所有情况，尤其是与其违法犯罪密切相关的资料；也可以是向外延伸，即和社区矫正对象相关的外部环境；还可以通过访谈、调查、查看档案记录等。

信息的反馈，是指社区矫正机构把输出的社区矫正对象的信息与作用对象相比较的结果再输送回来，作为新的社区矫正信息重新进行加工处理，然后再输出，使社区矫正部门对社区矫正对象的信息处理形成一个循环往复的过程。通过信息收集，掌握社区矫正对象全面的信息资料。对信息资料分析加工处理之后，对社区矫正对象作出全面的评价，然后将有效信息反馈给社区矫正对象，促成社区矫正对象改造动机转化为外在行为，这就是信息的反馈过程。

只有这样，社区矫正机构才能有效地控制和监督社区矫正对象，并加强对他们的教育和改造，最终达到圆满完成社区矫正工作任务的目标。

（一）社区矫正信息管理的原则

社区矫正信息管理应当坚持储存安全、内容准确、信息共享、报送及时、传递规范的原则。同时，应不断加强社区矫正信息化建设。

2016年"两院两部"联合发布《关于进一步加强社区矫正工作衔接配合管理的意见》规定：司法行政机关应当建立完善社区矫正对象的信息交换平台，推动与人民法院、人民检察院、公安机关互联互通，利用网络及时准确传输交换有关法律文书，根据需要查询社区矫正对象脱管漏管、被治安管理处罚、犯罪等情况，共享社区矫正工作动态信息，实现网上办案、网上监管、网上监督。对社区矫正对象采用电子定位方式实施监督，应当采用相应技术，防止发生人机分离，提高监督管理的有效性和安全性。《社区矫正法》第五条"国家支持社区矫正机构提高信息化水平，运用现代信息技术开展监督管理和教育帮扶。社区矫正工作相关部门之间依法进行信息共享。"这是关于社区矫正信息化建设和信息共享的规定。

（二）社区矫正信息的内容

（1）社区矫正业务数据。包括社区矫正对象数据、社区矫正工作机构数据、社区矫正工作者（志愿者）数据、社区矫正工作数据。

（2）社区矫正工作信息。包括社区矫正工作报告、社区矫正对象思想行为动态、社区矫正重要活动、经验总结、调研文章、个案剖析以及工作中遇到的矛盾和问题。

（3）社区矫正重要事件信息。包括社区矫正工作中的重大突发事件。

（三）社区矫正信息的收集、申报和管理

以陕西省为例，《陕西省社区矫正信息管理规定》对社区矫正信息的收集、申报和管理作了如下规定：

（1）社区矫正信息应当逐级审核报送。社区矫正业务数据信息应当经乡镇（街道）司法所、县（市、区）社区矫正机构逐级统计、审核、汇总后，由市级社区矫正机构每月5日上报。数据统计日期为上月26日至本月25日。社区矫正工作信息，除信息直报点外，应当由市级社区矫正机构审核上报。每市每月社区矫正工作信息不得少于五篇。社区矫正重要事件信息，应当在重大、突发事件发生后当日逐级上报至省级社区矫正机构。情况特别紧急的，应当由市级社区矫正机构以电话形式立即上报，详情随时续报，处理完毕上报结果。

（2）省级社区矫正机构设专人负责收集、处理社区矫正信息。

（3）各县（市、区）社区矫正机构、乡镇（街道）司法所应当配备计算机、传真机等必要的办公设备，保证社区矫正信息保存与传输的安全、高效、可靠。

（4）省级社区矫正机构建立社区矫正信息数字化管理系统，逐步实现信息传输与管理网络化。

（5）社区矫正信息管理计算机不得与国际互联网连接，须符合保密规定。

（6）非社区矫正机构工作人员查阅社区矫正信息必须持县（市、区）以上政府或法院、检察院、公安或司法行政机关介绍信，经县（市、区）以上社区矫正机构批准，并作好记录。

（7）省、市社区矫正机构建立社区矫正信息评比与奖励制度，每年评比、表彰一次优秀信息员、优秀信息。

（8）各级社区矫正机构应当建立相应的信息管理工作制度和责任制，高度重视社区矫正信息的报送和管理，不得迟报、漏报、瞒报，防止泄密事件发生。

（9）社区矫正信息应当报送省级社区矫正机构。

学习任务三　社区矫正具体管理制度

增强社区矫正对象社会适应性，成功地重新与社会结合，是社区矫正的目的之一。在社区矫正的适用方式上，是要监督、管理、教育、矫正、处遇、帮扶等多种形式并举。要达到社区矫正目的，就必须有相应的具体制度加以规范和约束。这里所讲的社区矫正管理具体制度，是社区矫正机构对社区矫正对象在社区矫正实施过程中所贯彻执行的主要制度。

一、累进处遇制度

累进处遇制度是指社区矫正机构将社区矫正对象的社区矫正时间分为几个阶段，每个阶段享有不同的待遇和权利，并依照社区矫正对象改善的程度，逐渐由下级进到上级并享有更多权利和更优厚待遇的制度。随着级别的递增，逐渐缓和其处遇，以鼓励社区矫正对象改过自新，使其成功地重新与社会结合的社区矫正制度。传统的累进处遇制度只是在监狱内适用，主要包括三方面的内容：一是罪犯由于改造良好而获得生活待遇方面的好转；二是获得警戒等级的降低，从而得到更多的自由；三是得到假释，离开监狱环境，进入社会服刑，得到更大程度的自由。[①]那么，这一制度适用到社区矫正中，同样会激励矫正对象，强化矫正效果。

累进处遇制的适用方式，可参照监狱的适用模式加以改造，结合社区矫正实践经验和社区矫正对象的特点，制定出社区矫正的级别和待遇。具体来说，根据社区矫正对象改造表现、犯罪类型、危险程度、性格特点、矫正难度及重

---

① 蒋建宇：《社区矫正中适用累进处遇制的构想》，《中国司法》2004年第8期，第51—53页。

新犯罪的可能性，结合社区矫正执行情况、奖惩情况，对社区矫正对象可分为从严管理、普通管理、从宽管理三个等级进行矫正，每一等级的管理对象和处遇，设置不同的条件。社区矫正的累进处遇制可设置为：[①]

（一）从严管理等级

从严管理的社区矫正对象，一般是被裁定假释和暂予监外执行的社区矫正对象。这类社区矫正对象具有相对较强的人身危险性，而且一旦离开监狱环境，突然转入自由度较高的社会生活，难免存在"如自楼至地，因为没有阶梯，致肇非死即伤的惨况"的危险[②]。对假释的社区矫正对象在社区矫正开始时实施从严管理，待其逐步适应正常社会生活后再转入普通管理，防止社区矫正对象突然面对自由度较高的社会生活而再次产生犯罪的冲动。对暂予监外执行的社区矫正对象，因其狱内改造尚未完成，主要是由于生理原因而进入社区矫正机构，仍然存在相当大的人身危险性。因此在社区矫正期间，必须始终进行严格管理，没有改变其处遇的余地，直到社区矫正对象重新入狱服刑。

在社区矫正的实务工作中，对社区矫正对象是否从严管理还要考虑下列情形：①入矫报到之日起第一个月内的；②抵触、抗拒或者不服从监管的；③经排查确定为重点控制的社区矫正对象的；④风险评估被评定为高风险等级的；⑤无稳定住所和收入，个人情绪低落或行为异常，再犯罪可能性较大的；⑥因违规受到训诫以上处罚的。

在处遇上，应依法严格限制该等级社区矫正对象的活动区域，一般不得离开居住的县级区域；每日进行三次生物验证；实施密集报告制度，每周电话报告一次，每半月到社区矫正机构或者受委托的司法所报到一次，每月书面报告一次思想和活动情况，便于社区矫正机构掌握社区矫正对象动态；每月个别谈话教育不少于两次；社区矫正工作者应经常走访该类社区矫正对象家庭，加强教育引导；要求参加集中教育学习活动、公益活动、社会活动等。

（二）普通管理等级

普通管理的社区矫正对象是开始进入社区矫正的被判处管制、宣告缓刑的

[①] 蒋建宇：《社区矫正中适用累进处遇制的构想》，《中国司法》2004年第8期，第51—53页。

[②] 林纪东：《监狱学》，三民书局，1977，第53页。

社区矫正对象，以及由其他管理等级转入的假释社区矫正对象。这类社区矫正对象或者是罪行轻微，危险性本来就较小；或者是改造情况良好，对他们适用普通程度的管理即可。

在社区矫正的实务工作中，对社区矫正对象是否适用普通管理还要考虑下列情形：①主动接受监管教育，入矫教育期间表现良好；②风险评估被评定为中、低度风险等级；③有稳定住所和收入，情绪稳定，行为正常；④遵守法律法规规定，服从监管教育。

在处遇上，相对于从严管理，应当适度放松。例如，每日进行一次生物验证；每次报告之间的时间间隔应当延长，半月电话报告一次，一个月到社区矫正机构或者受委托的司法所报到一次，每两个月书面报告一次思想和活动情况；根据需要适时进行个别谈话教育；遵守社区矫正机构规定，参加集中学习教育活动、公益活动、社会活动等。

（三）从宽管理等级

从宽管理的社区矫正对象是经过普通管理阶段，表现良好，而且在社区内的矫正时间已超过社区矫正总限期一半以上的社区矫正对象。这类矫正对象经过长时间的矫正，不良人格已有明显改善，可以适用更为宽松的矫正手段，赋予其更大程度的自由。在处遇上，报告的时间间隔更长；对其要求离开居住地的申请一般均可批准；他们可以自愿参加公益活动等。对这类社区矫正对象，应主要通过法制教育、社会道德规范教育、公民意识教育来塑造其健全的人格。社区矫正工作者应着重帮助他们解决在重新融入社会过程中遇到的新问题，以利于他们顺利适应社会生活，巩固已经取得的改造成果。

此外，累进处遇是一种动态管理。社区矫正对象积极接受社区矫正，改造效果良好，方可获得晋级；相反，社区矫正对象不积极接受社区矫正，甚至抗拒矫正的，则会受到降级的惩罚。对个别情节严重者甚至会依法撤销社区矫正资格，重新执行收监刑罚。在社区矫正的实务工作中，对社区矫正对象管理级别一般实行季度动态调整，根据考核结果每季度调整一次。从严管理等级的社区矫正对象具有良好行为表现，可以降低管理级别。例如：日常行为表现良好，无任何违反监管规定行为的社区矫正对象；连续两次获得表扬的社区矫正对象；有揭发、制止他人犯罪行为等立功表现的社区矫正对象等。反之，普通管理或者从宽管理的社区矫正对象，如果违反规定，社会危险性上升，也可以提升为严格管理级别。比如，在社区矫正中被训诫两次或者被警告一次的；两次出现消极对待、借故不接受监督管理的；两次不按规定报告本人活动情况的；两次电子定位巡查出现异常情况的；不按规定执行请销假制度的；两次不遵守集中学习或者公益活动规定的。要求只要有其中的一项情形出现，即可以提升管理级别。

在社区矫正中实行累进处遇制，符合社区矫正的本质要求。它是一种动态的矫正教育方式，给不同社区矫正对象以不同处遇，对同一社区矫正对象，根据其不同阶段的矫正情况给予不同处遇，能够有针对性地运用适当程度的刑罚处遇矫正教育社区矫正对象，而不是盲目地、不加区别地搞"一锅端"，这也符合行刑个别化原则的要求。

累进处遇是一种社区矫正过程中的有效激励机制。在累进制中，社区矫正对象表现好，就能获得优越处遇，表现不好则会受到降级处罚，丧失一些权利。依据行为修正激励理论，当一种行为受到奖励时，行为人会受到激励，会重复这种行为；当一种行为受到处罚时，行为人会感到挫折，会避免重复这种行为。[①]在不断地激励下，社区矫正对象自觉追求进步，最终达到成为正常社会人的目的。同时，对表现好的社区矫正对象给予优越处遇，也在社区矫正对象群体中树立学习的榜样，带动其他社区矫正对象共同积极改造。累进处遇具有目标渐次性的特点，社区矫正对象的社区矫正时间被划分为若干阶段，每个阶段社区矫正对象的处遇都不相同，且渐次提高。这样，就使社区矫正对象在社区矫正过程中有了阶段性目标。目标的阶段化大大提高了社区矫正对象对社区矫正活动的新鲜感，总有新的目标在不断激励他进步，而不是被动、麻木地参加社区矫正。此外，在社区矫正过程中分阶段改善社区矫正对象处遇，令其在不同程度的社区矫正环境下生活，也可防止其心理疲劳，避免产生厌倦乃至抗拒改造的情绪。

二、分管分矫制度

（一）分管分矫制度及其法律法规的规定

1. 分管分矫制度

分管分矫制度，是指我国社区矫正机构根据一定的标准，将不同类型的社区矫正对象分类管理、分类矫治的矫正方式和管理制度。这一制度的实施，对

---

① 张全仁主编《监狱行刑学》，中国物价出版社，2003，第211页。

社区矫正机构教育和转化社区矫正对象，预防和减少犯罪，具有重要作用。

社区矫正中的分管分矫，在实践中是一个非常复杂的问题，因为社区矫正对象的成分错综复杂，难以科学地统一划分归类。所以具体到如何针对社区矫正对象的特点进行最有效的监管，或采用什么样的措施，适应、满足社区矫正对象的需要，以及如何对社区矫正对象提供适当的帮助，就成为社区矫正工作必须要解决的问题。

在美国，社区矫正的分类一般包括三个要素：一是确立分类标准，说明什么样的社区矫正对象应进入什么样的监管、矫正项目；二是确立评价程序，评价程序涉及如何使用分类方法或用什么样的分类标准，对社区矫正对象当前状况和过去的行为进行评价；三是让社区矫正对象接受这种分类，通过将社区矫正对象安置在适合于他们的项目之中，以达到分类的实现。[1]

一般来说，社区矫正机构的首要任务是对社区矫正对象的监督管理，同时在社区矫正过程中承担着对社区矫正对象提供服务并实施矫正方案。但是，在实践中，由于社区矫正对象存在着很大的差异，要完成任务往往有一定的难度。对社区矫正对象而言也存在着各自的问题，如家庭困难、精神疾病、就业就学等。因此，做好社区矫正工作的前提是对社区矫正对象进行适当的分类，分别采取相应的管理措施和矫治方案。

2. 分管分矫制度的法律法规的规定

《社区矫正法》第三条规定："采取分类管理、个别化矫正，有针对性地消除社区矫正对象可能重新犯罪的因素"；第二十四条规定："社区矫正机构应当根据裁判内容和社区矫正对象的性别、年龄、心理特点、健康状况、犯罪原因、犯罪类型、犯罪情节、悔罪表现等情况，制定有针对性的矫正方案，实现分类管理、个别化矫正。矫正方案应当根据社区矫正对象的表现等情况相应调整。"第五十二条规定："社区矫正机构应当根据未成年社区矫正对象的年龄、心理特点、发育需要、成长经历、犯罪原因、家庭监护教育条件等情况，采取针对性的矫正措施。"同时，《社区矫正法》第五十二条至第五十八条，对未成年社区矫正对象实施社区矫正，应当遵循教育、感化、挽救的方针，按照下列规定执行：①对未成年社区矫正对象的社区矫正应当与成年人分开进行。②对未成年社区矫正对象给予身份保护，其矫正宣告不公开进行，其矫正档案应当保密。③未成年社区矫正对象的矫正小组应当有熟悉青少年成长特点的人员参加。④针对

---

[1] 刘强：《美国社区矫正的理论与实务》，中国人民公安大学出版社，2003，第191页。

未成年社区矫正对象的年龄、心理特点和身心发育需要等特殊情况，采取有益于其身心健康发展的监督管理措施。⑤采用易为未成年社区矫正对象接受的方式，开展思想、法制、道德教育和心理辅导。⑥协调有关部门为未成年社区矫正对象就学、就业等提供帮助。⑦督促未成年社区矫正对象的监护人履行监护职责，承担抚养、管教等义务。⑧采取其他有利于未成年社区矫正对象改过自新、融入正常社会生活的必要措施。⑨未成年社区矫正对象在社区矫正期间年满十八周岁的，继续按照未成年社区矫正对象社区矫正有关规定执行。2020年"两院两部"的《社区矫正法实施办法》第二十一条规定："社区矫正机构应当根据社区矫正对象被判处管制、宣告缓刑、假释和暂予监外执行的不同裁判内容和犯罪类型、矫正阶段、再犯罪风险等情况，进行综合评估，划分不同类别，实施分类管理。社区矫正机构应当把社区矫正对象的考核结果和奖惩情况作为分类管理的依据。社区矫正机构对不同类别的社区矫正对象，在矫正措施和方法上应当有所区别，有针对性地开展监督管理和教育帮扶工作。"

（二）分管分矫制度的作用

分管分矫制度是我国社区矫正机构最基本的矫正管理制度。其作用主要体现在：

（1）有利于对社区矫正对象采取有针对性的矫治措施。分管分矫制度为社区矫正对象的管理和矫治打下了坚实的基础。不同类型、不同层次的社区矫正对象实行分类管理后，不同类型的社区矫正对象群体的思想、心理和行为等特点就会集中反映出来，在分类矫治中，有利于根据不同的特点采取更有针对性的矫治措施，做到对症下药。

（2）有利于体现区别对待的政策。将各种类型，不同情况的社区矫正对象，不加区分地混在一起管理和矫治，既不利于适应不同类型社区矫正对象的生理、心理特点，也不利于激励社区矫正对象的积极性。而分管分矫，将不同类型、不同层次、不同惩罚种类、不同矫正期限、不同主观恶习的社区矫正对象分类管理、分类矫治，既体现了区别对待的政策，保护了社区矫正对象的合法权益，又可以根据不同类型、不同层次社区矫正对象的特点，采取不同的管理和矫正形式。可以说分管分矫体现了党的政策和国家法律的要求，是社区矫正工作法制化、规范化、科学化运行的基础。

（3）有利于调动社区矫正对象的矫正积极性。分管分矫制度的核心是对社区矫正对象实行分级处遇,体现累进处遇制度的精神实质,不同类型的社区矫正对象处在不同的管理级别中,享有社区矫正机构所赋予的不同待遇。社区矫正对象要想享有较好的待遇或享有更多的权益,就必须付出相应的努力,争取进入管理更为宽松的级别中。这就促使社区矫正对象充分发挥主观能动性,用实际行动为自己争取权益。

综上可以看出,分管分矫制度的实质动因,应该是试图把相同或相近的社区矫正对象,重复度高的矫正措施,予以"类型化",建立"矫正类型"和"矫正措施类型",以"类型化"来使社区矫正工作集约化。[1]从某种意义上来说,这是一种"类群"的个别化,它补充和完善了个体个别化[2],实际上丰富了社区矫正个别化的内涵,增大了社区矫正个别化的领域和作用。

(三)矫正分类

矫正分类是分管分矫制度的直接目的和要求之一,它是指根据各类社区矫正对象的自身特点和人身危险性程度等因素,对不同类型的社区矫正对象采取不同的分类办法和管理措施,以期取得最佳管理效果的制度。

矫正分类体现了现代管理理念,不同性别,不同年龄的社区矫正对象有不同的生理、心理特点,不同违法犯罪类型的社区矫正对象也有不同的个性特点。矫正分类正是体现了管理教育个别原则,对不同类型的社区矫正对象采用不同的管理方式和强度。

在美国的社区矫正中,对社区矫正对象的分类,通常有三种尺度:一是社区矫正对象的危险性,主要考虑社区矫正对象今后犯罪的可能性;二是社区矫正对象的需要,主要是考虑社区矫正对象与犯罪有关联的需要结构;三是矫正项目与社区矫正对象的适应,主要是考虑社区矫正的处遇项目是否适应社区矫正对象的需要和情况。[3]结合我国社区矫正的情况,对社区矫正对象的分类管理,可结合累进处遇制的要求,予以划分。在管理措施和方法上,应采取宽严不等的手段,并使之享有不同的待遇。

---

[1] 王泰主编《现代监狱制度》,法律出版社,2003,第121页。
[2] 王泰主编《现代监狱制度》,法律出版社,2003,第121页。
[3] 刘强:《美国社区矫正的理论与实务》,中国人民公安大学出版社,2003,第191页。

（四）分类管理

社区矫正管理中的核心问题是预防社区矫正对象的重新犯罪。如果社区矫正对象在社区矫正中重新犯罪或重犯率过高，就会使社会公众丧失对社区矫正的信心，引起社会公众的不满和指责。因此，分类管理的首要任务是对社区矫正对象的危险控制。

根据上述对社区矫正对象的分类，可以看出，不同类型的社区矫正对象具有不同的社会危险性，我们必须对社区矫正对象外在的和潜在的危险因素进行测定，并在测定的基础上，采用不同的管理措施。根据社区矫正对象犯罪事实、犯罪性质和主观恶意程度、社会危害程度，我们可以将其划分为过失犯罪与故意犯罪、经济犯罪与刑事犯罪等不同类型，针对不同类型采取不同的管理教育办法，实行分类矫正。第一，对过失犯罪等没有犯罪故意的社区矫正对象，一般可采用宽管矫正的模式。第二，对贪污、受贿、挪用公款、虚开增值税发票等有犯罪故意，但失去条件后无法重新犯罪的职务犯罪类社区矫正对象，一般可采取普管矫正模式。第三，对盗窃、抢劫、诈骗等犯罪主观故意十分明显，社会危害性大，改造难度大的社区矫正对象，一般采取严管矫正模式。

（五）分类矫治

分类矫治是分管分矫制度的核心内容之一。现代刑罚理论认为，刑罚具有教育性，是一种教育刑。教育刑认为，违法犯罪人的犯罪原因是基于个人素质和社会环境，人在决定是否犯罪的问题上属于个人意志，意志本身也不过是人的素质，因人而有差别。人可以为善，也可以为恶，这种性质在很大程度上取决于环境条件。因此，教育刑论主张在矫治中主动发挥教育功能，以达到抑恶扬善的效果。按照教育原理，所有教育都应是分类实施的，体现个别差异原则，唯此才能达到教育和矫治效果。社区矫正的分类矫治作为一种特殊的人格教育手段，同样要遵循这一规律。针对不同类型、不同层次的社区矫正对象，采用不同的矫治手段和方法，施以不同的矫治内容。

分类矫治最突出的特点是社区矫正工作者的专业化和对社区矫正对象监督、控制的专门化。运用专门技术来发展专门化的监督管理去对付特定的社区矫正对象。尤其是对一些社区矫正对象，当使用一般的咨询和帮助的矫治项目不能对其进行有效矫治时，采用专门化的矫治项目会产生良好的效果。

三、亲属担保制度

亲属担保制度是指对符合条件的社区矫正对象，在实施社区矫正时，为了对社区矫正对象起到限制作用和强化亲属对社区矫正对象的帮教作用，由社区矫正对象亲属向社区矫正机构出具担保书，对社区矫正对象在社区矫正中的行为提供担保的一种制度。

关于担保的规定，从现有的法律、法规和规范性文件的规定来看，不是十分明确。只有一些省、自治区、直辖市的规定与担保制度相类似，如《云南省社区矫正对象管理工作规定》第八条规定：司法所应当在社区矫正对象办理登记手续之日起七日内，对其单位、家庭情况，进行走访了解，确定监督人，组成监督考察小组，与监督人签订监督协议，制定和落实监督管理措施。监督人由社区矫正对象的具有监督管理能力的直系亲属或所在单位、居（村）委会工作人员和愿意承担监督管理责任的亲友担任。第九条规定：监督人应当对社区矫正对象进行监督、管理和教育，每月向司法所报告社区矫正对象的情况。遇有特殊情况，应当及时报告。从这些规定看，"监督人"的角色基本体现了担保人的角色。

社区矫正工作的执行在很大程度上要取得社区矫正对象家属亲友的支持与配合，家庭的亲情关系有利于社区矫正对象的身心健康，有助于他们顺利地重新融入社会，适应社会。社区矫正机构与社区矫正对象的家属签订担保书，实质上是对社区矫正对象矫正责任的分担，是有效组合社会力量的一个组成部分。它既强化家庭在社区矫正工作中的责任意识，也可以预防一些社区矫正对象在矫正过程中可能出现的无法控制的情况。

亲属担保书的内容，分为亲属范畴的界定，担保的主要事项，担保人的权利义务及当被担保事项出现问题时担保人应承担的责任等。

亲属的范围以婚姻法所界定的近亲属为主线，可在此基础上拓展至亲朋好友。因为社区矫正是社会公众共同参与的一项工作，而社区矫正对象亲朋好友的参与，只会强化社区矫正对象的矫治力度，提高社区矫正对象亲属的积极性。同时，亲属担保书的签订，规范了社区矫正对象亲属参与社区矫正的行为，使亲属的行为由松散的社会公众责任成为有约束力的个人私有责任。

至于担保的事项，主要是与社区矫正对象密切相关的事宜。包括遵守社区矫正机构的规章制度；不私自脱离社区矫正机构限定的区域；服从管理；积极参加社区矫正机构组织的公益活动、学习和其他社会活动；社区矫正对象归假期间亲属应尽到监督责任；社区矫正对象在社区矫正期间因违法乱纪甚至是犯罪造成损失时责任的承担等。

亲属担保人的权利义务，主要应包括对社区矫正对象应负有的责任，定期帮教、监督、管理，以及发现社区矫正对象不轨行为和违法犯罪行为的报告等。

亲属担保制度把社区矫正对象、社区矫正对象的亲属、社区矫正机构有机地结合为一体，为社区矫正对象的有效矫正教育提供了一个外围防护网络，必然对社区矫正对象产生良性影响。

四、归假制度

归假制度亦称为休假制度、暂离制度、短期释放制度等。它是指对于符合条件的社区矫正对象，经社区矫正机构允许，可以暂时离开社区矫正对象所在的矫正地，到外地去办理特定事务的一种制度。在累进处遇中，是否准许社区矫正对象归假，是作为社区矫正对象善行表现的一种奖励方式。

《社区矫正法》第二十三条规定："社区矫正对象在社区矫正期间应当遵守法律、行政法规，履行判决、裁定、暂予监外执行决定等法律文书确定的义务，遵守国务院司法行政部门关于报告、会客、外出、迁居、保外就医等监督管理规定，服从社区矫正机构的管理。"2020年"两院两部"的《社区矫正法实施办法》第二十六条至第二十九条对归假的相关问题进行了规定：一是要有归假的正当理由。社区矫正对象未经批准不得离开所居住市、县。社区矫正对象确因就医、学习、诉讼、处理家庭重要事务等正当理由，需要离开所居住市、县的，应当经社区矫正机构或受委托的司法所批准。二是必须经过法定程序的审批。社区矫正对象确需离开所居住的市、县，应当提前三日提交书面申请，并如实提供诊断证明、录取通知书、法律文书等材料。申请离开时间在七日内的，由受委托的司法所批准；超过七日的，由受委托的司法所审核后报县级社区矫正机构批准。县级社区矫正机构每次批准离开的时间不超过30日。因特殊情况，确需超过30日的，应当由上一级社区矫正机构审批。三是特定情况的要求。在重点时段、重大活动期间或者遇有特殊情况时，一般不批准社区矫正对象前往重大活动举办地或重点地区。社区矫正对象确需到重大活动举办地或重点地区的，由县级社区矫正机构审批。四是请假外出的管理。在社区矫正对象外出期间，社区矫正机构应当通过信息化核查等方式实施监督管理。根据需要，可以委托外地社区矫正机构协助对社区矫正对象进行监督管理。社区矫正对象应在外出期限届满前返回居住地，并向社区矫正机构或受委托的司法所报告，办理销假手续。因特殊原因无法按期返回的，应及时向社区矫正机构或受委托的司法所报告情况。发现社区矫正对象违反外出管理规定的，社区矫正机构或受委托的司法所应当责令其立即返回，并视情节予以处罚。

据此，在司法实践中形成了社区矫正对象的归假制度，即社区矫正对象外出时必须向社区矫正机构或受委托的司法所请假，返回后必须立即向社区矫正机构或受委托的司法所报告，及时销假的一种管理制度。

归假制度开始施行于20世纪60年代后期的美国。在1973—1974年财政年度中，这项制度发展迅猛。社区矫正对象在无人监管情况下归假的人数超过25万人次。休假一般是在周末，时间为48小时至72小时，享受归假处遇的罪犯中，有一半以上是劳动释放中心或中途之家中的囚犯。

在美国，归假制度曾受到许多人的质疑，认为该制度增加了社会危险程度。但是，归假制度在罪犯中所产生的积极效应却十分明显。美国宾夕法尼亚州矫正官员威廉·B.鲁宾孙对该州的归假制度表达了自己的看法："我们很赞成社区矫正制度，去年的圣诞节和新年，我们释放了964名囚犯回家休假，有963名按时返回。"[1] 从美国实施这一制度的几个报告来看，归假制度的成功率是91%到99%。[2]

虽然我国的社会制度和人文背景与美国相比有很大差异，但是，在我国社会条件中更适合归假制度的实施。不仅能激励社区矫正对象的自身改造，更重要的是，进一步强化了社会、家庭对社区矫正对象的帮教功能。

五、参加学习和公益活动制度

参加学习和公益活动制度，是指社区矫正对象按照社区矫正的法律法规和社区矫正机构的安排，按时参加集中学习和公益活动的制度。集中学习和公益

---

[1] 克莱门斯·巴特勒斯：《矫正导论》，孙晓雳 等译，中国人民公安大学出版社，1991，第138—139页。

[2] 克莱门斯·巴特勒斯：《矫正导论》，孙晓雳 等译，中国人民公安大学出版社，1991，第138—139页。

活动都是社区矫正的基本手段，但是社区矫正的集中学习和公益活动具有开放性，只有规章制度、法规的约束力，而不具有法律的惩罚性质，这也是社区矫正和监狱强制罪犯参加学习和劳动的根本区别。

《社区矫正法》第四十二条规定："社区矫正机构可以根据社区矫正对象的个人特长，组织其参加公益活动，修复社会关系，培养社会责任感。"2020年"两院两部"的《社区矫正法实施办法》第四十三条，规定了对社区矫正对象进行教育帮扶，要求"社区矫正机构、受委托的司法所应当充分利用地方人民政府及其有关部门提供的教育帮扶场所和有关条件，按照因人施教的原则，有针对性地对社区矫正对象开展教育矫正活动。社区矫正机构、司法所应当根据社区矫正对象的矫正阶段、犯罪类型、现实表现等实际情况，对其实施分类教育；应当结合社区矫正对象的个体特征、日常表现等具体情况，进行个别教育。社区矫正机构、司法所根据需要可以采用集中教育、网上培训、实地参观等多种形式开展集体教育；组织社区矫正对象参加法治、道德等方面的教育活动；根据社区矫正对象的心理健康状况，对其开展心理健康教育、实施心理辅导。社区矫正机构、司法所可以通过公开择优购买服务或者委托社会组织执行项目等方式，对社区矫正对象开展教育活动。"第四十四条对社区矫正对象参加公益活动作了"柔性"规定："执行地县级社区矫正机构、受委托的司法所按照符合社会公共利益的原则，可以根据社区矫正对象的劳动能力、健康状况等情况，组织社区矫正对象参加公益活动。"这和原规定必须参加八小时公益劳动相比，是一个大的变化。

社区矫正对象参加集中学习，以提高素质，掌握技能为主体，辅助学习其他知识。社区矫正机构在组织社区矫正对象集中学习时，要打破常规，拓宽学习渠道，以喜闻乐见的形式和载体，为社区矫正对象开展学习活动提供服务，对学习的时间、内容、效果提出明确的要求，重点帮助他们树立正确的世界观、人生观和价值观，尤其是在条件具备的情况下，可帮助社区矫正对象到工厂、农场、矿山、养殖场等进行技能学习和训练，使集中学习和将来的就业紧密结合在一起，监督社区矫正对象在遵纪守法的前提下按规定完成学习任务。

按照《社区矫正法》和《社区矫正法实施办法》的规定，社区矫正对象参加的公益活动，只是社区矫正的主要体现形式之一。在组织社区矫正对象参加公益活动时，重在树立正确的活动观念，锻炼意志，养成良好品质，从公益活动中认识自我和改变自我。在这里，社区矫正对象所参加的公益活动，是作为世界观、人生观改造的组成部分。另一部分是为了使社区矫正对象适应社会就业的需要，在社区矫正机构的安排下，在社会志愿者或社会组织帮助下，让社区矫正对象所参加的习艺劳动。即让社区矫正对象参加工厂、农场、果园、养殖场等单位学习技艺的劳动，这类劳动重在习艺，属技能的训练。

不管是集中学习，还是公益活动，社区矫正机构都要求社区矫正对象规范进行，并为每个社区矫正对象建立台账，作为对社区矫正对象综合考察和评审的依据。

六、监督评估制度

监督评估制度包括了监督考察和测量评估两个过程。监督考察是对社区矫正对象的社区矫正整体状况的监督、记录的过程，它是测量评估的前提和基础，为测量评估提供第一手资料。而测量评估则是监督考察的结果。二者是相辅相成，缺一不可的。

社区矫正中的监督考察，是社区矫正工作者对社区矫正对象的社区矫正状况的监督、记录并进行指导、评议的活动，也是社区矫正体现强制性的前提和基础。它是通过建立量化的检查督促机制，在指定的时间和地点或不定时抽查，掌握社区矫正对象在社区矫正中的动态和信息。

评估是指对事物或人物及其活动的一种估量性的价值判断，是一种模糊定量式的评价和判断，评估之前有一个测量的过程。所谓测量是依据一定的规则用数字对事物加以确定，也就是用定量的方法确定事物的属性。社区矫正中的评估是根据特定国家和社会所信奉的社区矫正的价值观或社区矫正目标，运用可操作性和科学手段，通过系统地收集有关信息、数据资料，进行筛选、整理、统计分析，对社区矫正对象、社区矫正过程和社区矫正结果给出价值判断，不断改进并完善社区矫正工作，为社区矫正决策提供依据的过程。

据此，社区矫正中的监督评估的实质，是对社区矫正对象、社区矫正工作及社区矫正的效果所作出的价值判断。监督评估的过程，实质上是对社区矫正活动中的事物或人物的现实或潜在价值作出判断的过程。它是参照既定的社区矫正目标，通过监督考察活动系统地搜集信息，并作出综合的价值分析和判断，其目的在于提高社区矫正质量、推动社区矫正政策、改善社区矫正的管理与决策。

监督评估是一种综合性的、多功能的活动，因而在评估之前必须有一个针对性的、切实可行的、能付诸实施的评估方案。即包括评估的目的、评估的依据、评估的项目、评估的标准、评估的方法、评估的组织和结果。

（一）监督评估的机构和人员

社区矫正监督评估机构是社区矫正机构及其受委托的司法所；监督评估的人员主要是社区矫正工作者和其他监督考察人员，也可以是委托的第三方专业评估机构。监督评估的机构和人员主要是依据评估的内容和要求而定。

（二）监督评估的方式

在监督评估的方式上，依照不同的监督评估内容和要求，监督评估的方式也不一样。社区矫正机构对社区矫正对象的监督评估，主要是通过对社区矫正对象在社区矫正中的综合考核，由此得出评估结论。委托第三方专业评估机构对社区矫正工作的整体评估，主要是通过大数据、云计算、统计调查等专业方法，得出评估结论。

（三）监督评估的内容

在监督评估的内容上包括行为评估、心理评估、再次违法犯罪评估、社会适应性评估、人际关系状况评估、自我意识评估、自制力评估等。由于评估的项目不同，评估的内容也不一样。按照司法部《司法行政机关社区矫正工作暂行办法》的规定，监督评估的内容包括：遵守法律、行政法规和社区矫正有关规定，服从监督管理；未经批准，不得行使言论、出版、集会、结社、游行、示威自由的权利；定期报告自己的活动情况；遵守关于会客的规定；离开所居住的市、县或者经常性跨市县活动、变更执行地，应当报告受委托的司法所，并经县级社区矫正机构批准；遵守其他具体监督管理措施等。

对暂予监外执行的社区矫正对象，在社区矫正期间除遵守上述规定之外，还应当遵守在指定的医院接受治疗；确因治疗、护理的特殊要求，需要转院或者离开居住区域在七日以内的，应当报经受委托的司法所批准；超过七日的，应当由受委托的司法所签署意见后报经县级社区矫正机构批准。返回居住地时，应当立即向受委托的司法所报告。社区矫正对象离开所居住市、县（旗）不得超过三十日。

对于人民法院禁止令确定需经批准才能进入的特定区域或者场所，社区矫正对象确需进入的，应当经县级社区矫正机构批准，并告知人民检察院。

（四）监督评估的程序

按照2020年"两院两部"的《社区矫正法实施办法》和一些省、直辖市、自治区的规定，社区矫正机构在监督管理中的一些具体程序有：

（1）受委托的街道（乡镇）司法所应当根据国家法律、法规、规章和监督管理规定，落实日常监督管理措施。

（2）社区矫正对象应当定期向受委托的司法所报告自己的思想、活动等情况。

（3）社区矫正对象外出、经常性跨市县活动、变更执行地时应当经县级社区矫正机构批准，同时履行相关手续。

（4）保外就医的社区矫正对象还必须遵守在指定医院就医、转院或进行治疗疾病以外的社会活动须经批准等规定。

（5）县级社区矫正机构应当定期将新增社区矫正对象的名单、基本情况、社区矫正对象考核情况送检察机关监所检察部门，接受检察监督。

（五）监督评估的结论

在社区矫正对象解矫之前，社区矫正机构应当根据社区矫正对象在矫正期间的考核情况、奖惩情况、心理测验情况，对其矫正效果进行综合评估。评估结果填入《社区矫正期满鉴定表》。

七、归监制度

归监制度是指假释的社区矫正对象、被宣告缓刑的社区矫正对象、暂予监外执行的矫正对象，按照规定或者在社区矫正中出现了法定事由，收监执行或重新收监的制度。

这项制度的使用，可在无形中对社区矫正对象形成心理上的压力，使其规范自己的行为，否则就面临着使其收监执行或重新回监狱服刑的不利后果。《社区矫正法》第四十五条至第四十九条对撤销缓刑、假释，暂予监外执行的收监执行、逮捕等进行了规定。2020年"两院两部"的《社区矫正法实施办法》对收监执行进行了具体规定。当然，这一制度的使用，其对象具有特定性，只能对被判缓刑的社区矫正对象、暂予监外执行的矫正对象和假释的矫正对象使用。

第一种情况，是指按照2020年"两院两部"的《社区矫正法实施办法》第四十六条规定：社区矫正对象在缓刑考验期内，有下列情形之一的，由执行地同级社区矫正机构向原审人民法院或者执行地人民法院提出撤销缓刑建议书：①违反禁止令，情节严重的；②无正当理由不按规定时间报到或者接受社区矫正期间脱离监管，超过一个月的；③因违反监督管理规定受到治安管理处罚，仍不改正的；④受到社区矫正机构两次警告，仍不改正的；⑤其他违反有关法律、行政法规和监督管理规定，情节严重的情形。社区矫正机构一般向原审人民法院提出撤销缓刑建议。如果原审人民法院与执行地同级社区矫正机构不在同一省、自治区、直辖市的，可以向执行地人民法院提出建议。执行地人民法院作出裁定的，裁定书同时抄送原审人民法院。社区矫正机构撤销缓刑建议书和人民法院的裁定书副本同时抄送社区矫正执行地同级人民检察院。此时，归监是对矫正对象最严厉的处分措施。第四十七条规定：社区矫正对象在假释考验期内，有下列情形之一的，由执行地同级社区矫正机构向原审人民法院或者执行地人民法院提出撤销假释建议书：①无正当理由不按规定时间报到或者接受社区矫正期间脱离监管，超过一个月的；②受到社区矫正机构两次警告，仍不改正的；③其他违反有关法律、行政法规和监督管理规定，尚未构成新的犯罪的。社区矫正机构一般向原审人民法院提出撤销假释建议。如果原审人民法院与执行地同级社区矫正机构不在同一省、自治区、直辖市的，可以向执行地人民法院提出建议，执行地人民法院作出裁定的，裁定书同时抄送原审人民法院。社区矫正机构撤销假释的建议书和人民法院的裁定书副本同时抄送社区矫正执行地同级人民检察院、公安机关、罪犯原服刑或者接受其档案的监狱。

第二种情况，是指按照2020年"两院两部"的《社区矫正法实施办法》第四十九条规定：暂予监外执行的社区矫正对象有下列情形之一的，由执行地县级社区矫正机构向执行地或者原社区矫正决定机关提出收监执行建议：①不符合暂予监外执行条件的；②未经社区矫正机构批准擅自离开居住的市、县，经警告拒不改正，或者拒不报告行踪，脱离监管的；③因违反监督管理规定受到治安管理处罚，仍不改正的；④受到社区矫正机构两次警告的；⑤保外就医期间不按规定提交病情复查情况，经警告拒不改正的；⑥暂予监外执行的情形消失后，刑期未满的；⑦保证人丧失保证条件或者因不履行义务被取消保证人资格，不能在规定期限内提出新的保证人的；⑧其他违反有关法律、行政法规和监督管理规定，情节严重的情形。

社区矫正机构一般向执行地社区矫正决定机关提出收监执行建议。如果原社区矫正决定机关与执行地县级社区矫正机构在同一省、自治区、直辖市的，可以向原社区矫正决定机关提出建议。社区矫正机构的收监执行建议书和决定机关的决定书，应当同时抄送执行地县级人民检察院。

第三种情况是对于暂予监外执行的社区矫正对象，由于暂予监外执行的法定事由消失或暂予监外执行的期限届满而重新收监服刑。

学习任务四　社区矫正救济制度

社区矫正救济制度是建立在社区矫正目的之上而派生的一种管理制度。对社区矫正对象的救济分为公力救济和私力救济两种，在有些情况下又是公力救济和私力救济的融合。根据《社区矫正法》第四十三条规定："社区矫正对象可以按照国家有关规定申请社会救助、参加社会保险、获得法律援助，社区矫正机构应当给予必要的协助。"《社区矫正法》第五章专门规定了对社区矫正对象的就业帮助、教育帮扶、社会救助等。社区矫正机构可以根据社区矫正对象的需要，协调有关部门、单位和个人合力解决社区矫正对象生活、入学、就业、心理等方面的困难和问题，帮助其融入社会。

一、社区扶助制度

社区扶助制度是私力救济的一种形式，它是指由于社区矫正对象在生活安置、就业、就学等方面产生困难，社区矫正机构利用社会志愿人员、社会组织以及社区矫正机构整合的其他社会资源，对社区矫正对象给以帮助、救济、安置的活动。这一制度的突出特点，是社会力量的自发性，社区矫正机构在其中扮演的只是中介和整合角色。

这一制度产生于20世纪70年代的美国。当时，美国制定了各种各样的方案去帮助罪犯更好地适应从监狱向社会的过渡，特别是制定了为刑满释放人员寻找工作的措施。这种活动遍布美国各地，有的与负责假释的部门相配合完成这些事情，有的把这一活动归属到州立就业服务部门之下，还有一些是按照"综合就业和培训法"的规定施行。①

美国有学者对 257 项这类活动的研究发现，大约 80% 的情况是受助者与帮助者平均接触时间为一年或更少些。在大约 80% 的活动中，帮助者与受助者平均每周联系一次。约有一半的活动坚持了四年或四年多。假释官员将出狱者推荐给这类活动是最常用的办法，监狱官员的推荐次之。大部分活动都有刑释人员充任职员。36% 的活动平均预算不到 10 万美元。60% 的活动职员少于 10 名。联邦政府是主要的奖金来源，其次是州政府。

还有不少的团体受托帮助刑释者。这些具有缓冲性的组织常常对处于假释成功和重返监狱之间的假释犯发挥很重要的作用。纽约市的"幸运社"为帮助刑释者适应社会生活，享誉颇高。这个组织为国内大部分刑释人员服务，在该组织的通信录上列有 38 000 人的姓名，并收到了 2 万多笔捐款。每年都有 4000 人至 5000 人前来求助，并大约有 1500 人最终得到了一些实质性的帮助。②

目前，我国的社区扶助制度还没有完全建立，除了《社区矫正法》作了原则规定之外，主要是一些零碎的地方规定，如《江苏省社区矫正试点工作实施意见》就对这一问题进行了原则规定：民政部门将社区矫正工作纳入社区建设和社区管理之中，指导基层组织参与社区矫正工作。将符合低保条件的社区矫正对象（特别是伤残、家庭困难人员）纳入低保范围。人力资源和社会保障部门积极为生活困难或有就业需要的社区矫正对象提供职业培训和就业机会。就目前情况下，我国社区矫正机构对社区矫正对象的社区扶助主要有：

（一）生活安置救济制度

社区矫正机构对生活困难的社区矫正对象，通过社会捐助或社会扶助的形式，帮助其解决困难。一是对生活困难、符合最低生活保障条件的社区矫正对象，社区矫正机构可以协调民政、人力资源与社会保障等部门，依法将其纳入最低生活保障范围。二是对生活存在严重困难且难以在短期内落实社会保障措施的

---

① 克莱门斯·巴特勒斯：《矫正导论》，孙晓雳 等译，中国人民公安大学出版社，1991，第 140 页。

② 克莱门斯·巴特勒斯：《矫正导论》，孙晓雳 等译，中国人民公安大学出版社，1991，第 140 页。

社区矫正对象,社区矫正机构可以协调民政等部门提供过渡性安置帮助等临时生活救助。三是社区矫正机构可以协调人力资源社会保障部门为符合条件的社区矫正对象依法办理社会保险。

(二)就业就学救济制度

社区矫正机构对社区矫正对象或社区矫正对象的子女在就业就学方面有困难的,主动与有关部门、学校、用人单位联系,安排社区矫正对象或社区矫正对象的子女就业就学,以解决社区矫正对象的困难。或者是由社会企业、学校主动承接社区矫正对象或社区矫正对象的子女就业就学问题。社区矫正机构可以根据社区矫正对象的需要,协调人力资源与社会保障部门或教育部门开展职业技能培训和就业指导,帮助落实社会保障措施,为其就业提供帮助。在有条件的地方,社区矫正机构可以协调民政等部门或者有关单位建立社区矫正对象就业基地,或者为社区矫正对象的创业提供必要的资金支持。

社区扶助制度不仅是对社区矫正对象的一种帮助制度,更重要的是作为感化教育社区矫正对象的手段,把救助活动作为教育感化的切入点。

二、法律援助制度

法律援助,也称法律扶助,是指对需要专业性法律帮助而又无力承担诉讼费用以及无力支付律师费用的公民予以援助,以维护其合法权益。法律援助有广义和狭义之分。广义的法律援助,既是一项国家责任、政府行为,又是一项社会公益事业,既包括在整个法律程序的各个环节为当事人提供法律帮助,也包括法院对诉讼费用的减免等,受援对象涵盖全社会需要法律帮助的一切公民,不分民族、种族、性别、职业、年龄,不分一般群体和特殊群体,援助范围涉及法律事务的各个领域,包括诉讼和非诉讼的方方面面。广义的法律援助就是法律服务。而狭义的法律援助是指律师对公民的法律援助义务,主要表现为律师为社会有特殊需要的成员免费或减费提供法律服务,其目的是保障那些因为经济困难请不起律师或其他原因得不到律师帮助的刑事被告人同样能得到律师的帮助。

这里所说法律援助是广义的,实质上是一种法律帮助,是社会相关部门及社区矫正机构对社区矫正对象所提供的法律服务。这种法律援助只是在对象上具有特定性,即社区矫正对象及其家庭成员。

为社区矫正对象提供法律援助的机构和人员主要是律师事务所、法律服务机构和提供法律服务的法律工作者。服务的内容包括社区矫正对象及其家庭成员所需服务的各种法律事项,有诉讼的,也有非诉讼的;有民事的、经济的、行政的等。法律服务的形式包括解答法律咨询、代拟法律文书、参加刑事辩护、民事代理、进行公证证明、代为处理法律事务等。

社区矫正对象在社区矫正过程中,无论是自己还是其家庭成员,不可避免地会遇到各种各样的矛盾或纠纷,并由此而产生法律问题。社区矫正机构应当根据社区矫正对象的申请,协调法律援助机构等单位,为符合条件的社区矫正对象依法提供法律咨询、诉讼代理等法律援助。因此,对社区矫正对象提供法律帮助不仅是社区矫正对象的自身需求,更重要的是社区矫正工作教育转化的需要,也是社区矫正的措施之一。

三、申诉、控告、检举制度

《社区矫正法》第四条、第六十一条、第六十二条的规定:社区矫正对象的人身安全、合法财产和辩护、申诉、控告、检举以及其他未被依法剥夺或者限制的权利不受侵犯。社区矫正对象在就学、就业和享受社会保障等方面,不受歧视。

社区矫正工作人员应当认真听取和妥善处理社区矫正对象反映的问题,依法维护其合法权益。人民检察院发现社区矫正工作违反法律规定的,应当依法提出纠正意见、检察建议。

(一)申诉

申诉权是指公民对有关自身或他人的权益问题,享有向有关国家机关诉说理由,请求重新处理的行为权利。社区矫正对象可以就自己违法事实或判决书中事实认定和法律适用提出申诉,社区矫正机构对社区矫正对象的申诉材料,应当及时传递,不得扣压。申诉不仅是公民正当权利和合法权利的有效保障,也是公民管理国家,对国家机关和工作人员行使监督权的主要形式。

申诉是社区矫正对象享有的合法权利,社区矫正对象可以依据自己的意愿直接提出,也可以委托其亲属、监护人或律师提出。社区矫正机构必须保障社区矫正对象申诉的权利,为社区矫正对象提供方便条件。实践中,正确处理社区矫正对象申诉应做好以下几方面的工作：第一，设立社区矫正对象申诉箱，并指定专人管理，便于社区矫正对象递交申诉材料。对于社区矫正对象的申诉材料，应当及时转递，不得扣压，并做好登记。第二，根据社区矫正对象的申诉，认为可能有错误的，按照规定，应当提请人民检察院或者人民法院处理，或者是其他有关部门处理，并将处理结果通知社区矫正机构。第三，对无理申诉的社区矫正对象要进行法制教育，帮助其认识自己违法犯罪的社会危害性，服从人民法院的正确判决，接受社区矫正机构的教育改造。如果社区矫正对象是以申诉为由，无理取闹，蓄意破坏社区矫正秩序，屡教不改，查证属实的，应依法严肃处理。第四，社区矫正机构对社区矫正对象提出的申诉，应当具体情况具体分析，不应当一概认为是不认罪服法。对于被驳回申诉的，应当允许再次申诉。第五，社区矫正对象提出申诉，在相关机关作出处理之前，社区矫正机构不能停止对社区矫正对象的矫正活动。

（二）控告

社区矫正对象的控告权是社区矫正对象认为自己的合法权益受到侵犯时，向司法机关揭发要求处理的权利。

社区矫正对象向有关国家机关告发具有玩忽职守、徇私舞弊、滥用职权等违纪违法犯罪行为的社区矫正机构工作人员，是法律赋予社区矫正对象的基本权利，也是社区矫正对象合法权益自我保护的一种途径。因此，正确处理社区矫正对象的控告，对于社区矫正机构依法严格公正执法，确保教育改造工作依法实施，有着重要的意义。

社区矫正机构应当在适当的地方设置控告箱，控告箱由社区矫正机构所在地的人民检察院工作人员或社区矫正机构纪检监察部门的工作人员开箱处理。对社区矫正对象以口头形成提出的控告，接受控告的工作人员应当写成笔录，经宣读无误后，由控告人签名或盖章。同时要注意做好保密工作，切实保障社区矫正对象依法行使控告权利。

社区矫正机构要教育引导社区矫正对象正确行使控告权，讲清楚法律的有关规定。如果社区矫正对象故意捏造事实，诬告陷害他人，查证属实的，社区矫正机构要严肃查处；构成犯罪的，要依法追究刑事责任。如果社区矫正对象因情况不了解或者只是片面认识，并非有意诬告陷害而属于错告的，一般不予追究。

社区矫正对象也可以利用通信的方式，直接向有关部门提出控告。任何单位和个人都不得以任何形式、任何理由进行扣留、阻挠或者打击报复。

对社区矫正对象提出的控告，应按照法律规定的管辖范围，分别予以处理。属于社区矫正机构管辖范围的，社区矫正机构应当及时查证处理；社区矫正机构无权处理的，则应当及时转报有关部门处理。社区矫正机构对控告作出处理或转报有关部门处理完毕后，应当将结果通知具名控告的社区矫正对象。

（三）检举

检举是对他人的违法犯罪行为向有关国家机关进行揭发、举报的行为。

社区矫正对象向社区矫正机构或者有关国家机关检举揭发社区矫正机构内外违法犯罪分子的活动，是他们接受教育改造，认罪服法，改邪归正的一种具体表现，也是培养公民意识和责任感，令其将功补过的一项制度。同时，社区矫正对象的检举可以为侦破监狱及社区矫正机构内又犯罪案件和社会上的违法犯罪案件提供线索。这对于及时打击各种违法犯罪活动，维护社会稳定有着重要意义。

检举的处理。社区矫正机构应当在合适的区域设立检举箱，方便社区矫正对象举报，并由社区矫正机构工作人员专人或社区矫正机构所在地的人民检察院工作人员开箱处理。

社区矫正对象的检举材料，要造册逐件登记，并依照法律规定的管辖范围，分别予以处理。属于社区矫正机构管辖范围的，社区矫正机构应当及时查证处理；不属于社区矫正机构管辖范围的，则应当及时转报有关部门处理。对社区矫正对象直接向社区矫正机构检举现行犯罪或者预谋犯罪的，社区矫正应当立即处理或者转报有关部门处理。

四、社会保障制度

社会保障制度是指政府的人力资源和社会保障部门应将社区矫正对象放在和社会成员同等的位置，为其提供社会保障方面的服务。依据《社区矫正法》和相关法律法规、地方性规章的规定，主要体现在：第一，县级以上地方人民政府及其有关部门为教育帮扶提供必要的场所和条件，组织动员社会力量参与社会保障工作。第二，对有特殊困难的、没有自谋职业能力的社区矫正对象，居民委员会、村民委员会可以引导志愿者和社区群众，利用社区资源，采取多种形式，提供职业培训的费用、职业培训的场所和职业培训的机会。第三，企业事业单位、社会组织为社区矫正对象提供就业岗位和职业技能培训。第四，社区矫正对象可以按照国家有关规定申请社会救助、参加社会保险等。

另外，社区矫正对象丧失劳动能力又无法定赡养人、抚养人和基本生活来源的，由当地人民政府予以救济。

【本单元小结】

本单元主要内容包括：社区矫正调查评估制度、社区矫正中期管理制度、社区矫正中止与终止制度等内容。为社区矫正工作依法、科学、规范地开展管理提供了共同遵守的工作规程或行动规则。

【引例分析】

1. 对朱某开展社会调查评估的内容是什么？

根据《社区矫正法》和《社区矫正法实施办法》（修订稿）对朱某开展社会调查评估的内容应包括：

（1）朱某的基本情况。

①朱某的居所情况；

②朱某的个人基本情况；

③朱某的教育背景；

④朱某的职业背景。

（2）朱某的家庭和社会关系。

①朱某的家庭情况；

②朱某的社会交往和主要社会关系。

（3）朱某的一贯表现。

①上学期间的表现；

②工作表现；

③遵纪守法情况；

④是否具有不良嗜好，行为恶习等。

（4）朱某犯罪情况和悔罪表现调查。

（5）朱某居住地村（居）民委员会和受害人意见。

①朱某村（居）民委员会意见；

②受害人意见；

③拟禁止的事项调查。

2. 根据朱某进入社区矫正后的表现，社区矫正机构应如何对其进行管理？

根据朱某进入社区矫正后的表现，社区矫正机构应：

（1）划分合适的管理等级并给予相应的矫正处遇；

（2）依法严格实施"关于报告、会客、外出、迁居"等监督管理规定；

（3）依法组织其参加教育学习和公益劳动。

3. 社区矫正机构应如何为朱某建立档案？

（1）社区矫正机构应为朱某建立执行档案，其内容包括：

①适用社区矫正的法律文书；

②接收、监管审批、处罚、收监执行、解除矫正等有关社区矫正执行活动的法律文书。

（2）司法所应为朱某建立工作档案，其内容包括：

①司法所和社区矫正小组进行社区矫正的工作记录；

②朱某接受社区矫正的相关材料等。

【思考题】

1. 如何为拟适用社区矫正的被告人或罪犯开展调查评估工作？

2. 在社区矫正工作中应怎样给社区矫正对象划分管理等级，并根据不同的管理等级采取相应的矫正处遇？

3. 如何执行社区矫正对象的归假制度？

4. 当社区矫正对象有困难时如何救助？

【案例分析】

据报道：福建省福清市司法局探索"社区矫正+"定制矫正"套餐"。2020年8月19日，福清市司法局通过公开择优购买社区矫正社会工作服务的方式，同福建省启航教育帮扶服务中心签订了政府采购合同，将社区矫正教育、心理辅导及社会工作者培训服务类项目进行委托。委托项目涵盖社区矫正的入矫教育、矫中教育、解矫教育、心理教育、社工培训等五个方面。对社区矫正对象实施针对性集中教育、个性化心理疏导、多样化网上教育。重点落实"职业院校+社区矫正""企业+社区矫正""社会专业组织+社区矫正"三支社会力量，形成了福清社会力量参与社区矫正工作基本模式。

福建省福清市司法局的这些举措，体现了社区矫正的哪些管理制度？

第六单元　社区矫正管理模式

【本单元引例】

付某因犯盗窃罪被某区人民法院判处有期徒刑六个月,缓刑一年。判决生效后,付某在规定的期限内到其居住地县社区矫正机构办理了社区矫正手续,县社区矫正机构委托付某居住地的司法所负责对付某开展社区矫正的具体工作。付某如期到其居住地的司法所报到,正式成为一名社区矫正对象。但在接受社区矫正过程中,付某错误地认为司法所的监管只是一种形式,既然让他回到社区,就等于没事了。因此,他不但不按规定到司法所汇报思想,参加学习教育和社区公益活动,而且还将携带的社区矫正管理 GPS 定位手机关机,致使司法所无法掌握其位置和行踪,失踪时间长达一个多月之久。

请问:

1. 付某所在地的社区矫正机构应如何为其办理报到接收手续?

2. 付某进入社区矫正后,司法所应如何对其进行监督管理和教育帮扶?

3. 针对付某在社区矫正期间关闭 GPS 定位手机,且失踪时间长达一个多月的行为,社区矫正机构应怎么办?

【教学目标】

1. 了解社区矫正管理模式产生的思想基础。

2. 熟悉主要的社区矫正管理模式。

3. 掌握我国社区矫正的上海管理模式和北京管理模式。

任何法律或制度都是实践理性的产物,体现了人们的价值判断与理性选择。理性并非要否定所谓自生自发秩序的作用,而是强调现实中缺乏价值判断,法律将寸步难行。人们(立法者)在各种价值目标之间加以评判取舍,就是一个法律目的选择的过程。不同的目的选择指向了不同的价值：历史法学选择了民族的精神，法经济学派选择了效率优先，自由主义强调了个人的自由保障。为此，作为具体的社区矫正管理模式的选择，也需要在经验的基础上，先进行价值的判断，以使选择模式符合理性认识的最优考量。毫无疑问，监狱制度的封闭式行刑模式与社区矫正制度的开放式行刑模式在最终目的上是一致的，是统一于刑罚特殊预防目的之上的。只是在达成这一最终目的的途径上，各有不同的模式选择。也就是说，方法或途径成了次一级的目的。社区矫正管理模式的设计，同样面临这种次一级的目的选择问题。取舍之间，便极有可能造成面貌相同的制度，却有不同的结果。[①]

学习任务一　社区矫正管理模式的类型

一、社区矫正管理模式产生的思想基础

社区矫正管理模式产生的理论基础是复归主义思想。复归主义思想认为，监狱不是矫正教育罪犯的理想环境，罪犯被长期监禁在监狱中，生活环境、生活内容、生活方式等由监狱进行统一的设计和规划，罪犯在严密监视与控制下服刑，与现实社会严重脱节。并且常年处在监狱亚文化的消极影响中，受亚文化负面的熏陶，使罪犯在刑满释放时难以重返正常的社会生活。一般认为，监禁越久的人，重返社会也就越困难。美国伊利诺伊州矫正署署长查尔斯认为，"将一个人数年之久关押在高度警戒监狱里，告诉他每天睡觉、起床的时间和每日每分钟应做的事，然后再将其抛向街头并指望他成为一名模范公民，这是不可思议的。"[②] 美国司法委员会矫正工作部在报告中进一步指出："矫正的任务包括在犯人和社区之间建立或重新建立牢固的联系，使罪犯归入或重归社会生活中去，恢复家庭关系，获得职业教育。就广泛的意义而言，即在于为犯人在社会

[①] 谭全万：《主体或空间：论社区矫正的模式选择》，《成都行政学院学报》2007年第3期，第69—71页。

[②] 克莱门斯·巴特勒斯：《矫正导论》，孙晓雳 等译，中国人民公安大学出版社，1991，第130页。

正常生活中获得一席之地提供帮助。这不仅要求必须努力改变每一名罪犯，这一点曾经是复归模式的唯一目标，而且还需要发动和改造社会及其各类机构。"[1] 因此，复归思想主张刑罚应该积极采取措施，对罪犯在服刑期间进行矫正教育、技能训练，使罪犯掌握一技之长，促使罪犯顺利回归社会。要想达到这一目的就必须，一是监狱在监禁罪犯过程中，要以罪犯回归社会为目的采取与社会结合的措施，在行刑过程中为罪犯安排多种形式的重新回归社会活动，如职业培训、提前释放、学习释放、工作释放、离监探亲等。二是应广泛使用社区矫正，充分发挥社区在矫正教育罪犯工作中的作用，通过强化罪犯与社区之间的联系，使罪犯重新适应社会生活。强调监禁只是无奈之举，只有在罪犯不适宜社区矫正的情况下才对其适用监狱监禁。三是强调犯罪人与社区关系的修复，包括在罪犯和社区之间建立或重建牢固的联系，特别重视为犯罪人提供自新的权利与机会。在社区矫正中，通过缓刑、假释、中途训练所等非监禁形式，使罪犯重新和他们的家庭生活在一起，而且他们有机会在社区中从事某种工作，同时用他们工作收入的一部分来补偿对犯罪受害人的赔偿责任、支付罚金和用于矫正工作所需的花费。另外，罪犯可以通过参加心理治疗以及文化和职业教育，来提高他们的工作技能和社会交往能力。当然，为了防止罪犯对被害人或社区居民可能带来的不利影响，在社区矫正中也要强化对罪犯的监督管理与控制，并要求遵守一些强制性规定，如限制居住与活动场所、不得与品行不良人员交往等。四是鼓励社会公众和民间团体、社会组织、志愿者等积极参与帮助罪犯重归社会的实践活动，负责矫正的专业人员、控制的戒护人员、社会工作者与自愿服务者都是社区矫正的重要参加者。在西方国家，一些社区的志愿者经常从多方面为罪犯提供帮助，有的人经常帮助缓刑、假释工作人员做一些辅助性的文字工作；一些宗教人员为罪犯提供宗教学习的机会或辅导他们学习。由于社区的帮助和支持，使罪犯能有比较好的机会来适应社区的生活。

　　复归的理念构成了社区矫正的理论基础。由于复归思想支配下的矫正模式主要表现形式是社区矫正，因此，将其称为社区矫正管理模式。在复归思想的指导下，带来了"矫正制度的黄金时代"。[2]20世纪60年代末70年代初社区矫

---

[1] 克莱门斯·巴特勒斯：《矫正导论》，孙晓雳 等译，中国人民公安大学出版社，1991，第22页。

[2] 克莱门斯·巴特勒斯：《矫正导论》，孙晓雳 等译，中国人民公安大学出版社，1991，第23页。

正制度在美国获得了迅速的发展。

二、以价值取向为标准的社区矫正管理模式

以社区矫正的价值取向为标准，可将社区矫正分为公众保护模式、刑罚模式和更生保护模式。[①]

（一）公众保护模式

这是以美国、加拿大和澳大利亚为代表的一种模式。所谓公众保护模式，是指社区矫正的适用以保护公众安全为基本出发点，在社区矫正的适用及执行上都以公共安全为首要考虑因素，而不仅仅是着眼于罪犯的重返社会。如在加拿大，其矫正工作遵循三个原则：一是保护公众安全；二是尽可能少地限制犯罪人的自由；三是鼓励社会公众参与矫正工作。但在这三个原则中，保护公众安全是头等重要的、最基本的原则。加拿大矫正当局认为，保护公众安全的最佳办法是让犯罪人安全地回到社会，最大限度地减低重新犯罪的可能性，使其成为守法公民。假释适用和开展社区矫正则被当作使犯罪人安全回归社会，实现再社会化的有效途径。但是，决定是否给予某个犯罪人假释，最重要的考虑因素是该犯罪人假释出去之后是否还会危及公众的安全。而美国在1985年制定的《综合犯罪控制法》中明确指出：刑罚目标不是复归社会，而是正当惩罚和控制犯罪。

这种模式的特点：一是从适用对象来看，判断是否适用社区矫正以是否会危害社会公众安全为标准。二是从社区矫正种类来看，比较丰富多样，以尽量适应不同的矫正对象。社区矫正种类主要有缓刑、假释、社区服务、罚款、赔偿、家庭监禁、电子监控、中途训练所、连续报告制度等。三是有统一的社区矫正决定和执行机关。在美国和加拿大，对于罪犯是否处以社区矫正，一般都是由法院决定的。如果被适用社区矫正的罪犯在服刑期间重新犯罪或违反有关行为规则的，法院则可以科普通监禁刑。执行社区矫正的部门则一般是矫正局统一执行，而且都实行垂直领导。四是对社区矫正的执行人员要求高，经费纳入财政预算且经费来源渠道广。

[①] 李明：《国外主要社区矫正模式考察及其借鉴》，《中国司法》2008年第1期，第99—105页。下列三种模式依照本文整理，特此说明并感谢。

（二）刑罚执行模式

这是以英国为代表的一种模式。所谓刑罚执行模式，是指社区矫正已融入其刑罚体系中，完全把社区矫正作为一个刑种予以广泛适用，而并不特别强调执行社区矫正要有回归社会的目的或者是对出狱人的特别保护。因此，社区矫正的决定多以法院命令的形式出现，要求服刑人员强制执行。社区矫正刑在英国不是单一的刑种，而是复合型的、多元化的刑种。现行英国法律根据刑罚轻重，把刑罚分成三种：罚款、社区矫正刑和监禁刑。社区矫正刑属于中等强度的刑种，适用于具有中等危害程度犯罪行为的罪犯。

英国的惩罚模式特点：一是社区矫正以法院命令为主。最常见的社区矫正有：缓刑令、社区服务令、宵禁令、毒品治疗与检测令、出席中心令、监督令、假释等。二是社区矫正的决定机关：假释由假释委员会裁决，其他社区矫正刑作为一个刑种主要由法院决定；执行机关由英国负责社区矫正执行的工作机构，在中央一级为内政部国家缓刑局，接受内政大臣直接领导，统领各地方缓刑服务局。三是对社区矫正官员要求较高，以保障刑罚的有效执行。

（三）更生保护模式

这是以日本为代表的模式。所谓更生保护模式是指其社区矫正制度除了有一般社区矫正制度的特点外，更加注重出狱人保护救济措施的完善。这一模式的主要特点：一是完善的社区处遇制度。20世纪日本矫正制度的发展，是以罪犯社区处遇的广泛拓展为标志的。在日本，通常所说的罪犯社区处遇，或者称为更生保护，包括缓刑、假释以及罪犯释放后的安置等。更生保护的对象主要包括：受保护观察处分者；被刑事判决缓刑者；假释、保释出狱或者保外就医者；刑满释放者或者赦免出狱者；其他法定应予更生保护的等。更生保护的主要目的是最大限度减少监禁机构中的服刑者，让尽可能多的罪犯在社会和有关组织的监督下进行社区矫正，这样不仅能降低执行刑罚的成本，而且还能使罪犯不与社会产生隔阂，有利于罪犯融入社区、重返社会。二是富有成效的非监禁刑措施。日本的假释、缓刑等非监禁刑措施运用非常成功，罪犯的假释由监狱长向地方更生保护委员会提出申请，该委员会决定是否假释，而无须报法院批准。三是完善的开放式监狱行刑制度。四是有完善的社区矫正执行机构。罪犯的矫正处遇问题由法务省主管，包括两个部门，狱内矫正属于矫正局主管，社区矫正属于更生保护局及其所管辖的机构负责。

三、以主导主体为标准的社区矫正管理模式

从社区矫正的发起方式、资金来源、目标设定等要素来看,大体上有三种主导模式可供选择:以社区自治主导的社会改造模式,又称本源模式;以政府主导的行刑空间转换模式;以政府职能与社区优势相结合的复合主导模式。

(一)社区自治主导的社会改造模式

这一模式又称本源模式,本源的依据是社区矫正自产生就是以社区主导为主体的。

社区矫正的创始人,目前公认的是美国马萨诸塞州波士顿市的鞋匠约翰·奥古斯塔。他是世界缓刑的创始人,他的缓刑尝试始于1841年。首先向波士顿违警法院提出了愿意为犯罪的酗酒者承担法律责任,交由他管理,保证其能改变恶习,如果不能实现承诺,他情愿自己承担经济上的损失。法院认可了他的请求,对每个被保释者法院收取奥古斯塔保释金30美元,并给予犯罪者30天的暂缓判决,将犯罪者交由奥古斯塔进行管理。1842年至1859年他以个人身份一共保释、监督、管理过1152个男性和794个女性违法者,他千方百计为保释的犯罪者解决住房问题,帮助寻找工作。到期时,法官将犯罪者的监禁判决大都改为一般的罚款。在他最初保释和帮助的1100个犯罪者中,只有1人重新犯罪。在近20年中,奥古斯塔共花费了24万美元,主要用于交保释金和帮助犯罪人。资金来源主要是靠自己的生产经营和社会捐助。[1] 在当时,他的付出是笔巨大的开支,且均由他本人承担,没有政府的任何介入,矫正的方式和内容完全是按照自己的善意和公德心而设置。若干年之后他的行为才得到了社会和州政府的认可,促使了马萨诸塞州社区矫正法的颁布,并使其他州相继效仿。由此可以看出,社区矫正自创始之初的本意是社区自治主导的社会改造,而非政府主导。因此,这一模式又叫社区主导型,其特点是政府仅以立法形式间接干预与规范社区矫正,至于具体的社区矫正工作则完全实行社区居民的自主治理。

以社区自治主导的社会改造模式的理论基础,主要是恢复性司法的理念,

---

[1] 刘强:《美国社区矫正演变史研究》,法律出版社,2009,第61—62页。

认为犯罪首先侵害的是被害人的权利,其次是社区的权利,最后才是国家的法律秩序。因此犯罪人的责任,不是被动地接受刑罚的处罚,而是积极地挽回因犯罪造成的不良后果,消除犯罪行为对被害人和社区的损害。这就要求在处理犯罪人和犯罪行为的过程中,应当考虑被害人和社区的需要。与此同时,恢复性司法认为,在犯罪发生后,除了犯罪人对自己的行为承担责任外,社区也应对处理犯罪负有责任,因为犯罪是社区关系不良的一种体现,社区成员应该对犯罪集体负责,每一个犯罪人身边的人都应该对犯罪人悔过自新提供力所能及的帮助和支持。如此一来,社区矫正就应当由社区主导,在社区自治的范围内,利用社区资源的广泛参与和社区矫正对象同社会成员的充分互动,顺利完成教育改造的目的。[①]

社区自治主导的社会改造模式的另一典型代表,是女犯罪心理学家米米·西尔博特与曾是假释犯的约翰·马勒联手,于1971年创建的美国旧金山迪兰西街矫正中心,没有政府投资,没有政府官员参与管理,采取完全自治的模式,却取得了巨大的成功。该自治模式的特点是实行基本完全自治管理,由自身成立的董事会和社区矫正对象组成的理事会进行管理。理事会的组成则充分体现种族多元化和性别平衡,非洲裔美国人和西班牙、葡萄牙、印第安裔美国人以及英裔美国人,各占三分之一,与各种族在矫正对象中所占比例一致;社区矫正对象中女性占25%,管理层中则有30%—40%的比例为女性成员。[②] 这里被称为"失败者的哈佛大学",学生则清一色为曾经的重罪犯人、瘾君子、毒贩子、窃贼、问题少年、辍学者、皮条客、妓女或者无家可归的流浪汉。在过去的30多年里,这所特殊大学将1万4千余名各色犯人和其他被社会唾弃的底层人士培养成自信遵纪、自尊自爱、诚实勤奋的守法公民。迪兰西街矫正中心矫治的对象数以千计,并先后创办了餐馆、咖啡馆、书店、搬运公司、家具店等23家公司,营业地点遍及美国纽约州、新墨西哥州、北卡罗来纳州、加利福尼亚州洛杉矶和旧金山等地,形成年产值达2000万美元的产业帝国。[③] 由此可见,社区矫正并不只是社区矫正对象"在社区内被矫正",而应该是"由社区来矫正"。

[①] 谭全万:《主体或空间:论社区矫正的模式选择》,《成都行政学院学报》2007年第3期,第69—71页。

[②] 张传伟:《我国社区矫正京沪模式的比较分析与选择》,《北京社会科学》2009年第1期,第55—61页。

[③] 颜九红:《美国社区矫正的成功典范——迪兰西街矫正中心》,《北京政法职业学院学报》2005年第2期,第64—66页。

也就是说，社区矫正的本源模式是社区自治的社会改造模式，而非国家主导的行刑空间转换模式。①

社区自治主导的社会改造模式，首先，要树立社区主导的思想，以社区代表社会同社区矫正对象共同承担因犯罪所负有的责任，坚决避免国家机关代表国家以行刑场所的转换而忽视社区的自我治理能力。其次，不是以承诺书或教育谈话等表面文章的方式，而是要通过社区矫正对象同社区成员之间互动，来实现社会对犯罪的正常反应，实现社区矫正对象对受损社会关系的弥补，最终实现社区矫正对象正常地重返社会之刑罚目的。②

构建社区主导的社区矫正管理模式，有赖于良好的社区组织。社区是"具有共同价值取向的同质人口组成的关系密切、出入相友、守望相助、富有人情味的社会关系和社会利益共同体；这种共同体不是人们有意识选择的结果，而是自然的由于其生于斯长于斯而形成的。"③滕尼斯的社区概念不是当前我国所认识的地域概念，突出的是共同体的精神意蕴，即其存在着一个能将不同个体自谋出路黏合在一起的联结纽带，这一纽带的核心特征是存在广泛认同的默认一致。而在现代社会中出现的四种共同体形式：同业群体、社团、非营利组织以及网络社区，他们失去了传统共同体固定的地域边界，但获取了新的共同精神，即现代性所孕育的共有利益和共享价值，包括民主、自由、平等、公民权利等。社区所具有的重要功能便是自我治理的能力，这也是主张社区主导社区矫正的基本依据。虽然社区居民自治已成为对新时期基层管理构架的一种制度性设计，但仍然没有摆脱街道乡村的地域限制。④

社区自治模式由于非政府组织、志愿者及一般公众的参与，形成了自下而上的状态，通过社区基层力量组织社区矫正活动。在资金来源上，大都来自捐款、基金及会员会费等社会捐助；在发展目标上，更多的是关注国民福利、社区矫正对象的人权及社会治理制度的改革创新；在参与方式上，强调唤起社会集体行动、依赖大众运动和使用大众媒体。政府对社区矫正发展的作用主要表

---

① 谭全万：《主体或空间：论社区矫正的模式选择》，《成都行政学院学报》2007年，第3期，第69—71页。

② 谭全万：《主体或空间：论社区矫正的模式选择》，《成都行政学院学报》2007年，第3期，第69—71页。

③ 裴南迪．滕尼斯著：《共同体与社会》，商务印书馆，1999，第3页。

④ 谭全万：《主体或空间：论社区矫正的模式选择》，《成都行政学院学报》2007年第3期，第69—71页。

现在提供制度规范，基本不涉及组织与计划方案，社区层面的组织及居民按照自治原则，处理矫正事务。①

在当今社会条件下，这一模式虽然能使社区功能得以发挥，社区优势得以体现，但是社区是自治性的，由于缺乏强制性使社区矫正作为刑事执行方式遭遇"尴尬"。

（二）以政府主导的行刑空间转换模式

这一模式又称政府主导型，特点是政府与社区紧密结合，政府对社区矫正的干预较为直接和具体，并在社区中设立专门的派出机构，社区矫正的官办色彩浓厚，典型的如新加坡。②以国家机关主导的行刑空间转换模式的理论基础，主要是犯罪学的标签理论，即监狱制度对行为人造成"监狱化"或形成"监狱人格""监狱依赖"的消极结果。国家机关就应当突破监狱的封闭环境，将行刑空间拓展到社区之中，以较好地实现行为人再适应社会的能力，从而实现防止再犯可能的目的。

这种模式的优势十分明显，能有效利用政府所掌握的巨大行政资源，自上而下地拓展社区矫正空间，利用行政手段构建社区矫正的机构体系，使社区矫正工作做到规范有序。但是弊端也是显而易见的。首先，它违背"小政府、大社会"的理念，有国家权力过于深入和干预社区活动的嫌疑，与基层自治建设的努力相悖；其次，政府在社区矫正工作中主要以承诺书、考勤表、道德法律宣传等表面文章为结果评价指标，忽视或无力对社区矫正对象在具体的社区关系中的教育改造进行实质的工作，因而效果极为有限。正如芝加哥大学的沃克教授尖锐地指出："缓刑监督实际上是一个神话，监督仅仅停留在官僚机构的文件上，于是责任被推卸了。犯人每月与缓刑官见面一次，空泛地谈谈工作、毒品、酗酒以及犯罪等诸如此类的问题，然后由缓刑官上交一份报告，仅此而已。"③最后，这一模式主要以法规规章的形式来规范相关内容，但受制于各自的权限范围，必然造成法规规章之间的冲突。突出的是政府，必然造成强制性的扩大，

---

① 张鹏：《英美社区矫正管理模式述评》，《社区矫正理论与实务研究文集》，中国人民公安大学出版社，2009，第425页。

② 张鹏：《英美社区矫正管理模式述评》，《社区矫正理论与实务研究文集》，中国人民公安大学出版社，2009，第425—426页。

③ 谭全万：《主体或空间：论社区矫正的模式选择》，《成都行政学院学报》2007年第3期。

变"由社区来矫正"为"在社区内的强制矫正",难以体现社区矫正的本意。

政府主导的模式往往是自上而下的发动,在资金来源上,主要是来自国家税收;在发展目标上,旨在维护社会秩序、安全与保持政治稳定;在参与方式上,较多地依靠立法、舆论和恢复性司法活动。[1]

（三）以政府职能与社区优势相结合的复合主导模式

这一模式又叫混合型,是政府职能与社区自治的混合或复合。表现为政府对社区矫正的干预较为宽松,政府主要负责社区矫正计划的整体设计、指导,并提供经费支持,官办色彩与民间自治在社区发展中和谐共生、彼此交织,典型的如日本等。[2] 从目前的社区矫正管理模式看,越来越多的国家已不再依赖某一单一模式,而逐步向社会的多元整合模式发展,已超越了单纯的政府主导模式或者是社会自治模式,转而采用混合模式。

上述三种模式揭示了政府主导程度、居民参与程度以及行动方式这三个要素的关系。实际上,英美国家早期的社区矫正大多采用政府主导的发起方式,进而发展成为政府指导下的社区居民主动参与的共同行为,逐步从单一的危险特质模式向以社区为本、以案主为本、社会支持网络的多元整合模式发展。

学习任务二　我国社区矫正管理模式

我国社区矫正工作经过十几年的探索,形成了诸多独具特色的管理模式。具有代表性的有上海管理模式、北京管理模式、浙江管理模式、江苏管理模式等。

一、上海管理模式

上海市社区矫正工作在市委政法委的直接领导下,经过多年的探索与实践,

---

[1] 张鹏:《英美社区矫正管理模式述评》,《社区矫正理论与实务研究文集》,中国人民公安大学出版社,2009,第425—426页。
[2] 张鹏:《英美社区矫正管理模式述评》,《社区矫正理论与实务研究文集》,中国人民公安大学出版社,2009,第425页。

逐步形成了符合上海实际、具有上海特色的社区矫正运作模式。此模式也为理论研究与探讨我国社区矫正未来发展方向提供了新的实践操作空间和理论思考空间。

上海于2002年8月开始在徐汇区斜土路、普陀区曹杨新村和闸北区宝山路三个街道的社区矫正试点工作，试点的矫正对象包括缓刑、假释、管制、保外就医和剥夺政治权利的罪犯。到2003年1月社区矫正工作在这三个区的31个街道（镇）全面推开；到2003年8月又扩大到浦东、卢湾两个区，在全市5个区的59个街道（镇）试点。2003年初，上海市委政法委经过半年的调研，提出在全市构建预防犯罪工作体系的思路，由政府出钱购买服务，引入社团和社工帮助吸毒者、社区青少年、社区矫正对象三类特殊人群树立生活的信心和能力，从源头上预防犯罪。上海模式的特色和不足主要体现在以下几个方面[①]：

（一）上海管理模式的特点

上海市的社区矫正是典型的以政府职能与社区优势相结合的复合主导模式。总体思路是"政府主导推动、社团自主运行、社会多方参与"。根据这一总体思路组建了三个民办非企业性质社团组织，即上海市自强社会服务总社、上海市新航社区服务总站和上海市阳光青少年事务中心，标志着社团自主运行的实质性启动。2004年8月起，在试点工作的基础上，预防犯罪工作体系建设在全市各区县范围内全面推进，逐渐形成了多元化的、各司其职、协同管理的综合治理新格局。

（二）上海管理模式依托的社会经济条件

上海位于全国改革开放的前沿，经济实力雄厚，良好的社区环境已经培育形成，基层组织和文明建设得到了较快的发展，市民的思想道德修养、科学教育水平和民主法制观念有了进一步的提高，初步形成了一支热心于社会公益事业的志愿者队伍。另外，市委、市政法委对上海市法制建设的改革和创新非常重视和支持，也为扩展上海的社区矫正工作奠定了良好的基础。

---

① 这一部分的撰写大量引用和参考了王李娜的《上海社区矫正的实践与思考》，《湖北经济学院学报》2008年第3期，第37—38页；张传伟：《我国社区矫正京沪模式的比较分析与选择》，《北京社会科学》2009年第1期，第55—61页。

（三）上海管理模式的专业工作理念

在整个模式的构建与发展完善中，设计者与实施者超越了传统依靠行政方法实施专政的理念，采用了社会工作平等、尊严、接纳、诚信等方面的理念，发挥社会工作康复、预防功能。因此，从一开始就强调了将社会工作的价值理念运用到社区矫正的过程，通过政府购买社工服务的方式推动民间社团的自主运作，实行专门化机关管理和社会化管理相结合。

（四）上海管理模式的体制建设

上海市成立了以市委政法委牵头协调，公安机关、检察机关、审判机关、司法行政机关、监狱管理机关等相关部门参加的社区矫正工作领导小组，设立了禁毒委员会办公室、社区矫正办公室、青少年事务办公室，作为政府主导机构负责统筹规划三项工作。在政府的主导与推动下，分别从事禁毒、社区矫正、青少年事务三项工作的民办非营利社团——上海市自强服务社、上海市新航服务总社、上海市阳光社区青少年事务中心，获得政府购买服务的费用，承担政府指定的服务项目，主要职能为人事招聘、培训与考核以及制定统一的工作要求等日常管理。

在区级层面，对应三个社团设有三个社工站，各个街道都设有社工点。社区矫正工作者在正式上岗前，进行120个课时的集中封闭式培训，授课老师为高校社会工作专业与法学专业的专家和教授，分别进行法律知识、社会工作理论与实务、矫正业务与流程等课程培训。另外，每人每年至少要进行48小时的再培训，主要包括新的政策规定的学习、具体工作中的一些方法和技巧等。

（五）上海管理模式的队伍建设

上海管理模式的矫正队伍建设，通过政法选聘与社会招聘两种方式建构。社会招聘的工作人员是按照1个工作人员管理50个社区矫正对象的比例配置，12%左右的专业为社会工作与法律。

上海根据相关规定，通过社会公开招聘和内部在编人员选聘，组建了专门的社区矫正工作人员队伍，并对工作人员的任职条件作了详细的规定，要求任职者必须是大专以上学历、有相关学科背景、有上海户籍，这在一定程度上保障了社区矫正工作者的专业性和稳定性。同时，上海还采取了一些措施保障社区矫正工作人员的质量，比如，规定其中40%—50%的社工向社会公开招聘，50%—60%的社工从政法、教育、卫生等国家机关和事业单位在编人员中选聘，应聘者须通过统一考试，面试和政审后择优聘用并进行上岗培训。选聘人员除原先单位的工资福利待遇外，适当给予电话补助、交通费用补助和餐饮补助。（另外每年具有养老保险、工伤保险、生育保险、医疗保险、失业保险以及住房公积金福利待遇）。

（六）在矫正内容方面

通过建章立制，初步形成了社区矫正对象日常管理、学习教育、公益活动、帮困解难、社区矫正志愿者队伍建设五大工作内容。同时构建了三大版块五大基地的实践形式。三大版块即日常管理、教育学习和公益活动；五大基地即政治思想教育基地、法制教育基地、爱国教育基地、公益活动基地和推荐就业基地。

（七）在考核评估方面

由上海市社区矫正办公室分别对矫正工作站、社工点进行考核，其标准包括司法所承担社区矫正日常管理职能；重新犯罪率的大小；法律文书是否齐全；矫正方案是否规范；台账是否完善等方面。

对于社会工作者的考核，制定了"台账建立率、案主见面率、重点案主谈话率、个案涉及率"为主要内容的目标考核制度，而不是一味强调总结报告与重新犯罪率的多少。

另外，他们与上海政法学院、华东理工大学社会工作系在理念的设计、制度的建设、人员培训以及其他具体矫正工作开展的各环节都展开了密切的合作，为上海社区矫正的顺利进行提供了科学的理论指导。

（八）社区矫正网络的立体层面

第一层：社区矫正工作人员负责制定社区矫正对象个性化矫正方案；掌握社区矫正对象的现实表现情况，为社区矫正对象的日常管理、司法奖惩及期满鉴定提供依据；帮助社区矫正对象解决心理、生活、就业等方面的实际问题。

第二层：社区矫正工作站向各街镇派出社工，对本区县社工进行业务指导、绩效考核和日常管理等。

第三层：民办非企业单位与社工签订服务协议并组织社工开展工作；负责

对区县社区矫正工作站及社工进行评估；确保政府购买服务费用的合理使用等。

第四层：街道司法所对社区矫正工作者提出工作要求和工作目标，并对社会工作者作出评估；依照有关规定或政策办理社区矫正对象的社会保障事宜，帮助社区矫正对象做好帮困解难工作等。

第五层：区县司法局安置帮教科（或基层科）按权限审批并承办社区矫正对象的奖惩；负责本区县政府购买服务经费的核定、申请；指导、监督并评估本区县社区矫正工作站及社工的工作；指导、监督、检查街道乡镇司法所社区矫正工作等。

第六层：上海市司法局社区矫正工作办公室负责领导和管理全市社区矫正工作，经公安机关授权履行执行刑罚的职能。研究制定社区矫正工作有关的政策、制度；负责审批社区矫正对象的日常管理奖惩，审核社区矫正对象的司法奖惩；负责政府购买服务项目的评估及经费核定、申请等。

（九）上海管理模式存在的问题

尽管上海的社区矫正工作在矫正理念、具体运作方式、矫正方法等方面都走在全国的前列，但这一管理模式仍存在下列问题。

（1）执行主体的执法权威不够。虽然修订后的《刑事诉讼法》规定社区矫正执行主体是司法行政部门的社区矫正机构，但是，由于没有实施细则，对社区矫正机构没有作出明确的界定，导致司法所受委托承担着社区矫正的一线工作，责任重大，但法律政策又没有赋予司法所相关的执法权。对于不配合的矫正对象由于社区矫正工作者缺少法律权威，又不能直接采取强制性措施，致使矫正工作遇到各种问题无法解决。这种现象的出现，不利于社区矫正工作的深入开展。

（2）上海的社区矫正管理体制有待完善，"多头管理"、职责不明现象明显。就社区矫正本身，出现公安机关、司法机关以及社团的运作并存局面，另外对于政府主导下的独立社团的管理上，人员、资金和业务由不同的职能部门在主导，从而影响了社区矫正工作开展的质量与效率。

（3）存在行政干预现象。上海管理模式强调了将社会工作的价值理念运用到社区矫正的过程，通过政府购买社会服务的方式推动民间社团的自主运作，实行专门化机构管理和社会化管理相结合。但在整个社团运作中，行政干预色彩依然较强，政府并未把社团看成独立运作的机构，在资金调配、人员招聘、社团及社工的考核评估等方面依然主导社团的运行。

（4）工作效率不高。当前上海社工网络的建立是行政建制的简单复制，不够精简、科学，工作效率也有待提高。同时，社工的配置比例是1：50，但在实际工作中，每一街道的矫正对象的数量不均，无法按要求配置，造成资源的分配不均与浪费。

（5）考核存在形式主义。在社工的管理考核方面，上海制定了以"台账建立率、案主见面率、重点案主谈话率、个案设计率"为主要内容的目标管理考核制度，这在一定程度上能督促矫正工作者主动与服务对象接触，但在实际与矫正工作者的访谈中发现或多或少存在这样的现象：做得好不如做得多，做得多不如讲得多，讲得多不如写得多。许多工作光看数量与台账，不能真正起到考核的作用。

（6）社会工作者的专业素质与要求不相适应。在社会招聘时对人员的专业无任何要求，最终招聘的人员只有12%左右专业为社会工作与法律，影响了专业矫正工作的开展，而且许多招聘来的社会工作者经过专业培训后，工作内容主要是非专业性的文书工作，自身的专业特长没能很好地发挥。

二、北京管理模式

北京市是全国范围内第一个将社区矫正试点工作扩大到整个辖区的地区。北京市于2001年底开始社区矫正试点工作，于2002年上半年在司法局内成立专门的矫正工作机构——监狱劳教工作联络处，全权负责北京市的社区矫正工作。同时，组织力量进行专门的社区矫正工作调研，并进行假释和暂予监外执行等罪犯社区矫正的理论研究和实践探索。2003年7月1日，北京将东城、房山、密云作为社区矫正的首批试点区县。之后，逐年加大试点工作的深度和广度。2004年5月1日，北京市决定将全市的所有区县均纳入试点范围。北京模式的特色表现在以下几个方面：[①]

[①] 这一部分的撰写大量引用和参考了王李娜的《上海社区矫正的实践与思考》，《湖北经济学院学报》2008年第3期，第37—38页；张传伟的《我国社区矫正京沪模式的比较分析与选择》，《北京社会科学》2009年第1期，第55—61页。

（一）北京管理模式的特点

北京管理模式是典型的以政府为主导的行刑空间转换模式，是指由北京市社区矫正工作领导小组及其办公室，在社区矫正试点过程中探索的一种符合国情及首都实际情况的、在社区中进行的非监禁刑罚执行制度，以及运用开放式教育改造罪犯的工作模式。社区矫正成为司法行政机关的工作职责，行政色彩浓厚。注重通过行政化的教育来实现对社区矫正对象的教育转化。北京市虽然成立了很多社区矫正服务中心，如朝阳区阳光社区矫正服务中心，但这些机构名义上是"民办"，实则是"官办"的，其筹建、经费来源以及人员的组成等都是官方主导的。

（二）北京管理模式的基本工作理念

北京市现行社区矫正工作模式是对原有的由公安机关作为执行主体的在社区执行刑罚工作的继承与完善。在现行的法律框架之下，社区矫正工作的定位只能是刑罚执行活动，执行主体与执行对象不能改变，但具体的执行工作与矫正内容，必须由国家司法行政系统的基层司法所及专业社区矫正工作者承担与负责落实。其社区矫正的出发点，首先考虑的是首都的社会安全，其次才是为矫正对象提供服务的问题。

（三）具体工作方式

在运作方式上，北京管理模式从上到下分为三个层次：北京市建立由政法委牵头、市级政法部门和有关部门参加的联席会议制度；各试点区县成立社区矫正试点工作领导小组，办公室设在司法局，负责日常管理工作；试点街道（乡镇）成立社区矫正工作领导小组。形成了北京市、各区县、街道乡镇三级社区矫正网络体系。

整体矫正工作格局是政法委统一领导，司法局组织实施，公安机关、检察机关、审判机关、司法行政机关、监狱管理机关、民政部门、人力资源和社会保障部门等相关部门协作配合，司法所具体执行。

（四）社区矫正队伍的组建

北京管理模式的社区矫正工作队伍主要由专业矫正力量和社会矫正力量两

部分组成。专业矫正力量由司法所司法助理员和抽调的监狱、戒毒所人民警察组成，是社区矫正的主要力量；社会矫正力量是社区矫正的补充力量，主要由社会志愿者构成，包括专家学者、离退休干部、社区居委会成员、高校的高年级学生、社区矫正对象的近亲属和所在单位人员等。

北京管理模式为了弥补基层司法所无行刑权的问题，专门从监狱和戒毒所抽调了人民警察，以便在社区矫正中对社区矫正对象行使行刑权。而监督管理、矫正教育、危机干预、社会救助等工作是由司法助理员、监狱和戒毒所抽调的人民警察、社会志愿者等共同来完成的。

（五）工作内容和方法

在工作内容和方法上，探索建立了风险管理模式，在分类管理、个案矫正、心理矫正、行为矫正等方法上进行了实践。对社区矫正对象以其人身危险性大小为标准实施分类管理，并且以社区矫正对象接受矫正的时间进程为基础，实施分阶段教育。

所谓风险管理，是依据对社区矫正对象的人身危险性的测量调查，分出不同的等级，在此基础上制定出相应的监督管理、矫正教育的方案，充分体现个别化原则，以增强社区矫正的针对性和科学性，从而提高社区矫正的安全防范水平与教育改造质量。具体做法是以社区矫正对象的人身危险性大小为分类标准，结合社区矫正对象回归社会的趋向程度，将社区矫正对象分为 A、B、C 三类，其中 A 类为人身危险性小、再社会化程度高的人员；B 类为人身危险性和再社会化程度一般的人员；C 类为人身危险性大、再社会化程度低的人员。为体现管理的差异性，对 A 类人员实施低强度管理，对 B 类人员实施中强度管理，对 C 类人员实施高强度管理。

分阶段教育的具体内容是根据社区矫正对象在接受社区矫正过程中心理、行为特点和需求变化的规律性，结合矫正教育的目标，将教育全过程分为初始教育、常规教育和解矫教育三个阶段，增强教育工作的系统性、连贯性、科学性和计划性，提高教育工作的实效性。[①] 一般来说，初始教育阶段为接受矫正的前两个月，解矫前教育阶段为解除矫正前一个月，中间时段为常规教育阶段。在三个阶段设定相应的教育目标、教育内容和教育方式。比如在初始教育阶段，社区矫正对象一般具有自卑、对生活缺乏信心、对社区矫正存在逆反等心理特征，

---

① 张建明主编《社区矫正理论与实务》，中国人民公安大学出版社，2008，第 452 页。

以及对社区矫正较为抵触、参加社区矫正较为被动等行为特征，并具有渴望被社会接纳、解决基本生存问题等需求。而解除矫正前的最后阶段则是为矫正对象正常进入社会作最后准备。

在个案矫正方面，北京模式对社区矫正对象的感化帮扶呈现立体化的特点，结合每个社区矫正对象的犯罪经历、心理特征和家庭状况等情况进行个性化感化。对于每名社区矫正对象，制定具有针对性的感化方案。通过心理测查、心理咨询、矫正、评估等程序，细致深入地了解社区矫正对象的内心世界，为科学矫正提供基础资料。对生活确有困难的社区矫正对象在劳动就业、升学考试、技能培训、低保办理、解决户口等方面给予积极的帮助。通过解决具体生活问题，让社区矫正对象从内心感受到政府、社会对他们的挽救，以此激发其参加社区矫正的积极性。

同时，北京管理模式在社区矫正中推行了半强制式就业。即社区矫正对象有工作单位的，可以在原单位继续工作；没有工作而有能力自谋职业的，可以在告知社区矫正组织后自谋职业，社区矫正组织为其提供方便；没有工作且没有能力自谋职业的，社区矫正组织为其创造条件，提供培训机会，指导其就业，社区矫正对象必须服从就业指导，参加指导安置的工作项目。

（六）"阳光中途之家"建设

"阳光中途之家"是北京管理模式的又一亮点。它与上海的"中途驿站"在规模和管理方式上存在不小的差异。2007年底，朝阳区司法行政系统率先筹建"阳光中途之家"，2008年7月投入使用。2009年底，市司法局在总结朝阳区"阳光中途之家"经验的基础上，决定向全市推广。到2011年底，全市16个区县"阳光中途之家"全面投入运行，全市"阳光中途之家"总建筑面积达15000多平方米。"阳光中途之家"的主要功能为对社区矫正对象进行集中初始教育和培训、组织社区矫正对象参加公益活动、聘用专业心理咨询师开展心理矫治工作。对于虽然有劳动能力，但文化水平较低、缺乏必要的工作技能、难以在短期内找到合适工作的"两类人员"进行临时性救助，提供免费的技术培训，并推荐其就业。根据2011年6月底统计，自全市"阳光中途之家"建立以来，已对"两类人员"提供心理咨询和辅导1600余人次，组织公益劳动2400余人次，就业帮扶1400余人次，提供食宿救助800余人次，平均每所"阳光中途之家"提供了50人次的食宿救助。"阳光中途之家"由市县司法局负责建设和管理运行，工作人员属事业编制，它的建立和运行有效地整合和拓展了原有的社区矫正服务中心的服务职能和领域，特别是在社区矫正对象的集中初始教育和"三无"人员[①]的临时性安置救助方面做了有益的尝试。[②]

（七）北京管理模式存在的问题

北京作为首都，维护社会稳定成为其社区矫正实施的前提条件。从维护首都稳定理念出发，强调社区矫正是"刑罚执行活动"，严格规范化管理，监狱干警全程参与，"40、50"协管员作为民间辅助力量，以及具有集中培训特色的"阳光中途之家"等，构成了北京矫正模式的基本特色。但也存在以下问题：[③]一是社会力量参与社区矫正工作的问题。北京模式中参与的社会力量是由政府聘用的"40、50"人员，其工作能力和水平上难以达到专业社会工作师、心理咨询师的标准。"40、50"人员单一的劝导无法解决法律方面、心理方面的问题，也无法从根源上对矫正对象的思想进行全面系统的矫正。所以，北京模式需要广泛的社会组织、志愿者的参与。二是工作人员的编制问题。北京模式实际开展社区矫正工作的人员有矫正干警、司法所助理员、社区矫正协管员，其中社区矫正干警人事关系和管理归原属监狱和戒毒所，由北京市统一抽调分派到各区司法所；司法助理员的人事关系在属地街道或者乡镇政府，来源广泛、工作繁杂；社区矫正协管员属于聘用的合同制、非在编人员。这三类人员的管理不统一，结构复杂，专业化程度不高，与严肃的刑事执行工作要求还有一定的差距。

三、浙江管理模式

浙江省自社区矫正试点[④]开始，逐步探索出了具有自身特色的模式。浙江省社区矫正试点工作大致分为两个阶段，即 2004 年 5 月至 2006 年 5 月为局部试点阶段；2006 年 6 月以后为全省适度扩大试点阶段。

---

① 三无人员：指无固定住处、无亲友帮助、无就业条件的社区矫正人员和刑释解教人员。
② 张荆：《北京社区矫正模式特色与问题点分析》，《中国人民公安大学学报（社会科学版）》2013 年第 3 期，第 8—16 页。
③ 徐子淇：《论我国社区矫正模式的构建》，《淮海工学院学报（人文社会科学版）》2017 年第 3 期，第 20—23 页。
④ 以下浙江和江苏模式参见张建明著《社区矫正理论与实务》，中国人民公安大学出版社，2008，第 453—457 页。

2003年7月,浙江省被确定为全国首批社区矫正试点省份,社区矫正试点工作正式启动。经过近一年的摸索,2004年5月,召开了全省社区矫正的试点工作会议,全面部署试点工作。此次工作会议为完善浙江省各试点地区的司法行政机关与法院、公安机关、检察院等相关职能部门的社区矫正工作衔接,以及开展社区矫正对象日常监督、管理和教育的各项工作做了准备。2005年4月,浙江省委办公厅、省政府办公厅印发了《关于成立社区矫正工作委员会的通知》,据此,逐步建立了以省及地级市、县(市、区)社区矫正工作委员会及办公室和乡镇(街道)社区矫正试点工作领导小组为基础构架的四级试点工作组织领导和工作管理体系。

浙江省在社区矫正前期试点工作中,探索形成了以组织管理层次化、队伍建设多元化、刑罚执行社会化、接受解除程序化、监督管理制度化、教育改造人性化、奖惩考核公开化、公益劳动多样化、帮困解难亲情化、档案台账规范化等"十个化"为基本特点的社区矫正工作方法和措施,社区矫正的实际效果初步显现。

特别应该提到的是,作为浙江省社区矫正试点单位的浙江省诸暨市枫桥镇,在20世纪60年代初就总结出了"发动和依靠群众,坚持矛盾不上交,就地解决,实现捕人少、治安好"的"枫桥经验",得到毛泽东同志的充分肯定,成为全国政法干线的先进典型。随着社会经济形势的发展,"枫桥经验"不断创新并被赋予具有鲜明时代特色的新内涵,其中许多做法,蕴含了目前正在开展的社区矫正试点工作的诸多元素,成为现代和谐社会发展的良好经验。其特色体现在以下几个方面:

(一)一体化的工作格局

浙江省社区矫正工作的开展带有明显的政府主导倾向,形成了"党政统一领导、司法行政牵头组织、有关部门协作配合、社区群众积极参与"的一体化的工作格局。

(二)建章立制,规范运行

浙江省颁布了一系列有利于开展社区矫正工作制度,为社区矫正工作建章立制,保证了工作渠道信息畅达,使试点工作得以稳步推进。2004年9月,浙江省高级人民法院、省人民检察院、省公安厅、省司法厅联合下发《浙江省社区矫正对象奖惩考核暂行办法》，使全省社区矫正试点工作进入有"法"可依阶段。

（三）社区矫正工作机制规范有序

为保证司法行政机关与相关职能部门的社区矫正工作顺利衔接，确保社区矫正对象衔接登记工作的严肃性、规范性和准确性，各地公安机关先后多次对矫正对象基本情况进行调查摸底；司法局将衔接工作分解成具体的14项，并由基层部门专门进行衔接登记的示范和演练。

（四）奖惩结合

从调动社区矫正对象的改造积极性入手，不断完善日常监督管理工作。浙江省利用与率先开展社区矫正试点工作的上海市毗邻的地缘特点，以及自身经济社会发展水平较高的优势，充分吸收借鉴上海、北京等地先进经验，从实际出发，制定了对社区矫正对象改造表现和日常行为的具体考核方案，与矫正处遇以及行政与司法奖惩挂钩，调动其改造积极性。并且在社区矫正对象学校教育、公益劳动和志愿者队伍方面作出了积极的探索，创建了独具特色的监管模式。

四、江苏管理模式

江苏省也是首批被纳入全国社区矫正试点的省份。江苏省的试点工作先后经历了三个阶段。第一阶段是有限试点（2003年7月—2004年底），主要任务是构建网络、建立工作队伍、完成建章立制。这一阶段的试点工作在南京、苏州、连云港的3个省辖市的6个市、区（县）的24个乡镇（街道）展开。第二阶段是扩大试点（2005年），社区矫正试点范围扩大至江苏省，主要是把握工作规律，探索工作方法，积累试点经验。第三阶段是深化试点和全面展开（从2006年开始至今），社区矫正工作从面的扩展转向质的提高，从全面探索转向规范的建立，使经验上升为制度，办法上升为规范，实现社区矫正工作的制度化、科学化、规范化。其特色体现在以下几个方面：

（一）抓好工作衔接，筑牢社区矫正的基础环节

人民法院不但要对社区矫正案件进行宣判，还要适当将工作向前和向后延伸。向前延伸：委托社区矫正组织进行社会调查，开庭时邀请其派员旁听，征求其意见，加强社区矫正庭审教育。向后延伸：宣判后人民法院要做好法律文书和社区矫正对象的交接，通过定期回访考察社区矫正执行情况和社区矫正对象表现，依法作出奖惩裁定。检察机关和公安机关配合司法行政机关做好监管和考察工作。

（二）拟订科学的矫正方案，探索行之有效的工作方法

从社区矫正对象报到并办理登记手续之日起，基层司法所要在走访其单位、家庭的基础上，了解并掌握其犯罪原因、犯罪性质、家庭环境、成长经历、性格特点、行为习惯，综合分析其思想动态，准确甄别危险程度，以拟订针对性的监管方案，设定科学的矫正项目。在监督管理、教育帮助方面，融入"分类管理、区别对待"的工作理念，按照刑罚适用对象、犯罪类型、年龄的不同，实施不同的教育手段和方法。

（三）利用学习教育和社区服务发挥教育矫正的积极功效

江苏省的社区矫正机构在不同的矫正阶段，根据社区矫正对象的犯罪类型、犯罪原因以及思想、心理、行为特征和需求，为他们设置了不同的教育目标和教育内容。另外，具有劳动能力的社区矫正对象每月应当参加12小时的社区服务，以增强社区矫正对象的公德意识。主要是参加非营利性机构和社区的服务活动或为社会（社区）公众服务。劳动项目和组织形式由社区矫正机构按照符合公共利益、社区矫正对象力所能及、便于监督检查的原则确定。

（四）实施心理矫正，重塑社区矫正对象的健康人格

心理健康是人全面发展的一个重要方面，社区矫正对象本身可能存在思想和行为上的障碍，社区矫正后由于地位角色、生活环境、家庭婚姻关系等变化，他们的心理问题更加突出。江苏省社区矫正机构与科研单位、高等院校和心理咨询中心加强联系和合作，根据社区矫正对象的需求，对其实施心理矫正，使

其缩短与社会的心理距离，并与其他矫正措施形成合力。

【本单元小结】

本单元介绍了世界范围内主要的社区矫正管理模式，重点分析了我国社区矫正过程中的上海管理模式、北京管理模式、浙江管理模式、江苏管理模式等，为各地开展社区矫正工作提供了可选择的和可资借鉴的样板。

【引例分析】

1. 付某所在地的社区矫正机构应如何为其办理报到接收手续？

（1）付某所在地的县级社区矫正机构在为付某办理报到接收手续时，应完成以下工作任务：①在付某报到当日查验法律文书，核实付某身份、住址等基本信息，核验无误后为付某办理登记接收手续。②采集付某的基本身份信息、指纹信息、法律文书等信息，拍摄付某免冠电子照片，录入"社区矫正对象信息管理系统"。制作《社区矫正对象基本信息表》一式两份，一份存入社区矫正执行档案，一份转递司法所。③办理边控报备手续。④通报相关国家机关。县级社区矫正机构填写《社区矫正对象报到情况通知单》，送原判人民法院、居住地人民检察院、居住地公安机关。⑤委托并通知司法所。通知司法所做好接收付某的准备，告知付某3日内到指定的司法所报到。

（2）被指定的司法所在付某来报到时应办理以下手续：①做好登记接收工作。②将付某的基本信息输入社区矫正对象信息管理系统。③开展入矫的首次谈话教育。④完成入矫宣告。

2. 付某进入社区矫正后，司法所应如何对其进行监督管理和教育帮扶？

付某进入社区矫正后，司法所应依法严格按照法律法规和社区矫正制度的规定对其开展监督管理和教育帮扶。如普及报告、会客、外出、迁居等监督管理规定以及开展法治、道德、心理等教育活动。

3. 针对付某在社区矫正期间关闭GPS定位手机，脱管时间长达一个多月的行为，社区矫正机构应怎么办？

鉴于付某在社区矫正期间关闭GPS定位手机，脱管时间长达一个多月的行为，社区矫正机构应根据《社区矫正法实施办法》（修订稿）第二十四条的规定，"提出撤销缓刑的建议"；根据《社区矫正法》第二十九条的规定，为付某佩戴电子定位装置，加强监督管理。

【思考题】

1. 什么是上海管理模式？
2. 什么是北京管理模式？
3. 列表比较北京管理模式和上海管理模式。

【案例分析】

徐州市鼓楼区建立社区矫正刑事执行警务辅助人员队伍。

徐州市鼓楼区司法局报经区政府常务会议研究同意，借鉴公安警辅制度，公开选聘12名警辅人员，组建徐州市第一支社区矫正刑事执行警务辅助人员队伍。这是该局创新打造社区矫正专职专业化工作队伍的重要举措。

为突破建立社区矫正警辅队伍的制度瓶颈，警辅人员由公安机关公开招录后，交由司法局管理使用和考核评价。同时，依据《社区矫正法》和参照《江苏省公安机关警务辅助人员管理条例》，制定《鼓楼区社区矫正刑事执行警务辅助人员管理办法（试行）》和配套培训大纲，对社区矫正警辅人员的准入准出、业务培训、职能范围、日常管理、考核奖惩、职业保障等作出界定，为该区社区矫正警辅队伍规范化建设奠定坚实的基础。

首批招录的12名社区矫正警辅人员将在严格培训后，充实到区社区矫正中心和所辖7个司法所，配合社区矫正执法人员开展调查评估、入户走访、电子巡查、监管教育以及刑满释放人员的必接必送、后续照管人员走访排查等工作。

徐州市鼓楼区司法局的这一举措，对社区矫正管理模式的构建具有哪些意义？

第七单元　未成年社区矫正对象管理

【本单元引例】

张某，男，2000年12月18日出生于某市，汉族，住某市天度镇中学，案发前系中学高中二年级学生。2017年6月10日晚，张某伙同李某、熊某等人（均未满18周岁），窜至学校男生宿舍楼内，持刀进入室内使用胁迫之手段，对学生张某等人进行了抢劫，抢得现金共计3100.2元。2017年6月11日被公安机关抓获，2017年9月被判处有期徒刑3年，缓刑4年。2017年10月，张某在天度社区矫正机构接受矫正。

请问：对于张某在成立矫正小组时，应有哪些人参加？

【教学目标】

1. 了解未成年社区矫正对象实行社区矫正的必要性。
2. 把握未成年社区矫正对象实行社区矫正的特别措施。
3. 树立对未成年社区矫正对象社区矫正的价值理念。

现代刑罚理念已经从"关注犯罪行为"向"关注犯罪人"转变。这一转变，这就意味着对罪犯的矫正教育不是道义责任而是社会责任。对于未成年犯社区矫正而言，树立这样的观念才能构建具有规范化、专业化、个别化、分类化的社区矫正管理制度，才能真正发挥预防未成年社区矫正对象犯罪的作用。本单元就是基于这样的观念对未成年社区矫正对象的管理问题展开研究的。

学习任务一　有关未成年犯罪人的基本问题

一、相关概念

在许多媒体的表述中，我们常常可以看到有关未成年犯罪人的多种表述：如未成年犯、少年犯、青少年犯等，下面对这几个概念进行明确的界定和区分。

（一）未成年人与青少年

未成年人，又称少年，是相对成年人而言。未成年与成年的界限，在不同国家有不同的标准，即规定在某个年龄以下为未成年人。有的国家规定为22周岁以下，有的国家规定为19周岁以下，大多数国家规定为18周岁以下。《中华人民共和国未成年人保护法》第二条规定："本法所称未成年人是指未满十八周岁的公民"。

青少年是社会学、心理学、教育学等学科使用的概念，泛指人从儿童到成年的过渡时期。由于各国法律制度不同及国内法调整社会关系的特点不同，对青少年的上下限年龄界定也不尽相同。通常指少年期到青春期后期这一年龄段的人，年龄下限为11—12周岁，上限为17—18周岁，但也有的延长到20周岁或22周岁乃至25周岁，但青少年的基本年龄段是指进入青春期到青春期度过这一时期。[1]一般来讲，在我国青少年是指14周岁至25周岁的公民。[2]

（二）未成年犯

《法学大辞典》对未成年犯的定义为：特定年龄以上，一定年龄以下的刑事犯罪人，通常指未及成年者。[3]各国法律规定，公民只有到了一定年龄才对其所

---

[1] 李伟民、东翔主编《中国司法语典》，中国工人出版社，1993，第1185页。

[2] 杨春洗：《中国的青少成年犯罪和治理对策》，《中美学者论青少成年犯罪》，群众出版社，1989，第21页。

[3] 周振想主编《法学大辞典》，团结出版社，1994，第152页。

犯罪行负刑事责任，因而也才可能被处刑罚成为罪犯。各个国家对刑事责任年龄有不同规定，有的国家规定年满十四周岁，有的国家规定十三周岁应负刑事责任；也有的国家规定年满十二周岁或十周岁应负刑事责任；个别国家还规定年满七周岁应负刑事责任。我国在20世纪50年代曾规定年满十三周岁应负刑事责任，因而《中华人民共和国劳动改造条例》规定："少年犯管教所，管教十三周岁以上未满十八周岁的少年犯。"我国《刑法》规定："已满十六周岁的人犯罪，应当负刑事责任。已满十四周岁不满十六周岁的人，犯故意杀人、故意伤害致人重伤或者死亡、强奸、抢劫、贩卖毒品、放火、爆炸、投放危险物质罪的，应当负刑事责任。"根据我国《未成年人保护法》关于未成年人年龄的规定和《刑法》关于刑事责任年龄的规定，未成年犯的概念可界定为：年满十二周岁未满十八周岁，实施了犯罪行为，依法被判处刑罚的罪犯。根据2020年12月26日通过的《中华人民共和国刑法修正案（十一）》对《刑法》第十七条的修改，"已满十二周岁不满十四周岁的人，犯故意杀人、故意伤害罪，致人死亡或者以特别残忍手段致人重伤造成严重残疾，情节恶劣，经最高人民检察院核准追诉的，应当负刑事责任。"

（三）处遇

处遇是指对犯罪人的处置和待遇。刑事社会学派的奠基人菲利与美国的犯罪学先驱萨瑟兰在刑法理论上共同提出了刑罚取消论。菲利竭力否定犯罪是人的自由意志的产物，因为"实证心理学表明，虚伪的自由意志是一种纯粹的主观幻觉"。据此，菲利认为国家没有惩罚犯罪人的刑罚权。他认为应"根据造成犯罪人不同人格的社会情形，用不同的救治方法"取代刑罚，使"刑罚正义变成为保护社会以免遭传染病症的一种手段，铲除所有尚存于今日的未开化的遗迹，如：复仇、憎恨及惩罚等等"。萨瑟兰认为，刑罚总的来说弊大于利，因而应该取消。这一理论的产生，使刑罚在相当一段长的时间内不再称之为刑罚，而称之为处遇。处遇成为刑罚的代名词，并以处遇为中心建立刑罚模式。以处遇为中心建立的刑罚模式往往与医疗模式、康复模式相类似。在其代表作《犯罪学原理》中他历数了刑罚的弊端。19世纪中叶以后，欧美国家在监狱和矫正制度中首先使用"处遇"一词来说明对犯罪人执行刑罚的状态和过程。处遇包括处置和待遇两个方面的内容。在实际适用中，主要包括监狱设施内处遇和监狱设施外社会处遇。监狱设施内处遇主要指在监狱、矫正机构内，对犯罪人的监禁、教育、强制劳动及生活待遇；监狱设施外的社会处遇是指依靠社会力量对犯罪人进行矫正，主要包括缓刑、假释、更生保护等。[1]

二、未成年犯的再社会化

对未成年犯进行矫治的最终目的是帮助其复归社会，即未成年犯的再社会化。意大利犯罪学家、实证学派代表人物恩里科·菲利主张，应对罪犯进行科学的分类和有效的矫正，而不仅仅是简单的关押和隔离。他指出："对罪犯的矫正必须是科学的，因为重罪常常表现为个人的病态。在美国已有埃尔迈拉教养院之类的机构，正式适用实证派犯罪学的方法。这些机构的指导人是心理学家、医生。当一个未成年犯进来时，对其要从生理学和心理学的角度研究。"[2]

德国刑法学家李斯特注意到短期自由刑的弊端，主张采用缓刑和累进制，提倡使用罚金刑和设立刑务委员会，对未成年犯、精神病犯罪人采取特别处遇等。[3] 他还提出了"最好的社会政策就是最好的刑事政策"的著名论断，强调社会本身对于预防犯罪的责任，不能依赖刑罚遏止犯罪，改善社会环境对防止犯罪有着更为重要的意义。

未成年人是不同于成年人的特殊群体，如果对于犯罪未成年人适用监禁处遇将带来较成年人更为严重的负面效应，主要有：①监禁使未成年与亲人隔离，情感需求得不到满足，容易使其身心健康受到伤害，产生心理障碍；②未成年人身心发育尚不健全，自我保护能力弱，在监禁机构内（特别是在审前羁押阶段），其合法权益更容易受到侵害；③监禁的"标签效应"将对未成年犯造成长期的伤害，严重影响未成年犯之后的漫长生活、成长与发展；④未成年人的辨别能力低，接受暗示和模仿的能力强，在监禁机构内未成年人的交叉感染可能性相对成年人更高，监禁将使未成年犯更容易变得更"坏"；⑤监禁的环境，更易使未成年犯形成"监狱人格"。由于未成年犯的社会化尚未完成，使其与正常的社会长期隔离，导致未成年人正常社会化的中断或者畸变，其人格被打上监狱的烙印。此外，监禁未成年犯所花费的司法成本也要高于监禁成年人。这些弊端容易导致未成年犯向惯犯、累犯转变。犯罪学研究表明，困扰犯罪控制

---

[1] 高铭暄等主编《中华法学大辞典》，中国检察出版社，1996，第65页。
[2] 菲利：《实证派犯罪学》，郭建安译，中国政法大学出版社，1987，第52页。
[3] 吴宗宪：《西方犯罪学史》，警官教育出版社，1997，第336页。

有效实现的成年惯犯、累犯中，大部分有在未成年时期犯罪的经历。这些人的违法犯罪行为之所以没有随着年龄的增长而"自动愈合"，与他们曾经遭受过监禁有着密切的关联。①

从某种程度上说，监禁处遇对于未成年犯而言更意味着消极性，而不是积极性。"面对一种杀人罪，即使是儿童所为，不判决是困难的。但是，我们每次都应当提醒我们自己，采取监禁刑罚尤其是长期监禁，对于减少少年犯罪是毫无作用的。按照大众所相信的说法，监狱对于儿童仅仅是犯罪的学校，而对成年人则是真正的大学。"②对于未成年犯尽量避免监禁，实现非监禁化，已经成为各国少年司法制度共同的理念。

非监禁化也是我国未成年保护法所确立的一项重要原则。《未成年人保护法》第一百一十三条规定："对违法犯罪的未成年人，实行教育、感化、挽救的方针，坚持教育为主、惩罚为辅的原则。"《刑法》第十七条第三款规定，已满十二周岁不满十八周岁的人犯罪，"应当从轻或者减轻处罚。"2005年12月最高人民法院《关于审理未成年人刑事案件具体应用法律若干问题的解释》规定要"贯彻'教育为主,惩罚为辅'的原则"。《社区矫正法》第五十八条规定"未成年社区矫正对象在社区矫正期间年满十八周岁的，继续按照未成年人社区矫正有关规定执行。"很明显地放宽了适用条件。

三、我国未成年犯罪人管理种类

从我国目前少年矫正制度看，少年矫正机构主要有未成年犯管教所、工读学校和社会帮教机构。

（一）未成年犯管教所

未成年犯管教所是属于我国刑事司法体系的少年矫正机构，它是我国监狱的一种类型，是国家的刑罚执行机关，是专门对未成年犯罪人实行惩罚、教育

---

① 姚建龙：《未成年人犯罪非监禁化理念与实现》，《政法学刊》2004年第5期，第14—17页。

② 保罗·维切罗纳：《少年刑法的演变》，《未成年人犯罪的预防审判矫治国际研讨会论文集》，1992年。转引自廖露蕊：《少年犯处遇非监禁化研究》，硕士学位论文，武汉大学刑法学，2005。

改造的机构。根据《刑法》和《监狱法》的有关规定，未成年犯管教所收押由人民法院判刑的已满十四周岁不满十八周岁的未成年犯；贯彻"惩罚和改造相结合，以改造人为宗旨"和"教育、感化、挽救"的方针，将未成年犯改造成为具有一定文化知识和劳动技能的守法公民。在新的形势下，我国还本着努力把未成年犯管教所办成"教育人、改造人、造就人"的特殊学校的指导思想，对未成年犯进行认罪服法教育、道德教育、法制教育、爱国主义教育、集体主义教育等教育之外，还进行一系列的文化教育和技术培训，从而极大调动未成年犯接受教育挽救的积极性，全面提高他们的素质，为他们重新回归社会做好准备。此外，未成年犯管教所正从封闭式机构逐渐向开放性机构发展，依靠社会力量对未成年犯进行教育改造，经常组织和邀请社会各界人士包括法律工作者、生理学、心理学专家以及其他社会工作者到管教所与未成年犯谈心，帮助他们解答一些问题。[①] 在与社会相接触的过程中，可以增强未成年犯改造的自觉性和信心。

（二）工读学校

工读学校是我国在20世纪50年代创建的以"矫治未成年人严重不良行为"为目的的犯罪防控形式。《中华人民共和国义务教育法》的有关条款规定：县级以上地方人民政府根据需要，为具有预防《未成年人犯罪法》规定的严重不良行为的适龄少年，设置专门的学校实施义务教育。对未完成义务教育的未成年犯和被采取强制性教育措施的未成年人应当进行义务教育，所需经费由人民政府予以保障。依照2020年12月修订的《预防未成年人犯罪法》第四十三条规定，"对有严重不良行为的未成年人，未成年人的父母或者其他监护人、所在学校无力管教或管教无效的，可以向教育行政部门提出申请，经专门教育指导委员会评估后，由教育行政部门决定送入专门学校，接受专门教育。"因此，工读学校是隶属于普通教育系统的一种少年学生矫正制度，它是中等教育的一种特殊形式，是对有违法或轻微犯罪行为的未成年学生进行教育帮助的半工半读的学校。工读学校具有双重职能，一是教育、矫治有违法或轻微犯罪行为的未成年学生，二是对这部分未成年学生实施义务教育。因此进入工读学校只是接受教育和矫正，而不是惩处，也不是以往惩处的继续。在新的形势下，工读学校成为学校保护的一项重要措施。此外，有些工读学校还向职业学校演变，这对

---

① 康树华，向泽远：《青少年法学新论》，高等教育出版社，1996，第340页。

未成年犯罪人的矫正有着积极的作用和影响。

（三）社会帮教机构

社会帮教机构是我国20世纪70年代以来出现的未成年矫正制度的一种，是一项非正规的、带有社区性、群众性的社会矫正机构，是对我国正规矫正制度的重要补充。所谓社会帮教就是依靠社会公众的力量和社会各方面的配合，在特定范围内，对特定对象进行帮助教育的群众性社会教育管理活动。它既非行政处分，也非经济处分。

根据公安部等7个单位发布的《关于做好有违法或轻微犯罪行为的青少年帮助教育工作几点意见》，帮教对象是13周岁到18周岁，依据刑法或其他法律法规有关条款规定，确有违法或轻微犯罪行为，经教育没有悔过表现，可能继续进行违法犯罪活动，但还不够或不予刑事处罚处理的未成年人，送入工读学校学习，需要重点做好思想工作和行为矫正工作。

社会帮教的形式有帮教小组、两头帮教、家长帮教、亲友帮教、合约帮教、多人帮教、保外帮教等。帮教的内容，一般包括进行世界观、人生观、道德观、法制观和前途理想的教育，帮助被帮教者认识违法犯罪行为的危害性，并帮助其解决学习、生活、工作及人际关系方面的问题。帮教工作是一种基础性、社会性、群众性的工作，是社会义务服务活动，在挽救失足少年方面起到了重要的作用。

四、未成年犯处遇的国际原则

从世界行刑的发展趋势来看，对未成年犯应尽可能让其不在监禁环境中服刑，即使必须在监禁环境中服刑的未成年犯，也应尽可能给予特殊保护。目前，联合国有关青少年的专门立法都对社区预防和矫正少年犯罪的地位和作用给予了界定。

（一）第六届联合国预防犯罪和罪犯处遇大会确立的原则

1980年，联合国以"减少关押的矫正及其对剩余囚犯的影响"为主题，在委内瑞拉首都加拉加斯召开了第六届联合国预防犯罪和罪犯处遇大会。大会秘书处的工作报告中指出，刑事司法要尽量减少关押人犯，因为监狱的特性与其使犯罪人复归社会的功能和目标具有内在的矛盾性。监禁违反了人类的本性，监狱则使囚犯的人格感削弱。现在我们更加清楚地了解到，监禁不可能促使犯罪人过一种守法生活，也不可能减少犯罪率。我们应当寻求在"狱外"或"不用监狱"来改造罪犯的方法。①

在大会通过的有关决议中，进一步发展了社区矫正的思想。在《制定青少年罪犯审判和司法最低限度标准》的决议中，倡导严格限制对青少年犯的监禁刑适用，提出任何青少年犯不得被关进监所，除非被判情节严重。

（二）《北京规则》确立的原则

1985年11月29日联合国第96次全体会议通过的第40/33号决议《联合国少年司法最低限度标准规则》（以下简称《北京规则》）。其总则部分的基本观点第三款中明确规定：对于犯罪少年"应充分注意采取积极措施，这些措施涉及充分调动所有可能的资源，包括家庭、志愿人员及其他社区团体以及学校和其他社区机构，以便促进少年的幸福，减少根据法律进行干预的必要，并在他们触犯法律时对他们加以有效、公平及合乎人道的处理。"《北京规则》第十八条规定，应使主管当局可以采取各种各样的处理措施，使其具有灵活性，从而最大限度地避免监禁。有些可以结合起来使用的这类措施应包括社区服务等。第十九条规定，把少年投入监禁机关始终应是万不得已的处理办法，其期限应是尽可能最短的必要时间。《北京规则》还在第四部分专门对犯罪少年的非监禁待遇作了列举性规定，如第二十五条规定：应发动志愿人员、志愿组织、当地机构以及其他社区资源，在社区范围内并且尽可能在家庭内为改造少年犯作出有效的贡献。

（三）《儿童权利公约》

于1989年11月20日获得第44届联合国大会通过，是第一部有关保障儿童权利且具有法律约束力的国际性约定。

《儿童权利公约》第三十七条B款规定："不得非法或任意剥夺任何儿童的自由。对儿童的逮捕、拘留或监禁应符合法律规定并仅应作为最后手段，期限应为最短的适当时间"。对于确实犯罪的少年，《儿童权利公约》第四十条第四

---

① 谢望原：《西欧探寻短期监禁刑替代措施的历程》，《政法论坛》2001年第2期，第41—46页。

款规定:"应采用多种处遇办法,诸如照管、指导和监督令、辅导、察看、寄养、教育和职业培训方案及不交由机构照管的其他办法,以确保处理儿童的方式符合其福祉并与其情况和违法行为相称。"这两款规定的基本精神是:对于犯罪少年应尽量少的使用监禁刑,而倡导使用包括社区矫正在内的非监禁刑。

(四)《东京规则》确立的原则

1990年在古巴首都哈瓦那召开了第8届联合国预防犯罪与罪犯处遇大会,本次大会通过了一系列重要的刑事司法准则性文书。大会通过的《非拘禁措施最低限度标准规则》(又称《东京规则》),为非拘禁措施的适用和执行提供了基本的国际准则。[①] 该《规则》拟促进社区在更大程度上参与刑事司法管理工作,特别是在罪犯处遇方面,促进罪犯树立对社会的责任感。《规则》将采用非拘禁措施看作向非刑罚化和非犯罪化方向努力的一部分,倡导各国在本国法律制度内采用非拘禁措施,从而降低适用监禁办法的程度,并使刑事司法政策合理化,同时考虑到遵守人权的义务、社会正义的需求以及改造罪犯方面的需要。《规则》提出应根据尽少干预的原则应用非拘禁措施,同时积极鼓励公众参与,认为这是改善接受非拘禁措施的罪犯与家庭及社区之间联系的最重要的因素之一。

上述大会还通过了《保护被剥夺自由少年规则》。该《规则》在基本原则中指出,对于犯罪的未成年人,监禁办法只应作为最后手段加以采用。即使采用,时间也应尽可能短,应尽量避免一切拘留形式的有害影响,以促进未成年犯同社会的融合。这一《规则》充分考虑到了未成年人的身心特点,体现了对未成年犯特别处遇的精神,进一步发展了国际刑事司法准则的社区矫正思想。[②]

(五)《利雅得准则》

《联合国预防少年犯罪准则》(又称《利雅得准则》),于1990年第八届联合国预防犯罪和罪犯处遇大会通过,是一部国际性少年司法的法律文件。《利雅

---

① 该《规则》所指的非拘禁措施,在外延上广于我们通常所讲的非监禁刑的概念,它具体包括三大类型:(1)避免审前羁押的非拘禁措施,如取保候审、监视居住等;(2)审判时使用的非拘禁措施,如缓刑、罚金、社区服务令、判令赔偿受害人、训诫等;(3)判决后使用的非拘禁措施,如假释、工作释放、学习释放和离家探亲等。

② 《非拘禁措施最低限度标准规则》和《保护被剥夺自由少年规则》的具体内容参见《联合国人权公约和刑事司法文献汇编》,中国法制出版社,2000年版。

得准则》是联合国在总结了世界各国经验的基础上，提出的预防少年犯罪的权威性准则，其中少年的社会化过程是预防少年犯罪的关键，而社会化过程中社区的地位和作用不容忽视。"在防止少年违法犯罪中，应发展以社区为基础的服务和方案，特别是在还没有设立任何机构的地方。正规的社会管制机构只应作为最后的手段来利用。"该准则在第四部分 C 款中共用八条规定了社区在预防少年犯罪中应采取的措施和方法。

学习任务二　我国未成年社区矫正对象的社区矫正管理制度

在我国，未成年社区矫正对象的社区矫正，是指已年满十四周岁未满十八周岁的、符合社区矫正条件的未成年罪犯，置于社区内，由专门的国家机关，在相关社会团体、民间组织及社会志愿者的协助下，在判决、裁定或决定确定的期限内，矫正其犯罪心理和行为恶习，并促使其顺利回归社会的非监禁刑事执行活动。未成年社区矫正对象是一个特定的群体，关于社区矫正的管理问题，《社区矫正法》对未成年社区矫正对象设置了第七章共七条特别规定；2020 年两院两部的《社区矫正法实施办法》第五十五条又对未成年社区矫正对象的矫正教育和管理进行了细化，"社区矫正机构、受委托的司法所应当根据未成年社区矫正对象的年龄、心理特点、发育需要、成长经历、犯罪原因、家庭监护教育条件等情况，制定适应未成年人特点的矫正方案，采取有益于其身心健康发展、融入正常社会生活的矫正措施。社区矫正机构、司法所对未成年社区矫正对象的相关信息应当保密。对未成年社区矫正对象的考核奖惩和宣告不公开进行。对未成年社区矫正对象进行宣告或者处罚时，应通知其监护人到场。社区矫正机构、司法所应当选任熟悉未成年人身心特点，具有法律、教育、心理等专业知识的人员负责未成年人社区矫正工作，并通过加强培训、管理，提高专业化水平。"足见对未成年社区矫正对象管理的重视。

一、对未成年社区矫正对象实行社区矫正的方针

在我国《未成年人保护法》《预防未成年人犯罪法》等法律法规和规章制度中,都规定了对未成年人"实行教育、感化、挽救方针"。

首先,对未成年社区矫正对象社区矫正中的教育,是一种特殊的矫正教育。在教育目的、教育内容、教育方式等方面都有自身的特殊性。在教育目的上是既矫正人,又造就人;在矫正内容上,重点在于矫正其犯罪心理和行为恶习;矫正教育的方式上,是在强制的条件下,以教育为主,惩罚为辅。同时,要遵循未成年社区矫正对象矫正教育的规律、原则和方法。

其次,要体现"感化"教育。所谓感化,是指社区矫正工作参与者有意识地用善意的劝导和有益的行动去影响感染未成年社区矫正对象,促使其思想和行为按照期望的目标转化的矫正教育活动。感化注重的是以情感人,以情动人,赢得对方的信任,产生共情效果,进而接受社区矫正工作者的观点、信念,被社区矫正工作者同化。

再次,要以"挽救"为主。"挽救"的意思是指通过充分的教育、救助工作,使未成年社区矫正对象得到救助。这是未成年社区矫正对象社区矫正工作的着眼点和根本目的。

在这一方针中,"教育、感化、挽救"构成了一个有机的整体,三者相互联系,相互依存,相互渗透,不可分割。其中,教育是基础,居于社区矫正工作的首要地位,起主导作用,贯穿于未成年社区矫正对象社区矫正工作的始终;感化是态度和方法,是社区矫正工作的重要方法和政策体现;挽救是教育和感化的目的,是社区矫正工作的出发点和归宿,是这一方针总的精神实质。

二、对未成年社区矫正对象实行社区矫正的管理原则

(一)教育为主、惩罚为辅的原则

"坚持教育为主、惩罚为辅的原则"是我国对未成年违法犯罪人员实施矫正教育和管理活动所遵循的行动准则。从我国的立法看,我国《未成年人保护法》第一百一十三条明确规定了对违法犯罪的未成年人,"坚持教育为主、惩罚为辅的原则"。由此,这一原则是贯穿少年司法制度的通用原则。

这一原则的贯彻执行是由未成年社区矫正对象的特殊性决定的。首先，从未成年人自身来看，14—18岁是青少年生理和心理迅速变化的时期，生理发育速度加快，但心理发育相对滞后，社会经验不足，辨别是非能力不强，自我控制能力和挫折承受能力较差，容易受不良影响误入歧途。因此，未成年社区矫正对象的主观恶性较小，社会危害性也相对较轻，相应的刑罚也理应趋于轻缓。其次，家庭、学校、社会对未成年社区矫正对象的犯罪也负有责任。家长的一味溺爱或近乎苛刻的严格要求，都会让未成年社区矫正对象产生严重的逆反心理；学校过分关注学习成绩忽视心理沟通，造成一部分成绩差的学生游离于或在心理上游离于学校与社会之间；而社会上不良影视作品的引导、他人的教唆，促使这些未成年社区矫正对象沾染不良习气，最终走上犯罪的道路。未成年社区矫正对象固然应为自己的犯罪承担相应的责任，但家庭、学校和社会也负有不可推卸的责任，应当给予未成年社区矫正对象应有的宽容。

在社区矫正过程中，"教育为主"是贯穿未成年犯社区矫正管理的主导思想，是管理和矫正教育的核心价值。为此，对未成年社区矫正对象的社区矫正须提供必要帮助，包括对未成年社区矫正对象的心理辅导、职业培训、生活扶助等，结合未成年社区矫正对象的心理生理特点和未成年社区矫正对象的实际需要，定期开展形式多样、生动活泼的思想、法制、社会公德等方面的教育，培养未成年社区矫正对象高尚的情操，塑造健康的适合现代社会需求的人格，提高未成年社区矫正对象的社会适应性和社会竞争力。"惩罚为辅"主要是体现法律的威慑力，在社区矫正中主要是强化对未成年社区矫正对象的监督管理与考察评估。"毫无惩罚意义的矫正项目，可能因无法体现国家的伦理否定和谴责而导致法秩序的紊乱，还可能使那些精于计算的虞犯踏上犯罪的行程"。[①] 对未成年社区矫正对象而言，监督管理体现为社区矫正制度上的"可控性"，不能由于片面强调矫正教育而使未成年社区矫正对象的社区矫正流于形式，甚至处于失控状态。考察评估则是对未成年社区矫正对象社区矫正质量的跟踪与评估。跟踪与评估的过程，在无形中对未成年社区矫正对象施加了一定的压力，对其日常行为起到了控制和约束作用。

---

① 何显兵：《论社区矫正的根据》，《广西政法管理干部学院学报》2005年第2期，第30—33页。

（二）区别对待原则

未成年社区矫正对象除了具有普遍性的特点之外，他们的生理、心理以及成长环境都带有自身的特殊性。在社区矫正工作中，掌握未成年社区矫正对象的特点，关注矫正相关环节，实施分类管理和个性化教育，才能提升矫正实效，减少和预防重新犯罪。按照《社区矫正法》的要求，对未成年社区矫正对象的区别对待，主要包括两方面：一是对未成年社区矫正对象的社区矫正应当与成年人分开进行管理，运用特殊的社会资源，教育与预防并举，以便采取适合未成年社区矫正对象的方式和方法，实行针对性的管理。同时还要采取积极措施，保障未成年社区矫正对象的就业、就学，以及解决解矫之后未成年社区矫正对象与社会相互接纳的问题。二是放宽适用社区矫正的法定条件。《社区矫正法》规定，未成年社区矫正对象在社区矫正期间年满十八周岁的，继续按照未成年人社区矫正有关管理规定执行。

区别对待原则是我们党一切从实际出发原则在未成年社区矫正对象社区矫正中的具体应用，要求我们既要关注未成年社区矫正对象在管理教育中的共性问题，更要关注未成年社区矫正对象管理所具有的个性问题，特别是要善于针对不同问题，运用不同的策略加以解决。

（三）权益特别保护原则

尊重和保护未成年社区矫正对象的合法权益，是我们应遵循的基本原则。在这一大原则指导下，我们在对未成年社区矫正对象的矫正管理中，要针对未成年社区矫正对象的自身生理心理特点，对其法定权益实行特别保护，尤其要特别保护其人格尊严。根据《社区矫正法》的规定，未成年社区矫正对象的权益保护，主要体现在两个方面：一是对未成年社区矫正对象给予身份保护，其矫正宣告不公开进行。二是对未成年社区矫正对象给予档案保护，其矫正档案保密。这在一定程度上确立了对未成年社区矫正对象身份和档案保密原则。这一原则的实施，不仅有利于未成年社区矫正对象的矫正教育，而且为未成年社区矫正对象将来的回归社会，顺利适应社会生活打下了良好的基础。

（四）综合利用社会资源原则

社会、家庭和学校是未成年社区矫正对象联系较为密切的资源，尤其是家庭和学校，与其他社会资源相比，具有无可比拟的优越性。它们把社会意识和行为规范传授给未成年社区矫正对象，促进了未成年社区矫正对象个性的再社会化作用，因此具有社会性；它们与未成年社区矫正对象联系密切，且时间较长，因而具有作用的长期性和稳定性；不同的未成年社区矫正对象和不同的家庭成员、学校里的老师和同学，其生活经历、思想意识、知识丰富程度等不同，从而使影响和受影响的两个方面都呈现出个别性；家庭成员和学校师生与未成年社区矫正对象朝夕相处，共同生活，对未成年社区矫正对象的个性最熟悉和了解，容易产生情感共鸣，增加矫正作用的深刻性。

三、对未成年社区矫正对象实行社区矫正管理的特别措施

未成年社区矫正对象的社区矫正工作综合性强，涉及刑罚执行、治安管理、社区管理、群众工作等诸多层面，需要有关部门相互配合、相互支持，切实发挥职能部门整体协调一致的优势开展工作，需要家庭、学校和全社会共同建立起挽救未成年社区矫正对象的配套体系，并推动社区矫正工作向纵深发展。为此，《社区矫正法》对未成年社区矫正对象的社区矫正管理工作，作出了专门规定。

（一）社区矫正对象的特别要求

《社区矫正法》第五十二条第二款规定："社区矫正机构为未成年社区矫正对象确定矫正小组，应当吸收熟悉未成年人身心特点的人员参加。对未成年人的社区矫正，应当与成年人分别进行。"因为熟悉青少年成长特点的专业人员能够把握未成年社区矫正对象的特征，具有青少年工作的专业理念，能够深入了解未成年社区矫正对象的成长经历、家庭背景、朋辈关系等方面的情况，并结合未成年社区矫正对象的个性特征，全面剖析其犯因性问题，有针对性地制订个案矫正计划、明确管理的工作目标，确保未成年社区矫正对象的个案矫正工作更加准确、适当，使个案矫正计划循序渐进地对未成年社区矫正对象的各类失范行为进行治疗，以达到治病救人、预防重犯的目的。

（二）监督管理措施的特别要求

《社区矫正法》第五十二条第一款规定："社区矫正机构应当根据未成年社

区矫正对象的年龄、心理特点、发育需要、成长经历、犯罪原因、家庭监护教育条件等情况，采取针对性的矫正措施。"未成年社区矫正对象在实施社区矫正后，普遍存在自卑心理和逆反心理，在行为上往往表现为抵触性、不稳定性、被动性的特征，同时，又渴望社会、亲人和社区群众的宽容、尊重和理解。基于未成年社区矫正对象的心理和行为特征，对未成年社区矫正对象的监督管理主要是促进适应社会，认知其所犯罪行及犯罪行为的社会危害性，在此基础上对其进行社区矫正相关知识和制度规定方面的教育，帮助其明确如何接受社区矫正并服从社区矫正组织的监督管理。在方式上以思想感化为主，通过发放学习资料、个别谈话与辅导、电话交流、走访等方式实施。监督管理中要尊重未成年社区矫正对象的人格尊严，建立相互之间的信任关系，为社区矫正工作的进一步开展打下扎实的基础。

（三）矫正教育管理的特别要求

《社区矫正法》第五十五条规定："对未完成义务教育的未成年社区矫正对象，社区矫正机构应当通知并配合教育部门为其完成义务教育提供条件。未成年社区矫正对象的监护人应当依法保证其按时入学接受并完成义务教育。"为此，对未成年社区矫正对象的矫正教育管理要针对其文化知识、职业技能、法律知识的需求较高，受周围环境的影响大，存在心理不稳定等情况，综合运用个别教育、集体教育和社会帮教等教育形式，通过法制教育、文化教育、劳动养成教育、心理健康教育等矫正未成年社区矫正对象的犯罪心理和恶习，培养健康心理，增强法律意识，提高道德、文化水平和生存能力。并充分利用社会资源，增强教育效果，举办法制教育课堂、提供文化知识和职业技能培训、接受心理咨询、提供就业机会等多种方式来实现。

（四）对监护人的特别要求

《社区矫正法》第五十三条规定："未成年社区矫正对象的监护人应当履行监护责任，承担抚养、管教等义务。监护人怠于履行监护职责的，社区矫正机构应当督促、教育其履行监护责任。监护人拒不履行监护职责的，通知有关部门依法作出处理。"未成年社区矫正对象的社会化，是"一个人获得自己的人格和学会参与社会或群体方法的社会互动过程"。[1] 因为"未成年"，其"获得"

---

[1] 戴维·波谱诺：《社会学》，李强 等译，中国人民大学出版社，1999，第142页。

与"学会"具有典型的依附性，监护人的参与和引导具有主导作用。未成年社区矫正对象犯罪的犯因性问题往往是其社会化进程中存在着某种偏差和障碍。由此，我们可以说监护人对未成年社区矫正对象的犯罪负有不可推卸的责任。正因为如此，在未成年社区矫正对象的矫正教育过程中，强制监护人能动地参与至关重要。首先，"监护并不是一种权利，而是一种职责"，[1] 监护人有义务监督管教和矫正教育未成年社区矫正对象,这一义务是法定的,具有强制性。其次，基于亲权之利益关联，监护人有抚养未成年社区矫正对象的义务。

对于监护人的资格问题，一般是以法定监护人履行职责为主体。在特定情况下，由于法定监护人不能履行职责，或者履行职责会损害未成年社区矫正对象的利益等法定情形，可以剥夺其监护权，为未成年社区矫正对象寻找、指定监护人。这些人应该是具备教育、心理、社会和法律知识的成年人且热心青少年教育工作，有较强的责任心，他们可以是志愿工作者，也可以是专业矫正工作者，他们和未成年社区矫正对象生活在一起，以自身的言行举止去影响未成年社区矫正对象，去关心爱护未成年社区矫正对象，去指导他们如何应对社会生活，以利于未成年社区矫正对象的再社会化。

学习任务三　未成年社区矫正对象管理制度的完善

对违法犯罪未成年人实施社区矫正是国际行刑的趋势。所以，我们在社区矫正中必须高度关注未成年社区矫正对象的需求和特征，树立社会工作的现代理念，完善未成年社区矫正对象社区矫正的法律体系，培育良好的社区环境，打造有一定专业知识的工作队伍，选择适合未成年社区矫正对象的矫正项目，采用行之有效的矫正形式，才能使社区矫正工作具有针对性和有效性。

一、树立未成年社区矫正对象社区矫正管理的价值理念

（一）社区矫正管理的价值理念

"社会工作最基本的信念就是相信每个人都有与生俱来的价值和尊严，而

---

[1] 梁慧星：《民法》，四川人民出版社，1989，第84页。

这种尊严和价值带给每一个人不可剥夺的社会权利。因此社会工作者对待受助者的基本态度应是接纳而非批判。"① 社区矫正工作者在从事社区矫正管理工作中，必须有一定的管理价值理念作为支撑，否则就很难公正地面对未成年社区矫正对象。这是因为，从法律意义上而言，未成年社区矫正对象是正在服刑的罪犯，他们曾经的犯罪行为，无论从法律上或是从道德上都应受到谴责，人们对他们还存在着拒斥心理，社区矫正工作者也同样笼罩在这种心理的阴影之下，短时间内还不能完全地接纳他们。但是社区矫正工作本身的职业又要求我们在未成年社区矫正对象一旦进入社区矫正过程中，就成为我们监督管理、矫正教育、危机干预和社会救助的对象，就要求我们遵循一定的管理理念，按照科学的管理方法开展工作，在平等、安全的氛围中，讨论问题，寻求解决问题的办法。由此看来，管理理念决定着工作的方向，这就是社区矫正工作者管理理念的价值。②

社区矫正实践中，社区矫正工作者要有强烈的价值意识，时刻提醒自己坚持社区矫正的价值伦理，从管理观念到管理态度，从管理态度到管理方法都要符合社区矫正的价值追求，才能使社区矫正管理工作目标明确，管理措施得力，管理方法到位，取得实效。在当前开展的社区矫正工作中，我们认为对社区矫正工作者的管理价值理念进行研究尤为重要。

一定的社区矫正的管理价值理念是依据相应的刑罚理论而提出的，在现代社会条件下，"由于社会的发展、进步和文明，刑罚的目的早已从过去单一的惩罚、报应、威慑发展为包括改造、矫治、更新、回归、恢复等多重目的的结构。因此，我们所说的社区矫正的刑罚执法性质，不能仅仅理解为是对服刑人员的监督考察，而应包括对服刑人员的改造和矫治、恢复等多重任务和目的的活动。"③

社区矫正工作者的管理价值理念是社区矫正管理理论的组成部分，因而社区矫正工作者的管理价值理念所体现的社区矫正管理理念与社区矫正管理理论是一致的。管理价值理念是社区矫正工作者基于客观的社区矫正现实而提出的一种价值判断，换言之，是社区矫正工作者提出的对于客观现实是否能够与自

---

① 张昱、费梅苹：《社区矫正实务过程分析》，华东理工大学出版社，2008，第170页。
② 连春亮：《社区矫正工作者价值理念的分类及思考》，《南都学刊》2009年第5期，第87—88页。
③ 刘强主编《社区矫正制度研究》，法律出版社，2007，第85页。

己的需要、世界观相契合而作出的一种判断。因而，虽然在一定的社会，一定的历史时期，只有一种占主导的社区矫正工作者的管理价值理念，但是思想理论形态的社区矫正管理价值理念却总是丰富多彩的。正如前面所述，不同的社区矫正工作者，依据不同的管理理论观点和学说会对社区矫正的管理价值理念有自己的理解，甚至会根据自己的社区矫正价值观提出自己的社区矫正价值理论。但是，摆在我们面前不可辩驳的事实是，由于不同国家的社区矫正工作者，基于不同的意识形态和价值观念，他总是代表着一定阶级或社会的利益，所以从社区矫正工作者的角度出发确定的社区矫正价值取向往往是社会本位的；社区矫正源于文化，融于文化，本身又属于一种文化形态，所以从社区矫正的文化样态出发确定的社区矫正工作者的价值取向往往是文化本位的；未成年社区矫正对象是我们的矫正本体，是以活生生的人的形象展现在我们面前，是我们要改造、培养、造就、塑造的对象，所以从未成年社区矫正对象的角度出发确定的社区矫正工作者的价值取向往往是以个人为本位的。[1]

（二）未成年社区矫正对象社区矫正管理价值理念的选择

在以往的社区矫正工作中，我们常常立足于刑罚执行价值取向，体现刑罚本位的价值理念。但是，在现代刑罚理念支配下，未成年社区矫正对象社区矫正越来越显现出有关未成年社区矫正对象的公共社会管理、教育、规范、救助的特征。所以，我们选择运用社会工作的管理价值理念开展对未成年社区矫正对象的社区矫正管理，是社区矫正工作在管理价值理念上的更新和升华。

社会工作是一个以价值为本的专业。它不仅是做事情的一种方式，而且是关于做什么事情是有价值的和它应该如何去做的准则。[2] 运用社会工作的管理价值理念开展社区矫正管理工作，即指运用社会工作的专业知识和技巧，协助未成年社区矫正对象自我省察、自我改变、重新塑造符合社会规范的行为，以便能够回到社会，成为社会所能够接纳的一个成员。当我们从社会工作的角度出发来管理未成年社区矫正对象时，认为他们之所以违法犯罪，是因为受到了各种不良的个人与环境因素影响，因此在社区矫正时，要强调教化的功能，并希望改变社会环境，使其身心都得到健全地发展。社会工作所倡导的接纳、尊重、

---

[1] 连春亮：《社区矫正工作者价值理念的分类及思考》，《南都学刊》2009年第5期，第87—88页。

[2] 王思斌：《社会工作概论》，高等教育出版社，2001，第41页。

助人自助、个别化等原则,在开展对未成年社区矫正对象的社区矫正管理实践中尤为重要。

接纳意味着对未成年社区矫正对象开展管理工作时,积极主动地理解对方,接受对方作为一个独特的个体和人的价值,相信并尊重对方的人格。接纳的关键在于不以工作者的个人价值观评判或取舍对方,时刻保持一种接受和尊重的态度。接纳并不意味着社区矫正工作者认同未成年社区矫正对象的价值与言行,而是将他的言行与他本人分开来看。我们接受他的是作为一个人的价值与人格发展的潜能,任何个体作出这样那样的行为都是有深刻的历史原因和现实原因。认识到他犯罪的原因才能理解他,理解他才能与之沟通,才能有的放矢地开展社区矫正管理。

透过尊重,为未成年社区矫正对象营造一个安全、温暖、宽松的环境,使其消除戒备,自由并安心地敞开自己,探讨自己的内心世界。透过尊重,工作双方建立起信任、友善、和谐的关系,真诚表达,真心互动,有利于尽快进入主题,提高工作效率。透过尊重,唤醒未成年社区矫正对象的自尊,激发他们重新审视自己,肯定自己的价值,恢复生命的勇气与信心,最终实现人生自助、回归社会的目标。

矫正管理的个别化,运用于未成年社区矫正对象,一方面要针对未成年社区矫正对象的发展特点开展社区矫正管理,另一方面要关注每一个未成年社区矫正对象的成长经历和犯因性问题。社区矫正工作者必须走进他们的世界,真正了解他们,才能懂得他们,才有可能使管理工作因人而异、有的放矢。

二、构建未成年社区矫正对象社区矫正管理的法律法规和制度体系

我国对于未成年社区矫正对象的社区矫正管理工作尚在起步阶段,还没有成熟的管理经验和固定的管理模式可以借鉴。无论在社区矫正立法,还是在社区矫正管理实践中,都存在诸多问题。

(一)法律法规和规章制度制定上的问题

在社区矫正的法律规范方面,《刑法》《刑法修正案(八)》《刑事诉讼法》等所涉及的条款,只是规定了对判处管制、宣告缓刑在缓刑考验期限内、假释

在假释考验期限内的罪犯，依法实行社区矫正。与未成年社区矫正对象犯罪处罚相关的具体内容，只在缓刑、累犯、前科报告义务方面对未成年人犯罪规定了从宽处罚。新修订的《刑事诉讼法》中，涉及未成年人的刑事诉讼程序问题，规定了独立章节。明确规定了对于犯罪未成年人的方针和原则以及强调保障未成年人的权益。《社区矫正法》设立了第七章"未成年人社区矫正特别规定"专章，在法律层面上确立了社区矫正管理制度，充分体现了对于未成年社区矫正对象的保护。但这些管理规定仍然比较笼统，只是对未成年社区矫正对象社区矫正管理的原则、方针进行了规定，而对于未成年社区矫正对象社区矫正管理的具体操作程序和措施方法仍显单薄，使得未成年社区矫正对象社区矫正管理工作面临诸多困境。在未成年社区矫正对象社区矫正管理的规章制度方面，2020年7月以前，《社区矫正法实施办法》是主要的依据，除此之外，各省、自治区、直辖市制定的地方性规章制度是主要的操作依据。但是，在2020年"两院两部"的《社区矫正法实施办法》中，对未成年社区矫正对象的社区矫正管理的规定只有一条，即第五十五条。根据《中华人民共和国立法法》的规定，对未成年社区矫正对象社区矫正管理的法律规范，应以立法的形式加以规定。因此，目前可以依据的只有《社区矫正法》等法律法规。

（二）完善未成年社区矫正对象社区矫正管理的刑事立法

对未成年社区矫正对象建立以社区为中心的刑事执行体系，需要通过立法过程作出一系列的制度安排，来保障社区矫正的正常运行。一是从适用决定机制上，未成年犯罪人是否适合社区矫正，社区的意见应当有表达的渠道。把好社区矫正适用于未成年犯罪人的第一关，对于社区安全的维护是非常必要的。因此，法院在适用非监禁刑时，给社区一个发表意见的渠道，通过社区来充分了解未成年犯罪人的社区表现、人格特征，以此作为判断是否适用社区矫正的部分依据。二是在管理和矫正措施上，未成年犯罪人法律特征不同，其处遇应当有所不同。对未成年犯罪人管理个案的制定和措施的落实，必须和不同类型的未成年犯罪人的法律特征相协调。在教育、监督、奖惩措施中，要认真区别未成年犯罪人的权利义务，对未成年犯罪人依法享有的各种权利要保护，监督其履行法定义务。

总之，应完善未成年社区矫正对象的社区矫正立法，在《社区矫正法》中应做到法律措施的统一、制度的统一、执行机构的统一、减免、易科条件的统一。对积极改造、表现突出的，应当给予奖励，符合条件的给予减刑；对有不良行为的应当严格惩处，对其犯罪行为必须承担相应的刑事责任。并且在该法中应根据未成年社区矫正对象的自身特点，设置一系列的社会化刑事法律制度。

1. 对未成年犯广泛适用缓刑

缓刑是对未成年罪犯实行非监禁刑的有效形式。我国没有对于未成年犯的专门性规定。为此，我们可以进行以下制度设计：第一，确立缓刑的适用标准。人民法院在处理未成年人犯罪案件时，应当将监禁刑作为一种不得已的选择。目前，由于缓刑的标准不好掌握，为防止未成年犯再次危害社会的行为发生，短期监禁刑的适用比例比较大。因此，我们建议，只要不是《刑法》第十七条规定的犯故意杀人、故意伤害致人重伤或者死亡、强奸、抢劫、贩卖毒品、放火、爆炸、投放危险物品等罪的未成年犯，就应当考虑可以适用缓刑，而对于过失犯罪的未成年犯一律应当适用缓刑。第二，建立未成年犯缓刑制度。一是将对未成年被告人适用缓刑的实质条件予以放宽。在法律法规中规定对判处五年以下有期徒刑的未成年被告人可宣告缓刑，不但体现了对未成年被告人的处罚从宽原则，同时也有利于对未成年犯多适用缓刑，有利于充分利用社会、家庭的力量教育、感化、挽救失足少年。二是完善家庭帮教制度。刑法虽然未将良好的家庭监护条件作为适用缓刑的必备条件，但良好的家庭监护条件对未成年被告人适用缓刑及改过自新非常重要。在缓刑制度中，应当明确家庭帮教的主体、内容及法律责任。法院应当指定未成年犯监护人作为帮教人，并将缓刑未成年犯所应遵守行为规范的内容以及撤销缓刑的法定情形明确告知帮教人，强化对他们的不良行为进行管制和约束，消除他们违法犯罪的诱因和机遇。由于家庭帮教是未成年缓刑犯监护人的法定义务，在规定具体义务的同时，还应明确违反法定义务所应承担的法律责任。对帮教人的行为进行必要的制约，促使他们认真履行法定义务。第三，设立未成年犯的观护和考察机制。一是设立限制自由措施，对未成年犯的行为进行限制。大致可以分为以下两种，一种是行为本身违法，如打架斗殴、偷窃、赌博等违法行为，未成年缓刑犯实施这类行为就违反了法律、行政法规而必然会受到法律的制裁；另一种不良行为是其本身并不违法，而是容易诱发违法犯罪行为，如旷课、夜不归宿、进入未成年人不适宜进入的酒吧、营业性歌舞厅等场所、结交有不良行为的朋友等。二是设立义务性措施。在缓刑的义务配置中引入对受害人的赔礼道歉、赔偿、缴纳罚金、支付法院费用、接受文化教育和职业训练、接受戒酒、戒毒治疗和精神治疗等。这些规定能够培养未成年犯的社会责任感和社会适应能力，促进其同社会之间的融合。三是建立专门的对未成年缓刑犯监管考察制度。执行机构负责下列事务：对未成年缓刑犯进行考察，处理在执行过程中遇到的问题，监督其遵守法定的义务，预防未成年缓刑犯在缓刑期间再次犯罪；结合道德法制教育、文化知识学习、生活技能、职业技能培训等，帮助缓刑犯适应社会生活；帮助介绍职业，给予必要的经济资助等，帮助未成年犯解决实际生活中的问题，避免他们因为生活困难而重新犯罪；对出现法定撤销缓刑事由及违反监督考察规定的未成年缓刑犯，及时向法院汇报，并建议撤销缓刑。对确有突出悔改表现的未成年缓刑犯，建议减轻其刑罚，缩短缓刑考验期限。①

2. 假释制度的完善

在对未成年犯适用假释的规定上，司法部于1999年12月18日发布实施的《未成年犯管教所管理规定》第五十七条规定："对未成年犯的减刑、假释，可以比照成年犯依法适度放宽。"2017年施行《最高人民法院关于办理减刑、假释案件具体应用法律的规定》第二十六条规定"对下列罪犯适用假释时可以依法从宽掌握：……犯罪时未满十八周岁的罪犯……罪犯既符合法定减刑条件，又符合法定假释条件的，可以优先适用假释。"但在对未成年犯的假释上怎样依法适度放宽没有明确、具体的规定，使得对未成年罪犯适用假释可以比照成年罪犯依法适度放宽的规定难以操作执行，未成年犯的假释率难以提高。适合未成年犯的假释制度可以作如下改革：

第一，建立假释委员会。根据现行法律，假释决定权由人民法院行使，监狱只享有提请报批的权利。假释权从本质看并不属于审判权，因为假释并不改变原判决，而只是刑罚执行方式的变更。我国可借鉴国外的经验，建立一个相对独立的假释委员会来行使假释决定权。这种模式应是我国假释决定体制改革的方向。在假释委员会成员的组成上，除了给社区矫正官员分配一定的名额之外，应吸收一定数量的心理学家、医学工作者等专家及社区代表参加，以体现假释决定系统的开放性和专业性，强化假释决定权的社会化色彩。②

---

① 张素英、裴维奇：《我国未成年人犯缓刑制度的改革与完善》，《贵州民族学院学报（哲学社会科学版）》2005年第1期，第69—73页。

② 冯卫国：《行刑社会化研究——开放社会中的刑罚趋向》，北京大学出版社，2003，第194页。

第二，放宽未成年犯假释的条件。监狱对那些主观恶性较小、人身危险性较低的未成年犯在监禁一定时间后，根据其矫正效果，通过假释委员会的批转，转由社区对其进行矫正，既有利于合理配置未成年犯行刑资源，又能够将监禁刑对未成年犯带来的负面影响减少到最小。具体而言，被判处有期徒刑的未成年犯在实际执行原判刑期三分之一时，如果符合假释其他条件，可以适用假释。假释后的考验期限为原判刑期的三分之一左右，根据矫正效果处理。

三、完善未成年社区矫正对象的调查评估制度

《社区矫正法》第十八条的规定，未成年犯在实施社区矫正前要求对其进行调查评估。在前面我们已经对矫正前调查制度进行了论述，在此，只是针对未成年犯社区矫正的调查评估进行研究。

在对未成年犯设计判决前调查评估方案时，必须对调查评估的机构、调查人员的资格与选任及其权利义务、调查的内容、调查的程序、调查的手段、调查报告的制作及法庭宣读等都应作出明确的规定。

首先，调查评估的实施机关。根据2020年两院两部的《社区矫正法实施办法》，人民法院、公安机关、监狱管理机关可以委托县级社区矫正机构或者其他社会组织进行调查评估。从法理上来讲，未成年犯是否适合社区矫正，社区应该最有发言权，社区的意见应当有表达的渠道。基于上述原因，我们认为由县级社区矫正机构进行调查评估比较合适。因为县级社区矫正机构及其工作人员植根于社区，在调查的开展上有着其他机构不具备的诸多便利。

其次，在调查评估的方式上，可分为书面调查和实地调查。对于案情较为简单、被调查人的情况较为清楚的，可采用书面调查，要求被调查人填写《被调查人情况调查表》，被调查人家长填写《被调查人家庭情况调查表》即可；对于案情复杂，通过书面调查难以全面反映被告人详细情况，而这些情况可能影响定罪量刑的，或者主审法官认为有必要的，则由调查人员到被告人家庭、学校、工作单位、所在社区等单位进行实地深入调查。当然，在实际操作中也可以采用书面调查和实际调查相结合的办法开展调查评估工作。

第三，调查评估的内容主要是未成年犯罪人的犯罪人格，即由未成年犯罪人的性格、心理特征、家庭与社会环境等各方面的因素共同决定的犯罪倾向。因此，调查评估的内容应包括以下几点：一是个人因素。即被调查人的性格特点、

精神状态、文化程度、成长经历以及犯罪原因、犯罪类型、危害程度、悔罪表现等。二是家庭因素。即被调查人的家庭经济状况、父母子女情况、父母子女关系等。三是社会因素。这里所讲的社会因素主要是指狭义的社会因素，即未成年犯的社会交往、生活环境、生活变故等。

县级社区矫正机构通过对未成年犯罪人的人格调查，进而对其人身危险性和再犯可能性进行系统的评估，然后将调查与评估报告提交委托机关，供对未成年犯罪人适用社区矫正时参考。

四、完善未成年社区矫正对象社区矫正管理机制

我国社区矫正工作开展时间短，在矫正项目的设立上还处在探索阶段，还缺乏完善的项目矫正体系。在未成年社区矫正对象的社区矫正项目上，几乎没有成型的矫正项目，对未成年社区矫正对象的矫正教育，还只是停留在思想、道德、法制教育和行为矫正教育层面上，采取的形式是和成年社区矫正对象相一致的填鸭灌输式的理论教育，没有明显效果。比如在对未成年社区矫正对象的心理健康矫正教育上，其目标在于通过关注未成年社区矫正对象的心理发展，帮助其建立健全的人格。但是目前大多数心理矫正内容较为单一，偏向于理论，心理教育发展缓慢，心理治疗技术偏低，专业的心理咨询机构、咨询师较少，使得心理矫正项目发挥作用十分有限。因此，完善未成年社区矫正对象的社区矫正管理机制十分必要。

（一）制定针对性的矫正教育方案

发达国家和地区对未成年社区矫正对象进行社区矫正的时间比较长，已有了比较成熟的经验，在决定社区矫正前都要进行调查评估，详细了解未成年犯的情况，为矫正奠定基础。当社区矫正机构接受了未成年社区矫正对象后，还要对其进行危险性评估、需要结构评估等。危险性评估是根据未成年社区矫正对象各种变量因素来进行综合打分，如未成年社区矫正对象的犯罪性质、犯罪历史、个人特点、家庭状况及环境等；需要结构的评估包括个人生理、心理以及受教育、工作等方面的需要，从而确定对未成年社区矫正对象的监管、矫正计划及实施方案。因此，我们对未成年社区矫正对象的社区矫正可以借鉴这些成熟的经验，在对未成年社区矫正对象调查评估的基础上，制定出有针对性的

矫正教育方案。

(二)编制适合未成年社区矫正对象特点的矫正项目

通过制定科学的矫正项目,达到我们预期的矫正目的。正如美国学者 David Altschuler 和 Troy Armstrong 所言,遵循以下五个原则的社区矫正项目,才能对未成年社区矫正对象发挥最大的功效和帮助:①能够逐步帮助未成年犯提高责任感,并相应地提高他们在社会上的生存能力;②能够帮助未成年犯融入社会,同时也使社会与他们形成互动;③能够充分发挥未成年犯家庭、社区、同龄人、学校和雇主的作用,共同努力为未成年犯成功完成项目提供必要的帮助;④能够开发新的资源,寻求必要的帮助;⑤能够促进和监测未成年犯与社区的互动能力。①

在实施社区矫正的国家中,未成年社区矫正对象始终是社区矫正的重点对象之一。根据我国《社区矫正法》的规定,未成年社区矫正对象也是我国社区矫正的主要对象。然而,因为我国未成年社区矫正对象的社区矫正工作还处在摸索阶段,社区矫正体系还没有建立起来,在矫正主体、矫正项目、矫正方法上还存在很多缺陷。理论界对此也是众说纷纭,据掌握的现有资料看,介绍国外的理论和方法比较多,而论证其在中国社会的本土化使用则比较少。因此,完善我国未成年社区矫正对象社区矫正体系是十分必要的。

目前,我国各地未成年社区矫正对象社区矫正实践中也有一些专门的项目,主要包括公益活动、思想教育、法制教育、社会公德教育、技能培训、心理矫正,以及就业指导、生活指导等。但是,这些项目都比较散乱,随意性比较大,针对性差,不能够对未成年社区矫正对象形成综合性的影响力。所以,我们有必要对未成年社区矫正对象的社区矫正项目进行深入而系统的研究,制定出适合未成年社区矫正对象特点的矫正项目指标体系。王顺安教授通过对国外未成年社区矫正对象社区矫正项目的分析指出,未成年社区矫正对象的社区矫正项目应当包含以下内容:①服从父母或者监护人以及矫正机构的监管;②遵守各种社会制度,例如工作单位和学校的规章制度;③参加经矫正工作人员认可的工作项目,接受职业和就业的培训;④遵循矫正工作人员作出的指令;⑤在指定的时间向矫正机构或其工作人员作出报告;⑥参加心理矫正项目;⑦参加毒品和酒

---

① 肖建国:《中国大陆少年刑事司法制度发展战略探索》,《青少年犯罪研究》2001年第3期,第32—38页。

精的防治；⑧参与各种个人、集体以及家庭项目；⑨参与由矫正机构提供的教育项目。[1] 同时认为，可以在发挥我国传统未成年犯矫正体系优点的基础上，建立一个梯形结构的社区矫正项目体系。[2]

第一阶梯：适用于那些初次犯罪、罪行显著轻微的未成年社区矫正对象，目的在于对他们的犯罪行为作出警告，并让他们认识到再犯将可能遭受到更为严厉的惩罚。这一类的社区矫正项目可以包含以下内容：

（1）训诫。由社区矫正机构以口头的方式对未成年社区矫正对象进行公开谴责。

（2）具结悔过。由社区矫正机构责令未成年社区矫正对象用书面方式保证悔改，以后不再重新犯罪。

（3）赔礼道歉。由社区矫正机构责令未成年社区矫正对象公开向被害人当面承认错误，表示歉意。

（4）赔偿。由社区矫正机构责令未成年社区矫正对象，根据其犯罪行为给被害人造成的经济损失的大小，赔偿被害人一定数额金钱。

（5）社区服务。由社区矫正机构责令未成年社区矫正对象提供一定时间的社区公益服务。

（6）父母管教。由社区矫正机构责令未成年社区矫正对象父母或者监护人对其严加管教。

第二阶梯：我们可以考虑设立包含以下内容的未成年社区矫正对象社区矫正项目：

（1）定期报告。要求未成年社区矫正对象通过电话或邮件定期向社区矫正工作人员报告，或者在指定的时间前往社区矫正机构与矫正工作人员会面。

（2）遵守管制、缓刑、假释、暂予监外执行的有关规定。例如遵守法律、行政法规和社区矫正有关规定，服从监督管理；遵守关于会客的规定；离开居住的市、县或者迁居，应当报告司法所，并经县级公安机关批准等。

（3）参与酒精、毒品滥用的防治与检测。为未成年社区矫正对象设立专门的酒精、毒品滥用防治与检测项目。

---

[1] 王顺安、甄宏：《试论我国未成年犯社区矫正项目体系之构建》，《青少年犯罪问题》2005年第1期，第37—41页。

[2] 王顺安、甄宏：《试论我国未成年犯社区矫正项目体系之构建》，《青少年犯罪问题》2005年第1期，第37—41页。以下三个阶梯依据该文整理。

（4）参加各种类型的学习、生活和工作技能的培训。这是由社区矫正机构组织的、致力于为未成年社区矫正对象提供可发展的工作、生活所必需的基本技能与知识的社区矫正项目。

（5）寄养之家项目。如果未成年社区矫正对象的亲生父母被认为不适合再抚养孩子，或者未成年社区矫正对象是孤儿或者被其父母抛弃，那么社区矫正机构可以将他们安置到一个替代的养育家庭。当然，社区矫正机构需要对这些愿意接受未成年社区矫正对象的寄养家庭进行调查，以判定这些家庭是否适合从事这项工作。对于那些犯罪情节不是非常严重的未成年社区矫正对象来说，一个家庭的环境，尤其是一个稳定的家庭，也许就是对其最好的矫治。

（6）心理矫正项目。仅从外部环境上对未成年社区矫正对象加以拘束只是治标的方法，要从根本上去除其犯罪人格离不开心理矫正项目。这一项目所针对的对象不应仅限于未成年社区矫正对象，其亲属（尤其是父母）、朋友也应共同参与，毕竟未成年社区矫正对象的犯罪是多方面因素共同作用的结果。

（7）集体活动项目。未成年社区矫正对象最担心的是为同龄人所抛弃，因而由社区矫正机构组织未成年社区矫正对象之间，未成年社区矫正对象与普通同龄人之间的集体活动，加强未成年社区矫正对象与其他未成年人之间的交流，有助于未成年社区矫正对象重新树立生活的信心，端正对自己的认识，改造自己的世界观。

（8）促进就学和就业项目。这一项目通过为未成年社区矫正对象安排就学的地方或者为他们提供职业培训、就业咨询服务和安置工作，促进他们重归社会，从而减少他们的重新犯罪率。

第三阶梯：对于那些犯罪情节严重（尤其是暴力性犯罪）或者多次犯罪的未成年社区矫正对象来说，一般的社区矫正项目已无法起到防止其重新犯罪、实现对其矫治的作用。这就需要设置一些强度较大的、限制人身自由的监管性社区矫正项目对他们进行有效的监管和矫正。这些社区矫正项目的共同特点是在一定时间内限制乃至剥夺未成年社区矫正对象的人身自由。结合国内外的先进经验，可以构建以下的未成年社区矫正对象社区矫正项目：

（1）家中监禁和电子监控。家中监禁是社区矫正机构要求未成年社区矫正对象在特定的期间内限制于自己的家中不得外出，社区矫正工作人员通过电话或家访的形式对未成年社区矫正对象进行不定期的检查。社区矫正机构还可以对未成年社区矫正对象同时适用电子监控作为家庭监禁的补充。电子监控是让未成年社区矫正对象在身上（如手腕、脚腕）带上一个不能随意拆卸的电子装置，这个装置能发出电脑可以接收的信号，社区矫正机构可以据此来确定未成年社区矫正对象是否离开其所指定的处所。

（2）宵禁。社区矫正机构也可以责令未成年社区矫正对象在晚上指定的时间段里，必须待在特定的地方，如家里或学校，在此期间内不得进入酒吧、舞厅等特定场所。电子监控也可以作为宵禁的补充，以帮助社区矫正机构确定未成年社区矫正对象所在的场所。

（3）参加特定的职业技术学校。这一项目强制性地要求未成年社区矫正对象在一定时间（例如周一至周五或者以学期为单位）参加特定职业技术学校的学习，在此期间内不得离开学校。这一项目的设立一方面是为了实现对这些未成年社区矫正对象的监管，更重要的也是为了实现对他们的矫治教育，为他们提供重返社会所必需的生存技能。在学校中，未成年社区矫正对象可以学习木工技术、泥瓦工技术、绘画、电子设备的维修、饮食服务、汽车维修、制图以及计算机技术。他们还将接受个人或集体的心理咨询、学习如何防治酒精、毒品的滥用等。

（4）军事化的矫正训练营。在美国，作为一个军事项目，军事训练营原本是用来训练新兵的，但美国的矫正机构将其作为一种社区矫正项目，使参与这一项目的未成年社区矫正对象体验一次严格的军队生活。这个为期数月的军事化、规范化的项目足以使未成年社区矫正对象养成良好的生活习惯，提高他们的自尊与自信，端正他们的自我认识，从而使他们放弃重新犯罪的念头，重返社会。在这一项目中，未成年社区矫正对象要参加基本的军事训练和严格的矫正治疗项目。他们还必须参加职业技术和知识的学习。在条件成熟时，军训项目完全可以在未成年社区矫正对象的社区矫正中适用。

（5）震慑性的监禁项目。这一项目源于西方国家的"震惊"监禁项目，它是在对未成年社区矫正对象适用正式的社区矫正项目前或者在未成年社区矫正对象不遵守社区矫正规定时，将其在监所中关押一定的时间，使其体会到监禁所带来的痛苦，从而放弃重新犯罪、认真接受社区矫正。

这一阶梯式的未成年社区矫正对象社区矫正项目体系是根据未成年社区矫正对象罪行的轻重和社会危险性并考虑他们各自的特点而设立的，但这种阶梯式的社区矫正项目的划分不是绝对的，在实践中，我们可以根据未成年社区矫正对象的特点和具体情况对其适用各个阶梯的社区矫正项目。

此外，这种阶梯式的设计也是出于给社区矫正中违规的未成年社区矫正对象一个有层次性的制裁选择。如果适用第一阶梯社区矫正项目的未成年社区矫正对象有违规行为，可以对其适用第二、第三阶梯强度较大的社区矫正项目，直至撤销对其适用社区矫正，将其送入监狱。

（三）建立学校参与机制

学校在对学生的制约与保护，对学生劣迹行为的矫治，对学生的自我管理与教育以及培养良好的品德和新型的人际关系等方面，都起着教育的"杠杆"作用。让未成年社区矫正对象能够继续在学校学习，接受健全的学校教育，有助于其健全人格的塑造，有助于其认真悔过思改，从而有利于其更好地复归社会。

学校参与对未成年社区矫正对象的矫正教育可以从以下三个方面做起。一是为未成年社区矫正对象创建融洽的学习环境，良好的集体、良好的风气对他们改正不良行为习惯至关重要。因此，对于能够继续读书的未成年社区矫正对象，学校应该以宽容的心态来对待他们，给他们更多的温暖和关怀。二是进行及时有效的沟通，发掘未成年社区矫正对象自身的优点。沟通不是为了让他们简单地知道有错必罚，而是让他们明白为什么错了，错在哪儿，以后不能再犯同样的错误。三是进行必要的法制教育，应重点学习《宪法》《预防未成年人犯罪法》《未成年人保护法》等，还可以开展形式多样、富有感染力的法制教育活动，如模拟法庭、以案说法等。

（四）完善多元化的监管教育措施

按照《联合国少年司法最低限度标准规则》规定，对未成年犯实施社区矫正的措施包括：①照管、监护和监督的裁决；②缓刑；③社区服务的裁决；④罚款、补偿和赔偿；⑤中间待遇和其他待遇的裁决；⑥参加集体辅导和类似活动的裁决；⑦有关寄养、生活区或其他教育设施的裁决；⑧其他有关裁决。[①] 社区矫正工作综合性强，涉及层面广泛，因此，对未成年社区矫正对象实施矫正，需要有关部门相互配合，相互支持，切实发挥职能部门整体协调一致的优势，需要家庭、学校和全社会共同建立起挽救未成年社区矫正对象的配套体系，并推

---

① 以上规定分别引自《北京规则》第十八条第2款。

动社区矫正工作向纵深发展。

（五）建立未成年社区矫正对象的监督考评机制

为了确保未成年社区矫正对象社区矫正的成效性，必须建立相应的监督考评机制，以此检验矫正工作的情况和质量。监督考评工作组应由未成年社区矫正对象社区矫正委员会领导小组成员、社区矫正机构的代表及有关专家组成，制定监督考评的制度、监督考评的标准、监督考评方法。通过考评对未成年社区矫正对象进行全面的、持续的、质与量相结合的、客观的考核，总结未成年社区矫正对象社区矫正的成败得失，不断加强矫正工作，提高矫正质量，巩固矫正成果。根据考察的情况，从中找出已经出现或可能出现的问题，随时调整矫正的方案和内容。

五、建立专业队伍和社会支持系统

（一）具有专业技能的队伍建设

《社区矫正法》第五十二条规定，"社区矫正机构为未成年社区矫正对象确定矫正小组，应当吸收熟悉未成年人身心特点的人员参加"。这就要求，未成年犯社区矫正必须有熟悉未成年人身心特点的专业人员参加。这些人员必须接受过专业的训练，掌握相关的法学、犯罪学、心理学、教育学等专业知识，同时能较好地与未成年社区矫正对象沟通交流，对于未成年社区矫正对象善于进行心理以及行为的矫正。但是，当前在未成年社区矫正对象的矫正工作人员中，几乎没有专业的工作人员，可以说，很多人根本不能胜任未成年社区矫正对象社区矫正工作，更谈不上对未成年社区矫正对象进行社区矫正的专业性指导。

社区矫正工作专业化、规范化、法治化建设，必须依托健全的组织和专业的人员。因而要完善我国未成年社区矫正对象的社区矫正工作，同样离不开具有专业技能的队伍建设。因此，建议对政府资源和社会资源进行重新整合，在社区矫正机构中增设负责未成年社区矫正对象社区矫正工作的独立职能部门，配备具有专业技能的队伍建设，配备高素质、专业性强的社区矫正工作者，使未成年的社区矫正更加具有专业性和针对性，这是搞好未成年社区矫正对象社区矫正的必要途径。

（二）社会支持系统的培育

由于熟悉未成年人身心特点专业人员比较缺乏，社会力量的多元参与成为未成年社区矫正对象社区矫正工作的主要途径。但是，就目前来看，由于社会发育不成熟，社会资源难以整合，社会公众参与的主动性和积极性不高，未成年社区矫正对象社区矫正中的社会力量显得严重不足。突出表现在：一是我国社会组织的发展程度较低、参与社区矫正的制度不健全、缺乏专业的社区矫正服务项目，导致其参与度很低。没有形成一个专门的社会服务领域，其发挥的作用十分有限。二是社会志愿者参与社区矫正总体人数比例偏低、参与的领域有限，在工作中组织化、规范化和专业化水平不高，不能有效地运用自身的资源、发挥每个人的优势，为未成年人学习、生活、就业、心理等方面提供帮助。

在社区矫正工作中，优化未成年社区矫正对象社区矫正社会支持系统，应从以下几个方面着手：一是更新刑事执行理念，提升社会公众对未成年社区矫正对象社区矫正的认同度，消除社会公众对于社区矫正的认知偏见，提高公众的认知度和参与度。二是培育公民社会，为社区矫正奠定社会基础。社区作为公民社会构成的基本元素，其基础建设、文化程度、成员构成、经济发展、成员素质、风俗习惯、法律意识等都制约着公民社会的发展。只有培育成熟的公民社会，才能认同社区矫正的社会公共责任，才能激发社会公众参与社区矫正的积极性。三是转变政府角色，强化政府责任，培育社会力量参与。在社区矫正中，政府可以转变其角色，通过走市场化的道路，挖掘和培育更多的社会力量参与。政府负责决策、资金保障、计划制订、组织调控、监督检查，社会力量参与到社区矫正的部分环节。在未成年社区矫正对象社区矫正过程中，通过政府与社会力量的合作，为未成年社区矫正对象提供全方位的服务。比如由专业心理机构提供心理矫正的服务；由就业服务机构提供就业培训、就业指导等服务。

六、建立未成年社区矫正对象犯罪记录封存制度

未成年社区矫正对象的犯罪记录封存制度是指未成年人曾受到法院判决或者有罪宣告时，相关司法机关应当对符合规定的案件进行封存，非经法定允许，不对其他单位及人员提供查询的法律制度。我国《刑事诉讼法》第二百八十六

条对未成年人犯罪记录封存制度进行了立法上的规定。

在我国的未成年人犯罪记录封存制度中，我国刑事诉讼法规定了封存必须满足的两个条件：一是年龄要求，犯罪时的年龄应当在14—18周岁之间，该年龄不是侦查阶段或者审判阶段时的年龄。二是法院最终判决的刑期限制，根据规定，经过法院审理，未成年人被判决的刑期必须在五年以下有期徒刑，判五年以上的，则一律不适用该制度。可见，对于被判处刑期在五年以上的未成年犯，我国未将其列入封存的范畴。在封存内容上，是为"犯罪记录"。这里所阐述的犯罪记录，应当对其进行扩大解释，即不仅包括对未成年案件中含侦查、审查起诉、审判所有阶段的过程内容，还应包括未成年人犯罪事实及犯罪时所产生的其他相关信息。因此，为贯彻落实未成年人犯罪记录封存制度，除了对未成年犯的案件材料、法庭庭审过程及判决情况需要进行严格封存外，还应该尽量对未成年人案件的案发地、案件的客观事实采取封存措施。同时，规定了两种特殊查询主体，一是司法机关在办案需要的条件下；二是有关单位，在符合国家规定的情况下。在这两种情形下，可以依法查询未成年犯罪的相关信息。由于未成年人受到的刑事处罚被记录，会导致其在以后的学习、工作和生活等方面造成相应影响，不利于其融入社会集体。在这样的背景下，这一制度有效地消除了犯罪前科给涉案未成年人带来负面影响，有利于未成年人复归社会，是我国对未成年犯权利保障的具体体现。

【本单元小结】

本单元的主要内容是把握对未成年罪犯实行社区矫正的原则和对未成年罪犯实行社区矫正的特别措施，特别是要树立未成年犯社区矫正的价值理念，进而指导对未成年犯的社区矫正工作。

【引例分析】

依照《社区矫正法》第二十五条的规定："社区矫正机构应当根据社区矫正对象的情况，为其确定矫正小组，负责落实相应的矫正方案。根据需要，矫正小组可以由司法所、居民委员会、村民委员会的人员，社区矫正对象的监护人、家庭成员，所在单位或者就读学校的人员以及社会工作者、志愿者等组成。社区矫正对象为女性的，矫正小组中应有女性成员。"第五十二条的规定："社区矫正机构为未成年社区矫正对象确定矫正小组，应当吸收熟悉未成年人身心特点的人员参加。"因此，在成立矫正小组时，除了司法所、居民委员会、村民委员会的人员，社区矫正对象的监护人、家庭成员，所在单位或者就读学校的人员以及社会工作者、志愿者等组成外，还应当吸收熟悉未成年人身心特点的人员参加。

【思考题】

1. 对未成年罪犯实行社区矫正的方针有哪些？
2. 对未成年罪犯实行社区矫正应坚持哪些原则？
3. 对未成年罪犯实行社区矫正的特别措施包括哪些？

【案例分析】

社区矫正对象李某学，男，2002年1月6日出生，初中文化，身体状况良好。2018年4月，李某学因和朋友多次实施盗窃被逮捕，由于犯罪时年龄较小并且是初犯，后被人民法院从轻判处有期徒刑一年，缓刑一年。

李某学是家里的独生儿子，由于父母在他小时候外出打工不常在家，所以主要是由其祖父母带大。其祖父母对他从小就宠爱有加，无论要什么东西都尽可能满足他的要求。在学校里，李某学的学习成绩一般，但自从结交了社会上一些不良少年后，学习成绩一路下滑，对于老师的批评教育置之不理，经常旷课逃学，成群结伙地在游戏房里上网玩游戏，有时候还在一些娱乐场所寻衅滋事。

在性格特征上，李某学由于从小缺少父母的关爱，缺少家庭的教育和关怀，导致其个性较为偏执，凡事以自我为中心，我行我素，对于自己的行为可能会造成什么样的后果，缺乏必要的判断和预见能力。目前李某学无业在家，与父母的关系较为疏远，喜欢上网聊天、玩网游。

依据李某学的家庭环境、教育状况、性格特征等情况，分析社区矫正对象李某学的犯罪原因。

第八单元　社区矫正管理现代化

【本单元引例】

　　据报道，2020年7月14日，为做好《社区矫正法》7月1日施行后的衔接工作，济南市高新区司法局依法为74名社区矫正对象拆除腕带。至此，全区107名社区矫正对象全部完成了新一轮的信息核查和智慧矫正终端配发。

　　配发智慧矫正终端举措的内在价值是什么？

【教学目标】

　　1. 了解社区矫正管理现代化的基本问题。
　　2. 把握社区矫正现代化的价值目标和建设路径。

　　党的十八届四中全会通过的《中共中央关于全面推进依法治国若干重大问题的决定》提出"促进国家治理体系和治理能力现代化。"党的十九届四中全会又作出了《中共中央关于坚持和完善中国特色社会主义制度 推进国家治理体系和治理能力现代化若干重大问题的决定》，由此可以看出，推进国家治理体系和治理能力现代化是今后一段时期内我党的重点工作，也是习近平新时代中国特色社会主义制度的内在要求。社区矫正工作从2003年的试点，到2009年的试行，再到全面推行，直至2019年12月28日《社区矫正法》颁布，已经走过了十几年的时间，社区矫正治理体系和治理能力现代化问题是社区矫正现代化中需要解决的首要问题。

　　解决好这一问题，也是贯彻落实党的二十大精神，"坚持依法治国、依法执政、依法行政共同推进，坚持法治国家、法治政府、法治社会一体建设"的需要。

学习任务一　社区矫正管理现代化的基本问题

社区矫正管理现代化的实质，是推进社区矫正工作协调有序实现现代化，是和我国推进国家治理体系和治理能力现代化紧密相关的，社区矫正管理现代化是国家治理体系和治理能力现代化的有机构成部分，是以国家治理体系和治理能力现代化为导向，以社区矫正的价值取向现代化为前提，以参与主体多元化培育为抓手，以矫正教育的实效性为目的，全面提升社区矫正工作的能力和水平。

一、社区矫正管理现代化

社区矫正管理现代化是一项复杂的制度运动，属于社区矫正建构型制度化的范畴。首先，它是现代社会治理创新行为，具有习近平新时代中国特色社会主义制度的治理含义和治理价值，必须和整个社会治理创新协调一致。其次，社区矫正管理现代化更多地体现为一种社会治理平台和社区矫正机制，具有典型的组织建设特征，社区矫正管理现代化的制度建设也必须遵守组织行为学的制度化客观规律的生成逻辑。我们认为，社区矫正管理现代化主要是指社区矫正的各项体制和机制都要适应时代的要求和特征，通过社区矫正实践的改革创新，理论研究的自我完善，从而使社区矫正工作具有制度化、科学化、规范化、程序化、信息化等特质。这一概念包含了三层含义。一是社区矫正管理现代化是对社区矫正工作的"体系化"管理。社区矫正管理现代化重在体现整体性、系统性、协同性原则，社区矫正管理现代化需要把社区矫正的现代理念贯穿到立法、执法、行政管理等各个环节和过程，并应用到社区矫正的实践工作中，使社区矫正的体制机制更加科学和完善。二是社区矫正管理现代化是一个整体系统，要在系统论的理论指导下开展建设工作。关键在于打造有利于社区矫正管理现代化的广阔空间，大力倡导通过上下互动、多元协调，全面推进。特别在参与主体上，要以持续、开放、平等、包容的心态，超越利益局限和经济理性的束缚，构建多元主体共同参与的格局。三是社区矫正管理现代化是动态发展的，是社区矫正适应现代社会动态发展状态，而不是静态结构。

总的来看，社区矫正管理现代化，是以社区矫正价值取向现代化为前提，引导社区矫正治理体系和治理能力现代化，以社区矫正治理结构体系、功能体系、制度体系、运行体系的现代化为核心，以社区矫正治理能力现代化为保障，推动社区矫正现代化。

二、社区矫正管理现代化考量要素

社区矫正工作制度性建设的程度高低，是考量社区矫正管理现代化水平的重要依据，因为社区矫正工作制度是"国家公益性产品"，它包含了两层含义：一是社区矫正制度在制度设计和构建体系上的科学性和合理性；二是在社区矫正制度贯彻执行中需要必要的权威性和约束力。为此，根据社区矫正工作发展进步的内在逻辑，社区矫正的构成要素主要有价值取向、工作目标、工作主体、工作特征、工作内容、工作制度、工作方式、工作评价等，因而社区矫正管理现代化也应围绕这些要素展开。

1. 社区矫正工作的价值取向

社区矫正管理现代化的核心要求是培育价值取向、调和价值冲突、达成价值共识。社区矫正工作所体现的现代化价值取向必须是基于社会结构和社会形态而创设的制度体系，是以"良策善治"为表征，充分体现出民主、科学和法治的精神实质。第一，社区矫正工作作为我国社会治理体系创新的探索，具有深厚的价值内涵，社区矫正工作的动力之源，首先是价值之维的考量。第二，社区矫正工作的目标预设、运行方式、基本过程、体系架构、制度创建、模式选择、方法进路等无不涉及价值取向问题。第三，价值引导是社区矫正工作关键。价值引导主要是指社区矫正中通过解决价值冲突，达成价值共识，从而引导社区矫正工作多元参与主体的共同工作目标，激发其参与社区矫正工作的主动性和责任担当。

2. 社区矫正工作主体

社区矫正工作主体是指在社区矫正工作过程中直接或间接地参与社区矫正工作的运行、管理、控制和引导的相关力量。从社区矫正工作制度设计的本意来看，社区矫正工作基本主体包括政府、社会与市场三个层面。这是社区矫正管理现代化的依靠力量。与此密切相关的一个概念是"治理能力",这是社区矫正工作主体能否实现社区矫正目标的关键因素。有学者对治理能力表述为:"决策能力的民主科学化""执行能力的公开法治化""调控能力的协调统筹化""协同能力的互动合作化""改革能力的综合配套化"等几个方面。[①] 社区矫正管理现代化的内在形态和外部表征均体现在这几个方面。

3. 社区矫正工作目标

社区矫正工作所体现出的现代化目标,主要是提高习近平新时代中国特色社会主义制度下的社会治理效益,或者说是在控制社会危险成员犯罪、降低行刑成本、为社会提供安全与秩序等方面的整体效益。具体来说主要包括:一是社区矫正系统建构安定有序。包括维护社区矫正工作的基本运行秩序和有利于维护社会安全秩序的良好环境;制定有利于社区矫正工作的一系列法律法规并加以实施等。二是积极依靠科技创新实现社区矫正对矫正对象的危险管控水平,提高社区矫正的质量和水平等。三是政府购买完善优化的社会服务。包括通过增加投入、完善政策、细化任务目标的指标体系、强化管理和绩效考评等途径,促进矫正对象的文化知识教育、职业技能培训、社会适应辅导、法治规范教育等,提高矫正对象的社会适应和社会融合的能力。四是社会力量的自主有为。包括促进各类社会力量在国家法律法规框架内积极参与社区矫正工作中的有关事务,合理表达诉求等。

4. 社区矫正工作特征

社区矫正工作所体现的现代化特征,主要表现在:一是社区矫正工作开放性。表现为参与主体的多元化、内部结构的分权化、参与方式的制度化和工作样态的法治化。二是社区矫正工作具有鲜明的政治属性和法律属性。社区矫正的政治属性是指基于政治需要而对社会中危险成员的特定政治管理行为;而法律属性由法律规定的社区矫正的刑事执行性质为基础,按照法定的程序和要求开展活动。三是社区矫正工作具有国家治理体系和治理能力现代化的时代特质,是世界行刑趋势社会化、非刑化、非罪化、非监禁化等特质的重要体现。四是社区矫正工作具有民主性,关注以"民主协商"为标志的高度开放诉求。民主协商主要是指参与社区矫正工作的各参与主体,在司法行政机关的主导下,以沟通协商的方式,确立社区矫正工作目标和价值立场,实现共治、法治、善治

---

① 希东:《治理能力现代化的衡量标准》,《学习时报》2014年12月8日,2014—12—8(A6)

等治理目标。五是社区矫正工作的整体性和系统性。社区矫正工作是一项系统工程,由各个子系统或要素共同构成了一个整体。从社区矫正工作内在结构来看,包括了工作主体、工作目标、工作过程、工作制度、工作方式、工作评价等要素,每一要素又是一个相对独立的子系统,不同要素之间既是相互交织、相互联结,又是相互制约、相互钳制,成为一个不可分割的整体。

5. 社区矫正工作内容

"国家治理体系由经济治理、政治治理、文化治理、社会治理、生态治理五大体系构成"[①],社区矫正工作作为国家治理体系的一部分,其工作内容的现代化建设也应包括这五大领域的现代化。主要是通过社区矫正队伍建设职业化、制度建设法治化、监督管理规范化、矫正教育专业化、现代技术应用信息化等体现出来的。

6. 社区矫正工作制度

制度是组织社区矫正工作的行为规范和约束矫正对象行为的一系列规则。[②]一套较为完整的制度,应该包括明确的"准入规则""游戏规则"和"奖惩规则"[③]。确立相应的规则,建立适合的制度,并使之成为社区矫正工作有效运转的重要保障,是社区矫正管理现代化的关键环节。一般来说,社区矫正制度主要包括法律制度、接收制度、管理制度、矫正教育制度、奖惩制度、收监制度、激励制度和协调制度等。这些制度的现代化程度,直接决定着社区矫正管理的现代化水平。

7. 社区矫正工作方式

社区矫正工作所体现的现代化工作方式,是指参与社区矫正的各主体在开展社区矫正活动中所采取的方式方法、措施手段等的总和,这些手段包括法律约束、行政干预、经济调控、价值预设、民主协商、自我认知、道德规范、教育引导、行为规训、心灵修炼等。其中,法治是社区矫正的基石,是国家文明进步的标志,推进依法治国是实现治理现代化的基本方略。强化法律权威,依法开展社区矫正工作和控制矫正对象的犯罪行为,是确保社会安全和秩序的重要手段。主要在于不断推动制度体系更新换代,不断推动法律法规体系的不断

---

① 陶希东:《国家治理体系应包括五大基本内容》,《学习时报》2013年12月30日。

② 季卫兵:《国家治理的价值取向及其培育研究》,博士学位论文,《南京理工大学》马克思主义学院,2016。

③ 燕继荣:《现代国家治理与制度建设》,《中国行政管理》2014年第5期,第58—63页。

完善，最为主要的是社区矫正制度的延续和社区矫正体制的不断改革。

8.社区矫正工作评价

社区矫正工作评价以一定的方式对社区矫正工作成效进行评价，是不断优化和改进社区矫正工作的重要途径，也是社区矫正工作的内在要求。根据目的不同进行划分，社区矫正评价可以分为："风险评价、需要评价、能力评价与效果评价"[①]。社区矫正风险评价，是指社区矫正机构运用科学的方法，对拟采用非监禁刑而投入社区矫正的矫正对象或已经确定进行社区矫正的矫正对象，对其人格上存在的实施犯罪行为以及其他严重违法和社会越轨行为的危险倾向的有无及大小所作的评价和预测。社区矫正需要评价，又称矫正动力评价，"是指根据社区矫正工作安全、矫正目标等，对社区矫正对象存在的影响矫正工作目标实现的内外因素所进行的评价。"[②] "社区矫正能力评价是指对社区矫正机构及其工作人员，利用自身的资源，以及组织、动员社会资源，对矫正对象进行管理、矫正，以控制、降低矫正对象人身风险，并促进矫正对象适应正常社会生活能力进行的评价。"[③] "社区矫正效果评价，又称社区矫正质量评价，是指根据社区矫正需要评价，对矫正对象采取的管理、矫正措施产生的实际效果所作的评价。"按评估时间的不同，社区矫正评价可以分为：诊断性评价、阶段性评价和总结性评价。诊断性评价，是指在社区矫正活动开始之前，对矫正对象的人格特征、成长经历、家庭背景、社会关系、犯罪行为等状况进行的评价和预测。阶段性评价，是指社区矫正活动开始之后至结束之前，对社区矫正的相关因素进行的评估。总结性评价，是指社区矫正活动结束之前，对社区矫正的相关因素进行的评价和预测。

学习任务二　社区矫正管理现代化的价值目标和建设路径

社区矫正管理现代化包含了社区矫正治理体系现代化和社区矫正治理能力现代化。社区矫正治理体系现代化体现在政府主导与社区参与的一体化、社区

[①] 狄小华：《社区矫正评估评估》，《政法学刊》2007年第6期，第5—9页。
[②] 狄小华：《社区矫正评估评估》，《政法学刊》2007年第6期，第5—9页。
[③] 狄小华：《社区矫正评估评估》，《政法学刊》2007年第6期，第5—9页。

矫正理念的人文化、参与主体的多元化、社会力量服务功能的多样化、社区矫正制度的法治化、社区矫正机制的科学化、社区矫正项目的人性化、社区矫正措施的规范化、社区矫正管理的程序化和精细化、社区矫正队伍建设的职业化和专业化等。社区矫正治理能力现代化包括了对社区矫正社会价值层面的认同性、社会公众的文化素质水平、社会成员的政治参与意识等维度。

一、社区矫正管理现代化的价值目标

推进社区矫正管理现代化的核心是"以人为本",正确处理社区矫正工作中"个人—社会—国家"之间的关系,广泛培育社会力量,激发治理社会犯罪的活力,维护社会的安全和秩序。社区矫正管理现代化的价值目标是指在社区矫正工作中追求的基本方向,是社区矫正工作功能性和导向性的体现,是社区矫正工作理念体系、组织体系、制度体系、行为体系等方面的价值追求总方向和总标准。

(一)工作主体从"一元化"到"多元化"

社区矫正工作设计的最突出的特征之一就是参与主体的多元化。一是社区矫正的参与主体应由唯一的司法行政机关转变为社会力量多元参与的主体构成;二是由传统监禁刑形成的以行刑为核心的警察执行主体转变为社会公共机构和私人机构为表征的监督管理和矫正教育主体;三是由单纯的政府管理转变为社会组织、社会团体、社会工作者、社会志愿者等社会主体共同参与的社会治理,通过激发以社会力量为代表的社会活力,提升参与社区矫正工作的积极性。所以,社区矫正工作在政府的主导下,培育多元化的参与主体,共同推动社区矫正管理现代化,既是社区矫正管理现代化的内在要求,更是社区矫正管理现代化所追求的方向。

(二)工作向度从"单向主导"到"多向共享"

目前,社区矫正的工作向度是单向的,工作机制是以司法行政机关的行政级别由上而下的设置和管理。这种单向的工作模式,是通过行政公权力的形式,以颁布法令、制定政策,自上而下的行政动员等来实现社区矫正的工作目标,很明显,这种单向度的社区矫正管理模式带有浓厚的行政规制色彩,而社区矫正管理现代化，在顶层制度设计上要求工作主体多元化，打破单向度工作格局，由社会力量广泛参与社区矫正工作，形成上下互动、横向联结、有偿服务、共建共享的工作格局。在理念和价值追求上，把社区矫正工作作为控制社会犯罪现象的公共利益和社会治理的政治认同，作为政府有机组成部分的司法行政机关是社区矫正工作的主导者，社会力量是社区矫正工作的协同者，非营利性社会组织通过政府购买服务的方式介入社区矫正工作中，成为社区矫正工作整体格局中的特有一极，使社区矫正工作多向度共同参与，多维共同治理，共享社会环境的安全和秩序。这种"多向度参与、共建共享"的格局，强调社区矫正工作的公共性特征，使现代法治的内在精神贯穿于社区矫正工作过程的始终，也昭示现代社会对社会公众社会责任共担的尊重，体现"以人民为中心"的法治精神。通过"共建共享"进一步实现社会治安治理中权力和权利的分立和平等，真正形成社区矫正工作多主体共同参与，多向度协作介入的工作模式。

（三）工作本质从"集权化"到"分权化"

社区矫正工作本质从"集权化"到"分权化"主要体现在：一是社区矫正工作的根本点是要转变政府在社区矫正工作中的职能。通过司法行政机关及其他参与部门的权限、放权和分权实现社区矫正工作"政府的归政府，社会的归社会，市场的归市场"，建构一个"政府—社会—市场"三足鼎立、权力尺度有限度、权力边界明晰的工作体系，使社区矫正工作需要的资本、劳动、技术、知识等要素，迸发出应有的活力，特别是社会力量参与到自己的专业领域，为社区矫正工作目标的实现奠定坚实的基础。二是改变社区矫正工作政府集权化，实现参与主体各司其职的分权化状态。这样有利于有效利用社会资源，提高社区矫正的工作效率。在这里最重要的效率是社区矫正工作在预防犯罪、控制犯罪、改造罪犯中的社会效率。通过分权的形式，赋予社会力量应有的责任，可以使社区矫正工作在社会秩序和发展中寻求到自身在社会框架中的平衡点，以进一步推进打击犯罪所体现的社会公平正义，同时也彰显现代社会对矫正对象的社会关照，通过矫正教育的方式，使矫正对象回归社会，成为社会的守法公民，彰显改造罪犯的个别正义，促进建立突显现代化特质的以"公平正义"为核心的现代刑事执行制度。

(四)工作格局从"政策化"到"法治化"

社区矫正管理现代化不仅仅是社区矫正工作功能上的变化和外在形式上的改变,重点在于从社区矫正的政治生态上逐步弱化"人治"和"政策化"主导的倾向,从而走向"法治化"轨道。原因在于:一是社区矫正工作从产生之日起是"政策化"的产物,而非"法治化"建构的结果。通过十几年的发展,虽然取得了一定的成就,归纳总结出了诸多实务工作经验,但是,也暴露出"政策化"主导下的"先天硬伤",由此在我国法治国家、法治社会、法治政府一体化建设中受到诸多质疑和批判。所以,社区矫正工作的"法治化"进路是和习近平新时代中国特色的社会主义制度建设和创新相衔接的,也是现代刑事执行制度的应有价值。二是法治是规则之治,是善法良治,是法治精神在社区矫正工作中的贯彻执行。"法治是一个内涵民主、自由、平等、人权、理性、秩序、正义、效益与合法性等诸多社会价值的综合观念。"[①] 通过设定法律的框架和禁区,规范社区矫正工作的权力运行机制,"把权力关进制度的笼子里",让社区矫正工作依照法律规定、法律原则和制度规则来运行,使司法行政机关行使公权力和保障矫正对象的合法权益置于同等重要的地位,确立社区矫正工作中公、私权力和权利的范畴和领域。三是法治意味着监督。社区矫正公权力的行使在法治语境中必须受到必要的监督、约束和制衡。

(五)工作目的从"工具化"到"价值化"

社区矫正在我国的价值定位上,目前是预防犯罪和控制犯罪的方式,是社会治理创新的探索,目的是对社会风险的管理和控制,是为了维护社会安全和秩序。所以,社区矫正工作只是法律对社会强力控制的"工具"。社区矫正管理现代化要把工作的中心转移到为社区矫正对象提供更多的服务,一方面要以社区矫正对象的潜能开发和全面发展为目标,共同矫正教育社区矫正对象,使其不仅顺利回归社会,与社会相融合,而且还要在恢复性司法理念的主导下,恢复被犯罪所破坏的社会关系。另一方面让社会公众共同承担起社会治理的社会责任,实现社会公众所追求的公平正义,培育宽容的社会环境和文化氛围,使宽容性成为社会的本质属性。

综上所述,社区矫正管理现代化的价值目标是要建构社区矫正的新型模式

---

① 张文显:《法哲学通论》,辽宁人民出版社,2009,第370页。

工作体系和运行机制，推进"分权化"和"法治化"，实现社会的公平正义。

二、社区矫正管理现代化存在的问题

社区矫正管理现代化所面临的核心问题是建构有效应对和化解社区矫正工作公共问题的制度程序。就社区矫正的现状来看，社区矫正管理现代化存在四大障碍。

（一）宏观决策的单一性

正如前面所言，我国社区矫正工作是建构在"政策化"基础上的，所以在宏观决策上，既缺乏基本的理论支撑，也没有完善的体制机制建设，更谈不上广泛征求社会公众意见和开展多层次的民主协商。十几年来出台的宏观政策，大多是在中央政法委主导下，由最高人民法院、最高人民检察院、公安部、司法部联合作出的，其决策单一性是不言而喻的，存在的问题主要表现在：一是在社区矫正工作的政策制定上，过分强调统一性，而忽略了经济发展不平衡的差异性、城市与乡村的差异性、不同地区的差异性、不同民族的差异性等。二是工作思路突出强调长官意志。三是不同时期的政策规定上出现矛盾和冲突，甚至连社区矫正规定中的基本概念都不一致，比如社区矫正的工作对象，就先后出现了罪犯、社区服刑人员、社区矫正人员、社区矫正对象等称谓。

（二）参与主体的单一性

社区矫正的根基在社区。从社区矫正的本源意义上，价值取向之一就是社会公众、社会组织、企事业单位等社会力量的广泛参与，通过社会资源的有效整合和最佳配置，实现社区矫正效益最大化。但是，目前我国社区矫正的参与主体从表面看是多元状态，而从参与主体的独立性上来分析，体现出来的是单一特质。主要表现在：一是社区矫正工作主体的职能定位存在错位、越位和缺位现象。目前，在社区矫正工作主体的顶层制度设计上出现了角色迷失，核心是政府控制与社会自治、社会参与的矛盾。二是实务工作中存在着个体利益、部门利益与公共利益等多重利益的矛盾纠葛。三是社区矫正工作在组织规模和内在结构上长期处于角色混同状态，存在司法局（所）人员不足、专业人员缺乏、社会力量难以培育、资金不到位等问题，导致工作效率低下、工作质量不高等。

（三）工作方式的单一性

由于社区矫正试点之初的盲目上马，缺乏足够的理论研究和实践经验积累，致使社区矫正管理在直接管理和间接管理、宏观管理与微观管理之间存在问题。一是过分强调社区矫正监督管理中的安全与秩序。在价值理念追求上，试图将社区矫正工作等同于监狱行刑的"刑罚化"，忽略了社区矫正工作在定位上的监督管理和矫正教育功能。二是在矫正教育的手段上缺乏相应的针对性项目，缺乏实质性的矫正教育内容。三是社会力量培育不足，社会参与度低。四是社区矫正决策的民主化、法治化程度不高，工作基本处于满足形式上的监管状态。

（四）社会支持系统的单一性

社区矫正工作的核心在社区，因此，社区矫正管理现代化依赖于发育成熟的社区。在这里，社会发育度直接关系着社区矫正工作的社会支持系统的培育和开发。而社会发育度包括了社会组织发育程度和与公民参与发育程度。"只有发育恰当的社会，才能起到推动政府职能优化和促进现代国家治理体系形成的积极作用。"[①] 而我国改革开放40多年来，虽然在经济上取得了举世瞩目的成就，但在社区建设上，由于历史和制度方面的原因，不仅发育水平极不均衡，而且缺乏增长的动力，基本上还处于"相对弱质"的状态。就现实状况来看，政府严格控制着社会组织获得合法地位和进入政府掌管的社会公共领域。在公民参与度方面由于公民个体只能在有限理性上作出决策，对参与社区矫正的热情度不高，即使参与社区矫正工作也往往是出于功利目的。就目前而言，社会支持系统中参与最多的是政府购买服务的社会非营利性组织。所以说，社区矫正工作中的社会支持系统具有单一性。

三、社区矫正管理现代化的实现路径

社区矫正管理现代化的核心是社区矫正工作协同机制和约束机制的构建，真正实现社区矫正工作程序化、制度化、法治化，使社区矫正的价值体系、结构体系、功能体系、制度体系、方法体系、运行体系和监督体系适合现代化的要求。

---

① 施雪华、张琴：《国外治理理论对中国家治理体系和治理能力现代化的启示》，《学术研究》2014年第6期，第182—197页。

（一）转变"刑罚执行"理念，确立"社区本位"理念

本位不同，工作机制的设置和工作的价值目标也不同。在社区矫正工作价值体系构建中，有人认为社区矫正对象是法定的罪犯，社区矫正的工作性质就必然是"刑罚执行"，如此推理，社区矫正工作就是执行刑罚。在这一理念支配下，社区矫正机构就必然是刑罚执行机关。其实不然，"刑罚执行"在社区矫正制度的框架设计中只是社区矫正工作的一个前置条件，而不是社区矫正工作的价值追求。因此，社区矫正管理现代化就应使社区矫正工作回归"社区本位"的理念。这一理念体现了一种邻里守望、民众共建共享、社区广泛参与的愿景。社区公众的参与和充分借助社区的资源来矫正教育矫正对象，才是社区矫正的真谛。这样，以社区为本位使社区矫正工作更加注重参与主体的多样化，更加尊重思想观念的多元化，更加重视矫正教育的专业化，更加有助于社区矫正制度的有效运作，更加有助于提高社会公众的公共责任心和对社区矫正工作的认同度。

（二）构建"党委领导、政府主导、多元合作"的参与主体间的合作共治共享的结构体系

社区矫正管理现代化需要"政府—社会—市场"等力量，各自发挥积极作用，相互补位，合理配备社区矫正资源。"党委领导、政府主导、多元合作"的参与主体间的合作共治共享机制是以制度化的方式对社区矫正工作各个参与主体的地位、作用和形式进行规定和确认，明晰社区矫正工作参与主体地位职责，使得各方行动协调、稳定、常态。

（1）坚持党对社区矫正工作领导的核心地位。在我国，坚持党的领导是基本原则，在社区矫正工作中发挥着领导核心的作用，这是社区矫正管理现代化政治要求，必须是坚定而不能动摇的。

（2）坚持代表政府的司法行政机关的主导地位和平台作用。司法行政机关代表政府主导社区矫正工作，是社区矫正工作的主导者和"掌舵者"，在社区矫正工作中同样处于主体地位，但不再是社区矫正工作的唯一主体。司法行政机关通过让渡出一部分矫正权力和矫正空间，激发社会力量广泛参与的活力，可以集中精力做好自己的职能工作，掌握社区矫正工作的方向和路线，履行好宏观调控、公共服务、维护社会规则等职责。

（3）多元合作。社区矫正的发展方向是实现有效的社区自治，各类社会组织将成为社区矫正工作部分职能的承担者和提供者。社区矫正管理现代化就是要使社会公众、社会组织、社会团体、第三部门、社会工作者、社会志愿者等社会力量，成为社区矫正工作的主要参与者。但是，我们必须看到，目前我国的社会力量还存在数量不足、专业化程度低、服务不精细、政府支持力度弱等问题，还需要将社会力量的培育和发展作为突破口，营造社会力量参与社区矫正的优质环境，引导社会力量合法参与社区矫正，帮助社会力量培养专业化的人才队伍，提升社区矫正工作的专业化和精细化。尤其是政府在向社会力量购买服务时，要遵循公开透明的原则，保证资金足额到位，为社会力量参与社区矫正工作奠定经济基础。

"党委领导、政府主导、多元合作"的参与主体间的合作共治共享机制是社区矫正工作的未来走向，从价值预设和实践机理来看，这一机制都可以回应社区矫正工作参与主体多元化的现实需求，它必将成为社区矫正工作的理想格局。

（三）构建法律规则和道德规范相结合的社区矫正教育方法体系

社区矫正工作要法治化，工作机制更要遵循法治的规则，这是由法律的性质和作用决定的。在社区矫正的国家层面，以法治为根本，以德治为辅助；而在社会层面，则强调以德治为主导，以法治为辅助。法律是国家意志的体现，在社会治理中是强制性的、正规性的社会规范，是任何政党、社会团体、社会组织和社会公民必须遵循的基本准则。

（1）社区矫正管理现代化要求首先是法治化。要求多元化参与主体在社区矫正工作中必须具备法治思维、法治方式和法律意识，所有社区矫正的行为必须符合法治的内在要求。强化司法行政机关作为社区矫正规则和程序制定者的角色，牢固树立依法治理的理念，推进社区矫正立法工作，加强和创新社区矫正法律法规制度建设，使社区矫正工作具有坚实的法律依据作为支撑。

（2）加强社会主义法治理念教育，依法调整社区矫正中各个参与主体间的利益关系，规范社区矫正中的社会行为，维护矫正对象的合法权益，引导社会公众和矫正对象合法表达利益诉求。

（3）对矫正对象的监督管理和矫正教育，要坚持法治与德治相结合，除坚持法律原则之外，要综合应用道德的约束和引领作用，强调道德思维，将道德所具有的非正式的制度和非强制性的社会规范的优势有效发挥出来。在社区矫正中主要涉及的有社会道德教育、职业道德教育、家庭美德教育和伦理教育等，有效补充法治规范的不足，使道德对矫正对象的软控制与法律的硬控制有机结合起来。

除此之外，还要以法治化为核心，构建包括社会动员、组织协调、监督管理、服务沟通、资源配置等方面的社区矫正功能体系；以法律制度、激励机制、协作机制三大基本制度为主体的社区矫正制度体系；以及从上到下、从下到上、横向互动的社区矫正功能运行体系等。

【本单元小结】

本单元的主要内容是社区矫正管理现代化的基本问题，社区矫正管理现代化的价值目标和建设路径。基于我国国家治理体系和治理能力现代化建设的背景之下，社区矫正管理工作在《社区矫正法》的规范之下，社区矫正管理工作的核心任务和总的发展目标必然是社区矫正管理现代化，构建社区矫正治理体系，提升社区矫正治理能力，以适应社区矫正管理工作深化改革和转型提质的要求。

【引例分析】

智慧矫正终端有着体积小、携带方便、功能简单易操作等优点，进一步提升了社区矫正工作的信息化、智能化水平，提升了监管效率，为提高社区矫正工作质量，促进社区矫正管理的可视化、便捷化、智能化，防止社区矫正对象脱管、漏管和重新违法犯罪现象的发生，提供了有力保障，是社区矫正管理现代化的重要表现形式。

【思考题】

1. 什么是社区矫正管理现代化？
2. 社区矫正管理现代化的价值目标是什么？
3. 社区矫正管理现代化的建设路径有哪些？

【案例分析】

据报道：2020年9月30日，杭州市公安局、市检察院、市中级人民法院、市司法局联合会签《对刑事诉讼非羁押人员开展数字监控的规定》。根据《规定》，公检法机关可以"非羁码"App为载体，运用人工智能、大数据、区块链、云计算等技术，通过外出提醒、违规预警、定时打卡和不定时抽检等多重功能，确保被监管人能够在必要的管控下回归日常生活。

截至目前,全市已运用"非羁码"有效监管非羁押人员1607人,无1人脱管失控,效果良好。

杭州市的"非羁码"App:"城市大脑"新技术,对社区矫正管理现代化建设有什么启示?